Carsten Storm

Sächsische Schweiz

Wandern für die Seele

20 Wohlfühlwege

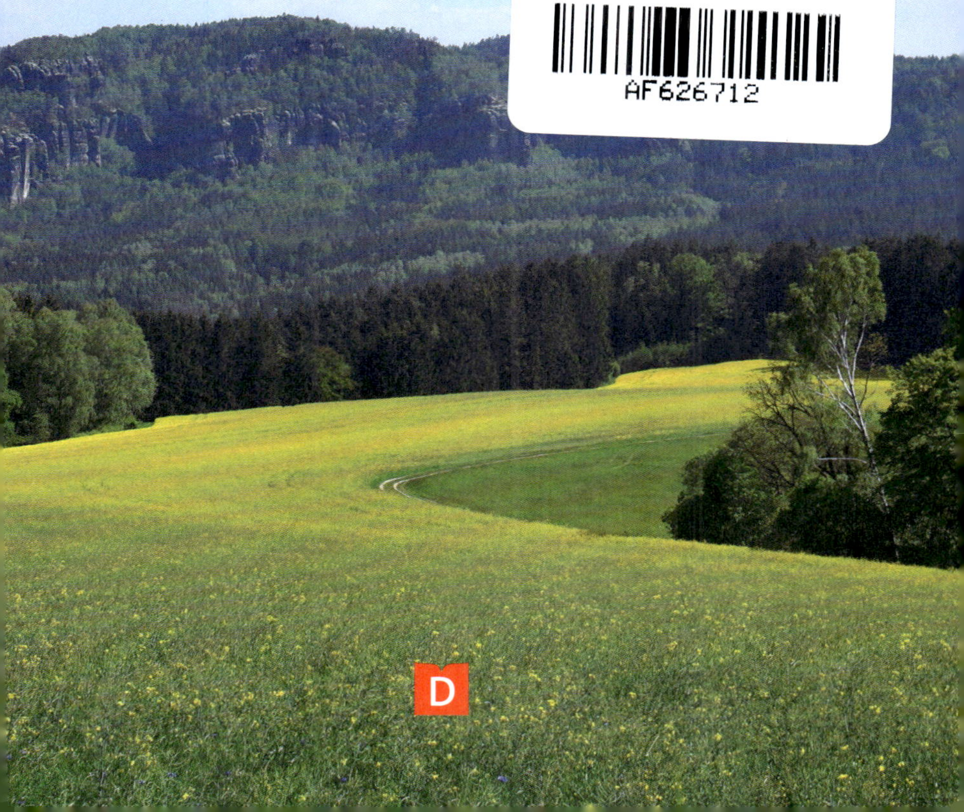

D

Alle Touren auf einen Blick

AUSZEITEN

WEITBLICKE

GENUSS

ENTSCHLEUNIGUNG

ERFRISCHUNG

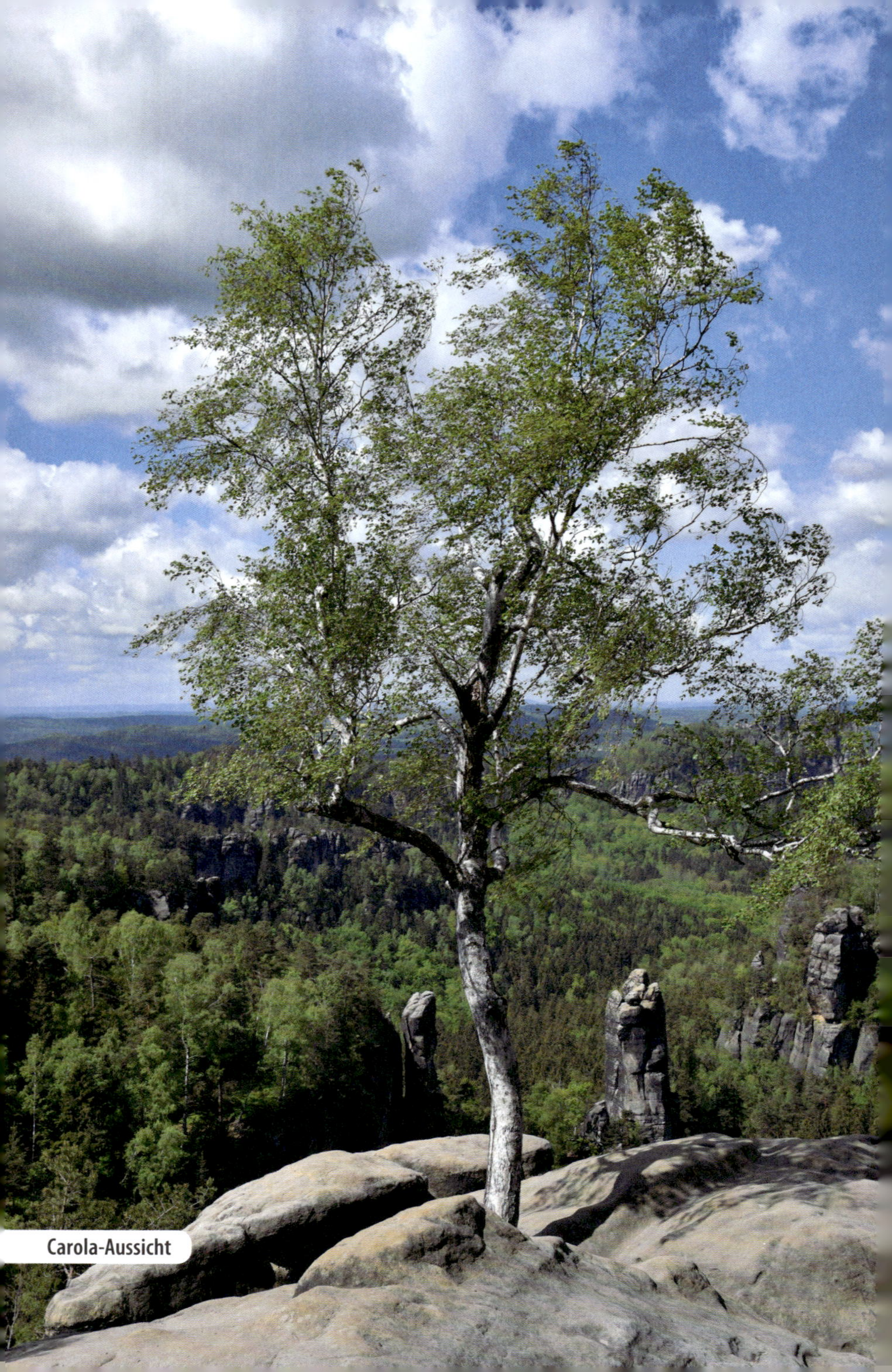

Carola-Aussicht

Liebe Fußreisende,

die Sächsische Schweiz ist seit ihrer Erschließung für Wanderer im 19. Jahrhundert ein Sehnsuchtsort: ein Ort des Eintauchens in die Natur, ein Ort der **Romantik,** ein Ort gestalteter Ursprünglichkeit. Die Maler der Romantik fanden hier ihre Motive einer Natur, die zugleich abgeschieden und zugänglich war, die ebenso fremd, bizarr und schaurig anmutete, wie sie vertraut, lieblich und betörend erschien. Heute können wir ihren Spuren auf dem Malerweg folgen.

NATUR
KULTUR
GENUSS
TOUR
GPS-Tracks zum Download

Auch uns lockt das Nebeneinander der verschiedenen Naturformen: Mal steigen wir auf schroffe Sandsteinfelsen und Tafelberge, um die **Ausblicke** zu genießen, dann tauchen wir ein in feucht-enge, verwunschene Schluchten; mal wandern wir über wellige Hügel und erkunden Felder und Wälder, dann wandeln wir an erfrischend dahinmurmelnden Bächen entlang, nur um danach wieder abenteuerlich über Leitern und Stiegen zu klettern. Oft finden wir alles in einer Wanderung. Die **Vielfalt** der Eindrücke flutet unsere Sinne; Muße und Bewegung entkleiden uns der Alltagssorgen und lassen uns zu uns kommen. Abgerundet wird alles durch ein wohlverdientes Picknick vor grandioser Kulisse oder durch eine gemütliche Einkehr, bei der oftmals Regionales die Sinne erneut verwöhnt.

Bei historischen Verweisen war die „Historisch-Topographische Beschreibung der Amtshauptmannschaft Pirna", herausgegeben von Alfred Meiche (Dresden 1927), hilfreich.

Viel Freude beim Unterwegssein wünscht

Ihr Carsten Storm

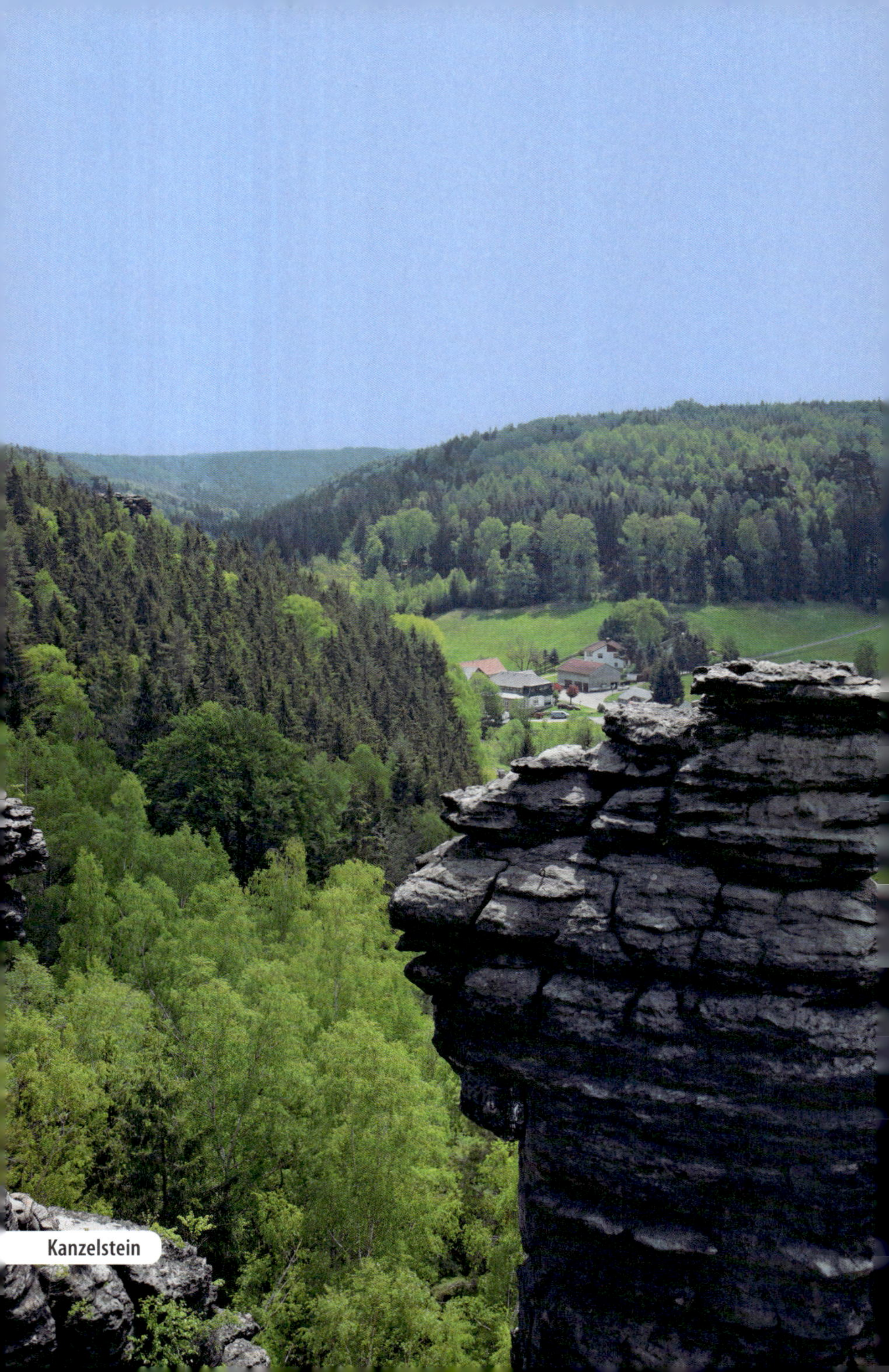
Kanzelstein

Fantasiegebilde

Durch das untere Bielatal

Die Wanderung beginnt bei der **Bushaltestelle Brausenstein** an der Straßenverzweigung. Links steigt mit gelbem Punkt ein Pfad steil an, der uns über schmale, oft feuchte Steinstufen erst rechts vor dem aufragenden Felsen in die Höhe bringt, dann nach links biegt und flacher bergan auf die Hochebene des Ortsteils Brausenstein führt. Wenn dieser Pfad, wie auf einer Tafel vermerkt, bis in die 1980er-Jahre als kürzeste Verbindung von oben zur Bushaltestelle genutzt wurde, wird man sich zweimal überlegt haben, den Bus zu nehmen. Nach kurzer Zeit stößt der Pfad an einen umzäunten Garten. Wir wenden uns nach links und gehen zwischen einem modernen Gartenzaun und den alten Zaunsteinen hindurch bis zur Straße. Diesen Wegteil werden wir auf dem Rückweg noch in umgekehrter Richtung laufen. Zunächst aber geht es nach rechts durch Brausenstein hindurch. In einer Rechtskurve, das Dorf schon im Rücken, nehmen wir den schmalen Asphaltweg, der nach halb links abzweigt. Wenige Meter, nachdem der Seitenweg doch auf die Straße trifft, biegen wir links in einen breiten, weiß-blau-weiß markierten Wirtschaftsweg Richtung **Schweizermühle** ab. Im Wald folgen wir den Schildern nach Sachsenstein und Johanniswacht nach links. Bald öffnet sich links der Blick durch Buschwerk auf dahinterliegende Wiesen. Ein selten gewordenes Geräusch ist zu hören: das vernehmliche Grundsummen von Insekten in den Büschen und Wiesen. Entlang dieser schwirrenden Geschäftigkeit wandeln wir gemütlich an der Kamphütte

Kilometer: 9,6
Höhenmeter: 260
Stunden: 3,5
RUNDWEG

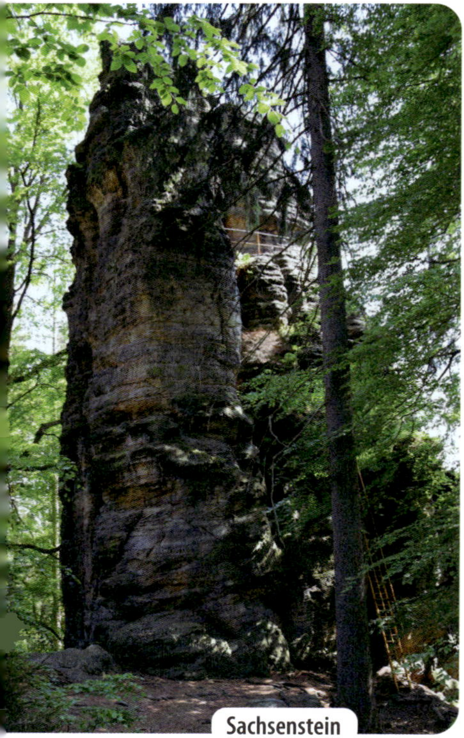

Sachsenstein

vorbei. Nach 200 Metern knickt der Weg nach rechts und erreicht bald den gut markierten Abstecher zum ❶ **Sachsenstein,** dem ersten einer Reihe von Aussichtspunkten in das Bielatal. Diesen sollte man auf keinen Fall verpassen. Erst geht es ein Stück hurtig hinunter, ehe sich der Sachsenstein vor uns erhebt.

Oben angekommen, fällt der Blick auf die gegenüberliegende Wand des Bielatals. Felsnadeln ragen wie Finger auf, die aus dem Wald greifen. Hier hat die jahrhundertelange Korrosion eindrucksvolle Skulpturen erschaffen.

Zurück auf dem ursprünglichen Weg kreuzen wir bald den Schotterweg **Alte Rosenthaler Straße** und treffen zügig auf die ❷ **Johanniswacht,** den nächsten Aussichtspunkt. Erneut ist eine bizarre Szenerie zu bestaunen. Danach geht es auf dem Weg in Richtung Ottomühle weiter. An der Straße im Tal wenden wir uns nach rechts. Zwar ist die Hälfte der Wanderung noch nicht ganz erreicht, dennoch lockt eine Einkehr. Wir haben die Wahl: den etwas einfacheren Wandererimbiss ❸ **Daxensteinbaude** rechts oder, gediegener und bequemer, die ❹ **Ottomühle** 20 Meter weiter links.

*Der **Sachsenstein** verwöhnt die Abenteurer unter uns mit seinem verwinkelten Aufstieg, der über mehrere, abgesetzte Eisenleiten führt. Einige der Durchgänge sind so eng, dass man mit dem Rucksack hier schlicht nicht durchpasst.*

Rund 100 Meter hinter der Ottomühle biegen wir links auf den Oberen Mühlsteig Richtung Herkulessäulen und folgen dem gelben Punkt. Auch auf dieser Talseite reihen sich nun die durch Infotafeln gut erschlossenen Aussichtspunkte aneinander. Den ersten Blickfang erreichen wir über einen kurzen Abstecher zum Kanzelstein. Zwischen knubbeligen Felstürmen blicken wir auf ein paar Häuser im Bielatal. Schräg gegenüber sticht die Johanniswacht aus dem Wald.

Knapp 400 Meter weiter stehen wir vor den **Herkulessäulen.** Die Felsnadeln sind bei Kletterern beliebt, und mit ein wenig Glück können wir zuschauen, wie sie die Felswände bezwingen. Die Bank ist ein Logenplatz und bietet sich auch für ein Picknick an.

Zurück auf dem Weg ignorieren wir eine Abzweigung nach rechts und gelangen bald an die 5 **Kaiser-Wilhelm-Feste.** Gegen die direkte Nachbarschaft mit Herkules hatte der Kaiser sicherlich nichts einzuwenden. Hier bietet sich ein Blick zurück auf die Herkulessäulen und gegenüber auf den Sachsenstein. Hinter der Feste säumen alte Zaunsteine unseren Weg, die deutlich die Halterungen für die horizontalen Holzstangen zeigen. Es bleibt offen, wozu hier oben ein Zaun gedient haben soll. In jedem Fall muss die Einsetzung dieser Zaunsteine eine rechte Plackerei gewesen sein. Nun geht es zunächst über Holzstufen schnell bergab zur Straße nach Rosenthal, der wir nach rechts folgen. Nach etwa 300 Metern biegen wir am Waldrand nach links auf einen Feldweg Richtung **Wetterfahnenfels** und Bertablick ein. Zweimal nehmen

Für die Seele

Verwundert streift das Auge über bizarre Felsnadeln und taucht ein in den Dämmer eines Felsendomes.

*Die **Ottomühle,** seit 1880 (und wieder seit der Wende) im Besitz der Familie Otto, geht auf die Mitte des 16. Jhs. zurück. In der Mitte des 17. Jhs. diente der Müller Jacob Rohrer als Zaunknecht am Wildzaun zu Böhmen; daher die alte Bezeichnung Zaunknechtsmühle.*

Kaiser-Wilhelm-Feste

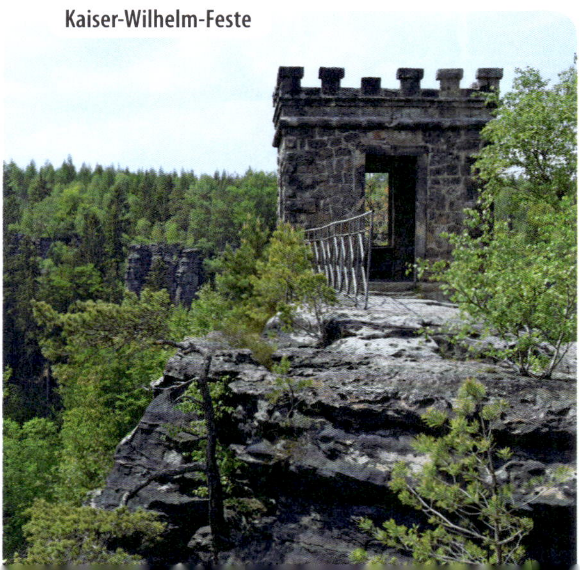

wir jeweils die linke Gabelung. Bald weisen uns Schilder zum Wetterfahnenfels und zum Rosengarten. Ersterer liegt auf einem Felsvorsprung und gewährt einen weiteren Blick ins Bielatal. Der 6 **Rosengarten** ist ein Felsendom, der sich auf dem Rückweg von der Aussicht zu unserer Linken auftut. Wie von einer Galerie schauen wir in einen sakral anmutenden Kessel. Dieser Tempel der Natur wurde 1854 für Waldgottesdienste eingerichtet und nach dem Zweiten Weltkrieg – nun unter dem Namen Rosengarten – für Musikaufführungen genutzt. Nach einem Abstecher hinunter setzen wir unseren Weg nun nach links fort. Bald sehen wir das Schild zum nächsten Highlight. Der 7 **Gedächtnishain** ist ein weiterer Kessel, in dessen gedämpftem Halbdunkel man sich in einen Andachtsraum versetzt fühlt. Neben dem Gedächtnishain finden wir den Zugang zum **Bertablick,** der uns ein letztes Mal eine fantastische Sicht ins Bielatal mit dem Dorf und auf die nördliche Hochebene erlaubt. Der Weg wird nun sehr schmal und senkt sich nicht weit hinter dem Bertablick vernehmlich talwärts. An einer Abzweigung wenden wir uns links und erreichen nach 50

Rosengarten

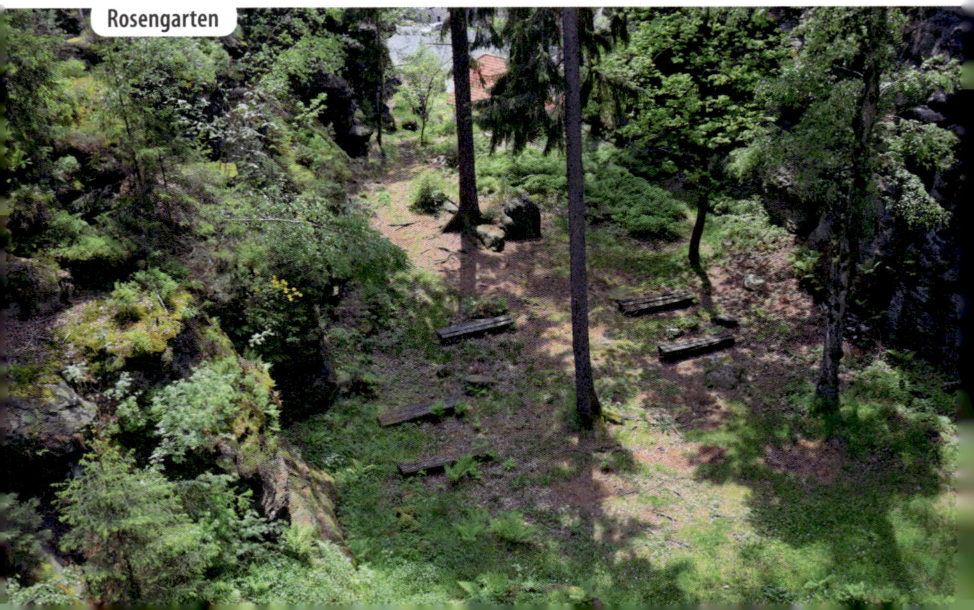

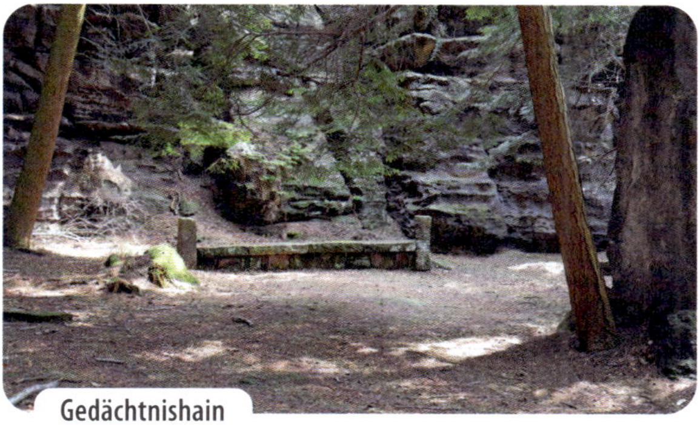

Gedächtnishain

Metern die Talstraße, der wir 200 Meter nach links folgen. Wir passieren das **Apachengesicht,** einen Felsvorsprung, dessen Name von der Karl-May-Begeisterung Ende des 19. Jahrhunderts zeugt.

Hinter dem kleinen See schwenken wir mit dem gelben Punkt nach rechts, queren die Biela und wenden uns an der T-Kreuzung dahinter nach rechts. An einer Gabelung wenige Meter weiter folgen wir dem unteren Weg nach Brausenstein, der sich an einer weiteren Gabelung bei einer Kapelle nach links den Hang hinaufzieht. Hin und wieder erinnern uns ein paar Stein- oder Holzstufen daran, dass dieser Weg ehedem mit einigem Aufwand angelegt wurde, auch wenn er heutzutage selten benutzt erscheint. Es geht zwischen eindrucksvollen Sandsteinformationen hinauf. Einen kleineren Felsen umrunden wir links und bewundern die imposanten Farne darauf, deren Wurzeln bartartig herabhängen. Wieder oben zieht sich der Pfad durch den Wald bis zum mit Birken bestandenen Waldrand. In der Ferne erscheinen die Häuser von **Brausenstein.** Am Waldrand folgen wir dem schmalen Pfad zwischen Feld und dräuendem Abhang nach rechts für knappe 400 Meter. Dann gilt es, den Abstieg zum Hochofen nicht zu verpassen: Linker Hand quer über das Feld erkennt man eine zum Dorf gehörende Nadelbaumreihe. Ein schmaler Pfad zweigt nun rechts

*Im **Hohen Ofen** wurde zwischen 1410 und 1736 Eisenerz verhüttet, zunächst Stabeisen für das kurfürstliche Eisenmonopol, später Rüstzeug für die Zeughäuser. Ausführliche Tafeln beschreiben die Geschichte und die spätmittelalterlichen Techniken.*

zwischen den Büschen ab, die sommers ziemlich zugewachsen sein mögen. Wenige Meter hinter dem Gebüschstreifen führen Stufen abwärts und ein dann bestens sichtbares Schild weist zum Hohen Ofen. Nach einem steilen Abstieg über Steinstufen erreichen wir den alten 8 **Hochofen Brausenstein,** der eine Besichtigung lohnt. Direkt daneben liegt der Parkplatz, und es sind nur wenige Meter bis zur Straßenverzweigung und der Bushaltestelle.

Wer den Abstieg verpasst, geht am Feldrand weiter bis ins Dorf und nimmt etwa 50 Meter hinter einem Wendeplatz den schon vom Anfang bekannten Weg zwischen modernem Gartenzaun und alten Zaunsteinen zurück zur Bushaltestelle.

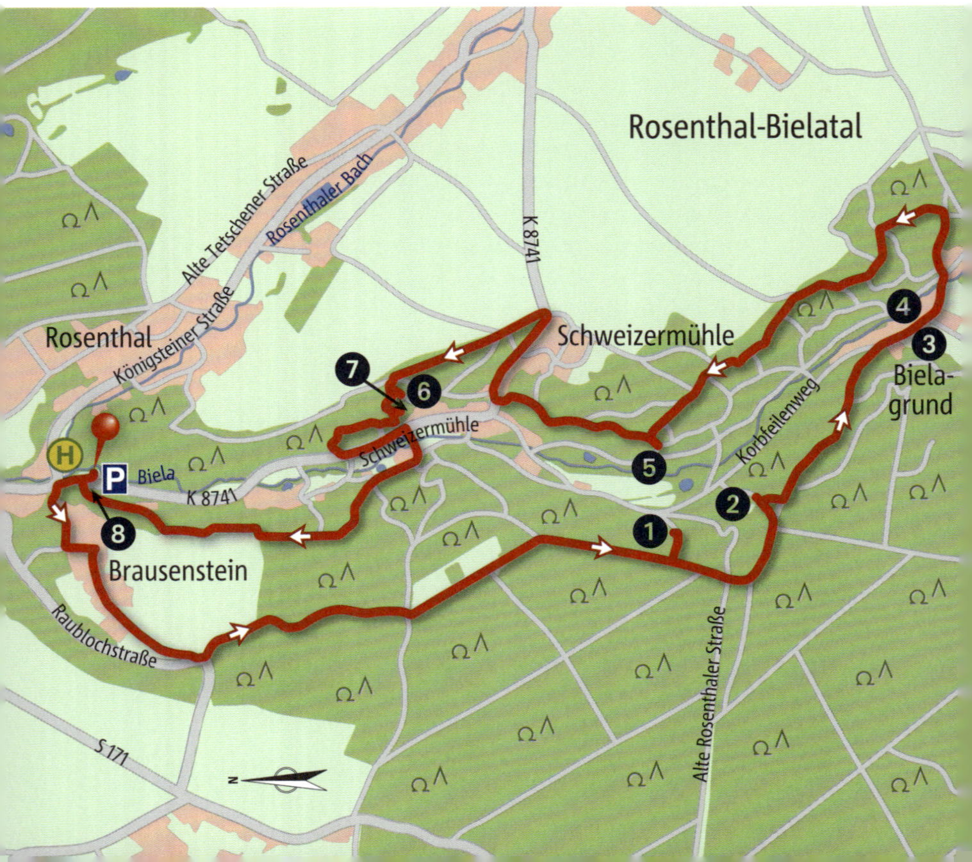

ALLES AUF EINEN BLICK

Entspannung

Abenteuer

Vielfalt

WIE & WANN

Meist Wald- und Forstwege, in den Dörfern kurze Strecken Asphalt, am Sachsenstein einmal eine Leiteranlage, die ggf. ausgelassen werden kann; beste Zeit von März bis Oktober, nach heftigem Regen ungünstig

HIN & WEG

Auto: Parkplatz in Rosenthal-Bielagrund, 50 Meter hinter dem Abzweig von der Talstraße in Richtung Schweizermühle/Ottomühle

ÖPNV: Bushaltestelle Bielatal Brausenstein

ESSEN & ENTSPANNEN

3 **Daxensteinbaude,** Imbiss, Ottomühle 8, 01824 Rosenthal-Bielatal, Tel. (03 50 33) 7 15 33

4 **Gasthof Ottomühle,** Ottomühle 9, 01824 Rosenthal-Bielatal, Tel. (03 50 33) 7 68 00, www.ottomuehle.de

ENTDECKEN & ERLEBEN

1 **Sachsenstein**

2 **Johanniswacht**

5 **Kaiser-Wilhelm-Feste**

6 **Rosengarten**

7 **Gedächtnishain**

8 **Ehemaliger Hochofen Brausenstein**

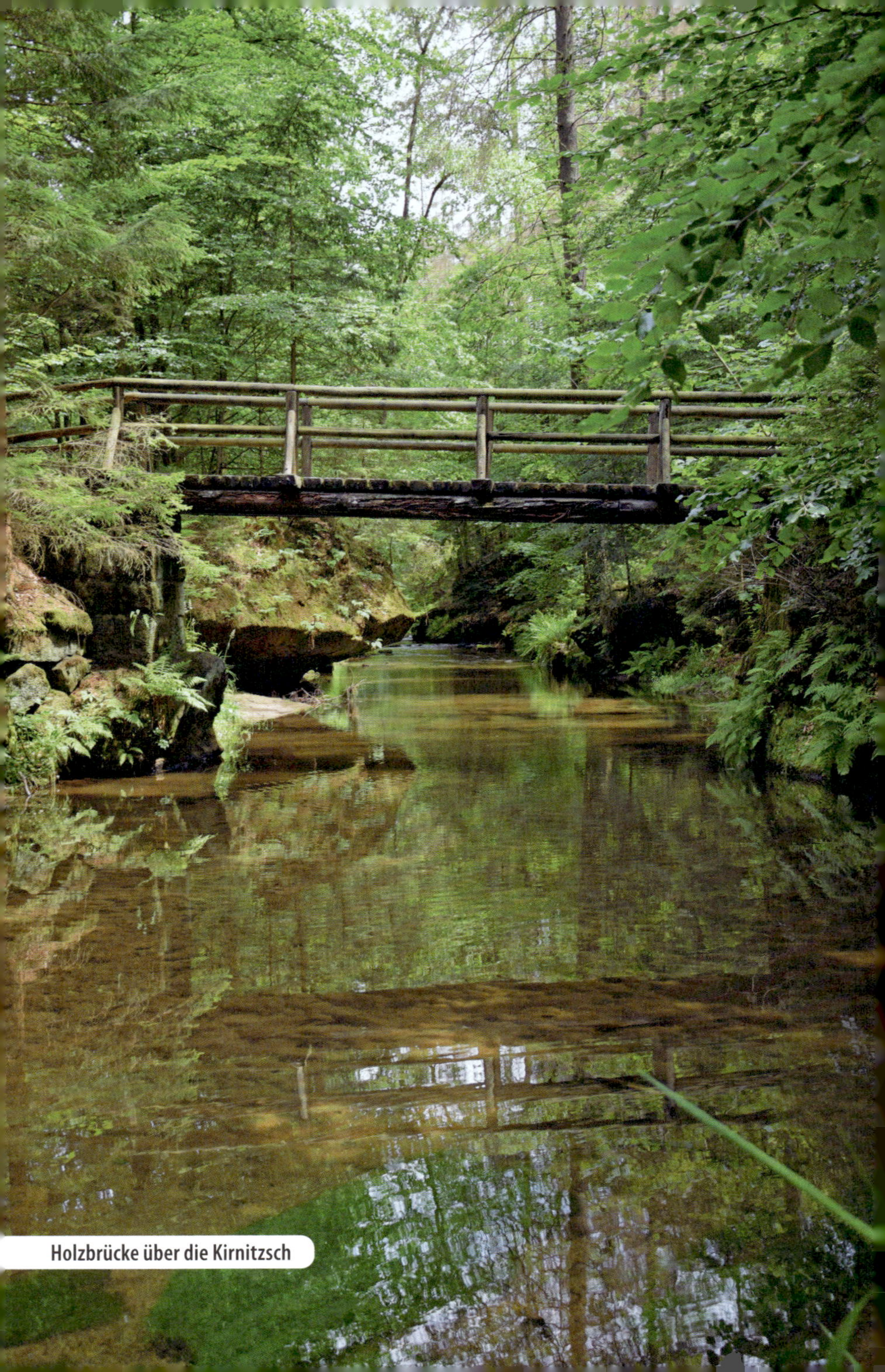

Holzbrücke über die Kirnitzsch

Lichte Schatten

Arnstein und die Pohlshörner

Vom Parkplatz bei der **Buschmühle** sehen wir auf der anderen Straßenseite den Wanderweg links neben der Straße nach Ottendorf ansteigen. Auf diesem Waldweg Richtung **Arnstein** gewinnen wir schnell an Höhe. Zur Sicherheit der Autos unten ist ein Stahlgitter gespannt, das herunterfallendes Gestein oder Bäume auffangen soll. Unser Weg führt oberhalb der Sicherung entlang. Wir als Wanderer werden offensichtlich für so behände gehalten, dass wir im Zweifelsfall gazellengleich zur Seite springen. Noch sind wir fit – es könnte also sogar klappen. Bald erreichen wir den oberen Weg, den wir später nach rechts zur Kleinsteinhöhle gehen werden. Zunächst aber biegen wir nach links und unternehmen einen Abstecher zur ehemaligen Raubburg auf dem Arnstein. Der Weg zieht sich nun, gemütlich und leicht wieder an Höhe verlie-

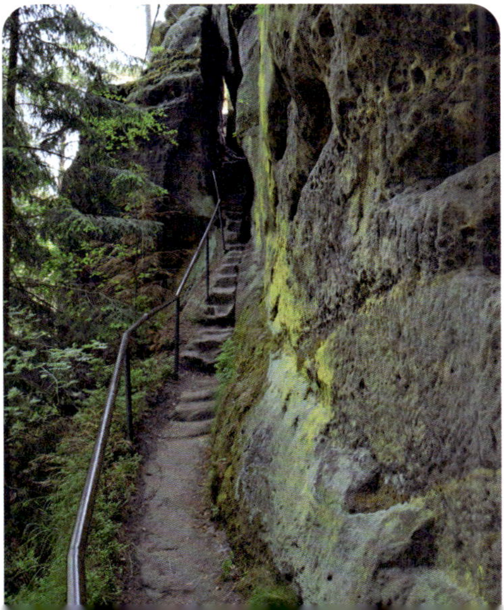

Kilometer: 11,5

Höhenmeter: 540

Stunden: 4,5

RUNDWEG

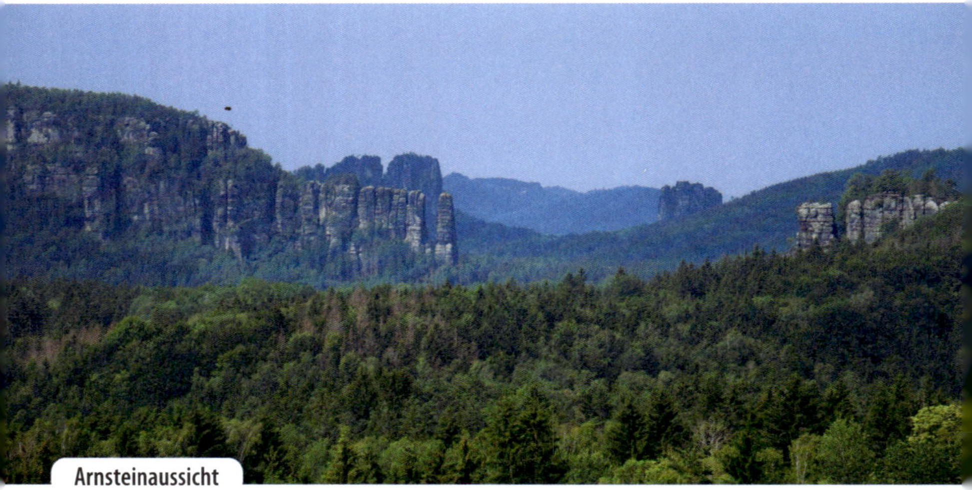

Arnsteinaussicht

Im frühen 15. Jh. war die Felsenburg ***Arnstein*** *Sitz des böhmischen Raubritters Siegmund von Wartenberg, der insbesondere die Handelswege in die Oberlausitz bedrohte. Wiederholt wurde die Burg deshalb belagert und eingenommen.*

rend, um den Arnstein herum, von dem wir durch den Wald noch kaum etwas ahnen. Nach kurzer Zeit weist uns ein Schild zum **Arnstein** beziehungsweise **1 Ottendorfer Raubschloss** nach rechts auf einen schmaleren Weg, der über Holz- und Felsstufen aufsteigt. Nach gut 5 Minuten stehen wir vor dem eigentlichen Aufstieg. Jetzt wird es eng. Die ehemalige Raubburg verfügte über einen guten natürlichen Schutz. Der enge Steinpfad zieht sich mannsbreit am Fels entlang und führt am oberen Ende durch eine Höhlung. Hier muss man schon in die Knie gehen, um mit dem Rucksack hindurchzupassen. Dann kann man entweder über abenteuerliche Felsstufen nach oben zur Plattform klettern oder sich durch einen **engen Spalt zur Höhle** zwängen. Vielleicht doch erst ein paar Kalorien verbrennen. Über die Felsstufen und eine Leiter gelangen wir auf den oberen Sockel, auf dem einst die Burg stand. Viel ist nicht mehr zu erkennen, aber wir finden immer noch halbwegs rechteckige Vertiefungen im Gestein, in denen früher Holzbohlen verankert waren. Ganz oben befindet sich die heute offene Zisterne – das Wasser, das heutzutage darin dümpelt, würde niemand freiwillig trinken. Wir haben nun eine beeindruckende Aussicht auf die Felsformationen der Sächsischen Schweiz. Jetzt ist es Zeit für den engen Spalt zur Höhle. Auch ohne Rucksack reicht der Platz gerade, um sich hindurchzudrücken. Dahinter folgen ein paar schwindelerregende Meter am Abhang, die zum Glück mit Haltestangen versehen sind. Endlich gelangen wir in die Höhle und könnten sogar noch auf den nächsten Stein springen. Hier kam wohl kein Feind mehr hin, schon gar nicht in Rüstung.

Für die Seele
Bei Lichtspielen auf Waldboden, Felsen und Baumstämmen genießen wir das Wandern im Schatten des Waldes.

Nach dem halben Abstieg verschwenden wir großzügig noch etwas Zeit, um den **Burgfels,** soweit es geht, links herum zu erkunden. Zahllose Zeichen und Buchstaben sind in den Stein geritzt. So im Blick geschult, sehen wir nun auf dem Rückweg noch weitere „Verewigungen“, recht aufwendig z. B. ein „A. W. Glaser“ von 1851. Dann geht es wieder zurück. Wir lassen den Abzweiger zurück zum Parkplatz Richtung Neumannmühle rechts liegen und wandern weiter auf dem bequemen Waldweg, der sich auf halber Höhe oberhalb der Straße entlangwindet. Ein Stück weit folgen wir dabei dem **Malerweg** und der weiß-rot-weißen Markierung. Im Mischwald überwiegen mal die Fich-

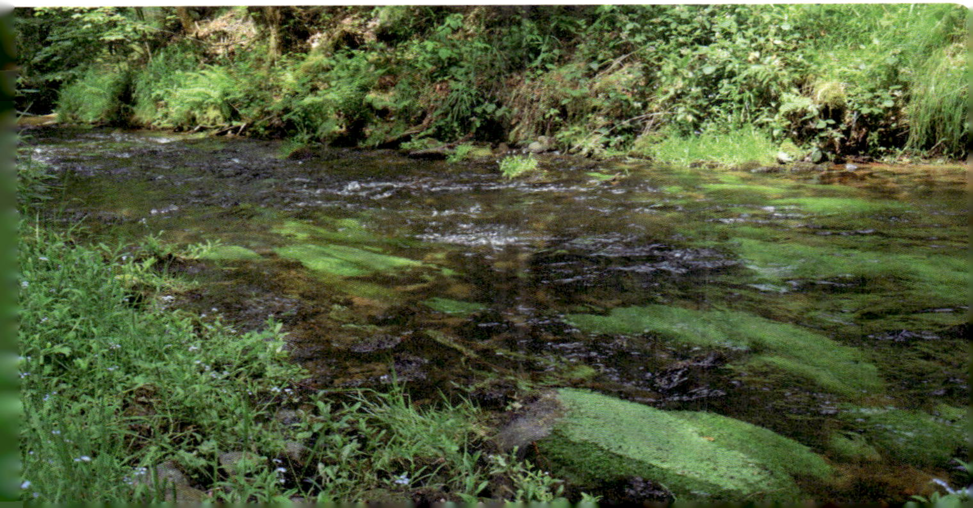

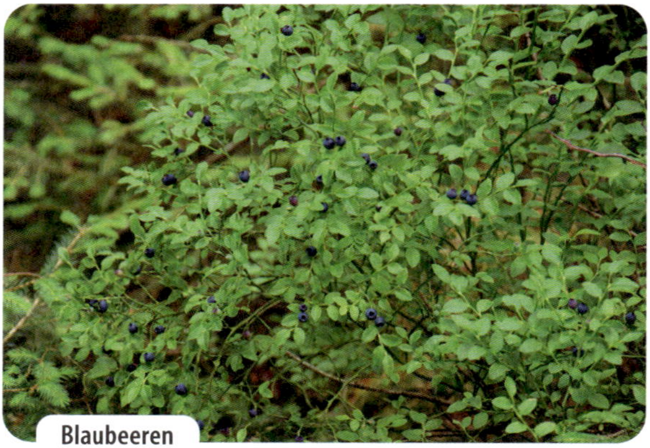

Blaubeeren

ten, mal die Buchen, gelegentlich durchsetzt mit ein paar Eichen oder Birken. Je mehr Laubbäume uns umgeben, desto interessanter bricht die Sonne durch das Blätterdach. Lupinen säumen den Wegesrand, jede Menge Blaubeeren, Farne, manchmal ein Baumpilz; Moos flauscht über Gestein, blühendes Gras wuschelt gespinnsthaft.

Nach einigen Windungen erreichen wir die Ausschilderung zur ❷ **Kleinsteinhöhle.** Knapp 5 Minuten später kommen wir zu einer höhlenartigen Grotte, die sich nach links durch ein Tor zu einer Terrasse öffnet, von der wir den zweiten guten Ausblick genießen können.

Zurück vom Abstecher geht es den ursprünglichen Weg weiter, bis wir die Straße und den gegenüberliegenden **Wanderparkplatz Sturmbauers Eck** erreichen. Am hinteren Ende des Parkplatzes befindet sich eine steinerne Furt durch den Saupsdorfer Bach, hinter der ein Grasweg sichtbar ist. Wir verlassen den markierten Weg und folgen diesem Graspfad in die **Brandheideschlüchte.** Schnell wird der Pfad breiter. Es ist ein selten genutzter Forstweg, der nach kurzem Aufstieg auf einen noch breiteren Weg trifft, dem wir nach links folgen. Nach 2, 3 Minuten öffnet sich nach rechts hinter einer Baumreihe eine kleine Lichtung, auf der ein

Kunstwerk zu stehen scheint: ein auf die Wurzeln gestellter, abgesägter toter Baum, auf dessen gut mannshohem Stumpf ein weißer Stein befestigt ist: ein kurioses Rätsel. Bald stoßen wir auf eine breite Forststraße und sind zurück auf dem nun weiß-grün-weiß markierten Malerweg. Dieser Auszeichnung folgen wir nach rechts bis zum Zeughaus. Nach wenigen Metern schon verabschieden wir uns von der breiten Forststraße und gehen wieder auf angenehmem Waldboden auf unser nächstes Ziel zu: das kleine Pohlshorn, zu dem nach rund 250 Metern nach rechts ein Abzweiger führt. Seit dem Parkplatz sind wir, ohne es recht gemerkt zu haben, bereits wieder so hoch aufgestiegen, dass es nur noch 20 Höhenmeter zu bewältigen gibt. Das ③ **Kleine Pohlshorn** ist bis oben bewaldet, eröffnet aber doch nach Südwest eine schöne Aussicht. Oben befindet sich eine im Schatten der Bäume gelegene Steingruppe, die sich besonders an heißeren Tagen gut zur Rast und zum Picknick eignet.

Danach geht es weiter zum nahe gelegenen Großen Pohlshorn. Das Namensspiel erinnert unwillkürlich an Little Big Horn – allerdings sind weit und breit we-

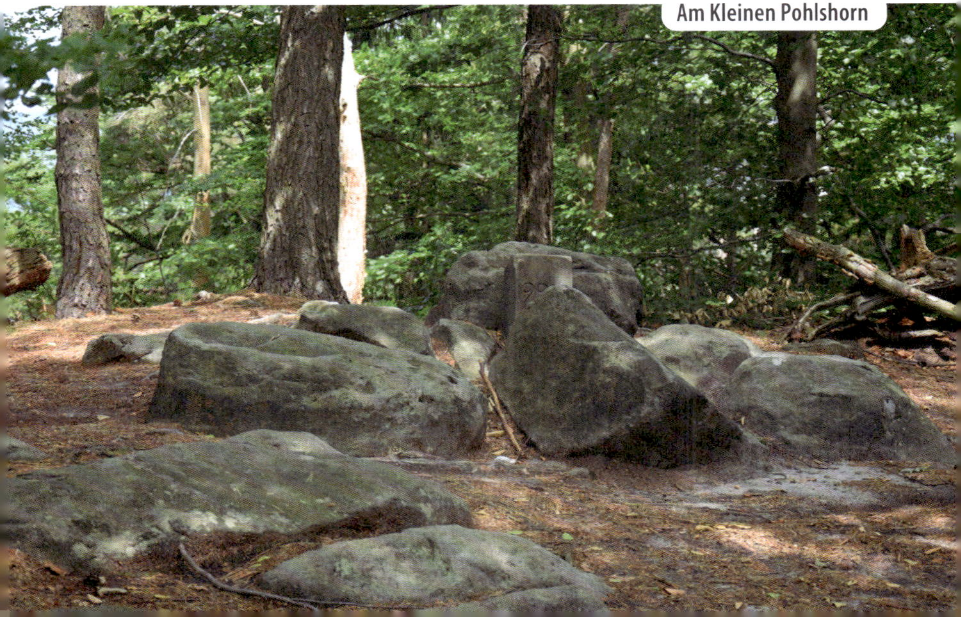

Am Kleinen Pohlshorn

der Crazy Horse noch General Custer auszumachen. Gut für uns, denn so wandern wir friedlich durch den Wald und wundern uns höchstens, dass das **4 Große Pohlshorn** etwas niedriger liegt als das Kleine. Schnell erreichen wir den Abzweiger zum Aussichtspunkt (AP). Dieser bietet eine fulminante Aussicht auf den Teichstein und ringsum liegende Teile der hinteren Sächsischen Schweiz. Nördlich kann man die Felswand und den Höhleneingang der Kleinsteinhöhle erkennen. Auch hier lässt sich hervorragend rasten und die Aussicht genießen, vorausgesetzt, die Sonne sticht nicht zu erbarmungslos herab.

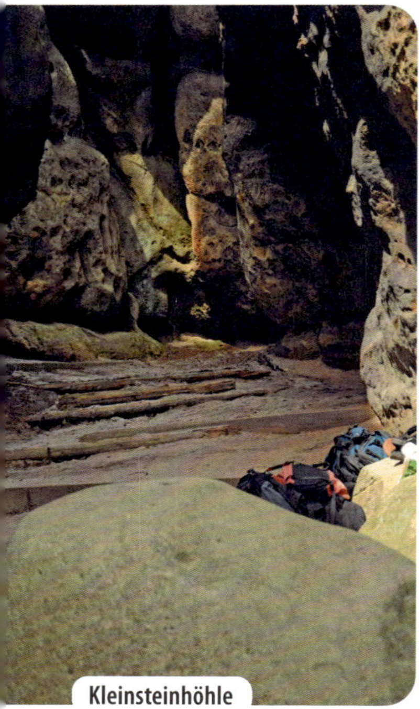
Kleinsteinhöhle

Nun geht es, immer weiter Weiß-Grün-Weiß folgend, zügig hinunter ins Kirnitzschtal. Auf halber Höhe erreichen wir einen kurzen Querweg und wandeln durch ein Farbenmeer aus unzähligen Lupinen. Schon nach wenigen erholsamen Metern nach rechts auf dem Querweg geht es wieder steil links hinunter. Bald erreichen wir die **Holzbrücke** über die Kirnitzsch, unter der der Fluss sich leicht staut, um dann mit vernehmlichem Gemurmel und Rauschen davonzuschnellen – ein kleines Idyll. Von hier geht es nun zum Zeughaus und zunächst auf der anderen Seite des Flusstales wieder bergan. Oben gelangen wir an einen breiten Forstweg, an dem wir uns zuerst nach links wenden und wenige Meter weiter an einer Gabelung nach rechts. Hier könnte die Markierung besser sein. Nach einem dreiviertel Kilometer erreichen wir die Häuser am Zeughaus. An der großen Wegkreuzung verbirgt sich links von uns ein Wettinstein zum Gedenken an die 800-jährige Herrschaft des Hauses Wettin von 1089 bis 1889. Rechts kommt das beliebte **5 Alte Zeughaus** in den Blick, wo wir uns bei allerlei Getränken und Speisen stärken und ausruhen können.

Nun ist es nicht mehr weit. Vom Zeughaus folgen wir der breiten Forststraße, die uns zuerst an der Informationsstelle des **Nationalparks** vorbeiführt und kurz danach an einer Salzlecke, die einst Jagdzwecken diente. Einen knappen Kilometer nach dem Zeughaus führt rechts ein breiter Weg in Richtung Buschmühle. Zuerst sieht er wenig einladend aus, denn es geht – allerdings nur kurz – über Asphalt. Nach kurzem, moderatem Anstieg finden wir eine breite Abzweigung nach links, die keine Auszeichnung trägt. Geradeaus und zurück ist **Flügel E** ausgezeichnet. Wir folgen aber dem nicht markierten Weg und kommen sehr schnell auf eine große Wiese, **6 Buschmüllers Räumicht,** die im Frühjahr und frühen Sommer ein prächtiges Blütenmeer ist. Der Weg führt geradewegs auf eine Holzscheune zu und scheint dort zu enden. Allerdings findet sich links hinter der Scheune zwischen Bretterstapel rechts und der Doppelbirke links ein Pfad, der nach einem etwas höhlenartig anmutenden Durchbruch durch das Randgebüsch der Lichtung deutlich erkenn-

Nach einer wechselvollen Geschichte als Jagd- und Zollstation dient das ***Alte Zeughaus*** *heute wieder als Gaststätte, in der wir mit frischen saisonalen Produkten verwöhnt werden. Umgeben von Wald und Wiesen, schmeckt es inmitten von Jagdgeschichte doppelt gut.*

Buschmüllers Räumicht

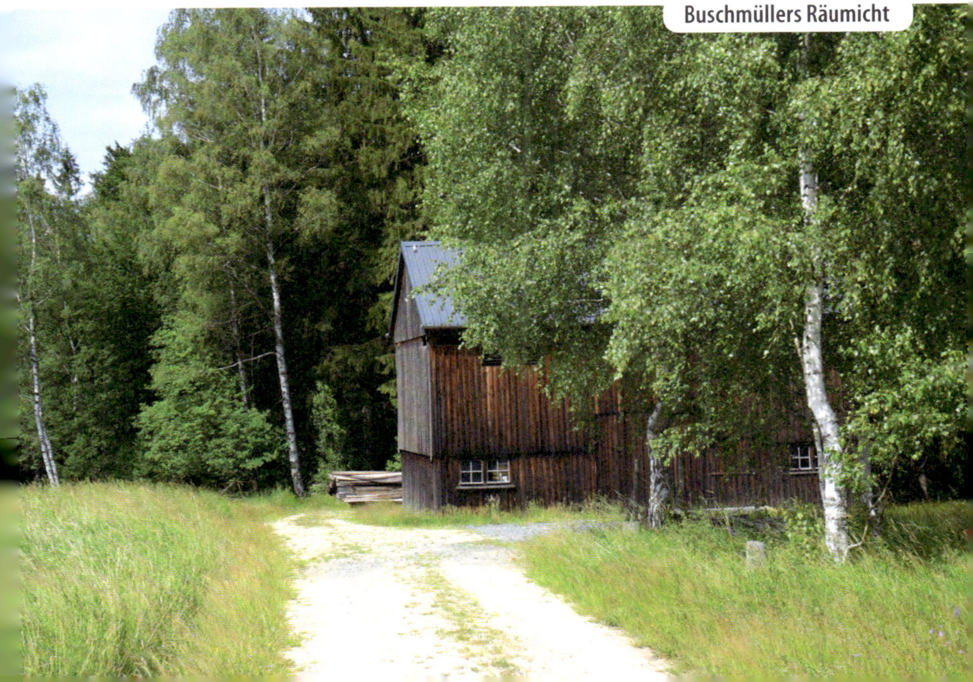

bar ist. Wer den Zugang nicht findet, geht mit wenig Zeitverlust zurück zum Flügel E und folgt den Ausschilderungen zur Buschmühle. Die schiere Lieblichkeit der Wiese lohnt den Abstecher allemal.

Bald erreichen wir den steilen Endabstieg zur Buschmühle. In der 7 **Buschmühle** kann man die Wanderung gemütlich und erfrischend ausklingen lassen. Nur 200 Meter weiter liegt das Technische Denkmal 8 **Neumannmühle.** Die Mühle diente Sägearbeiten und dem Holzschliff. Die Ausstellung zeigt die technische Ausstattung der Mühle im Zustand von 1870 und erläutert auch das harte Leben der Mühlburschen. Gegenüber befindet sich die 9 **Neumannmühle-Berghütte,** die sich ebenfalls für eine Einkehr anbietet.

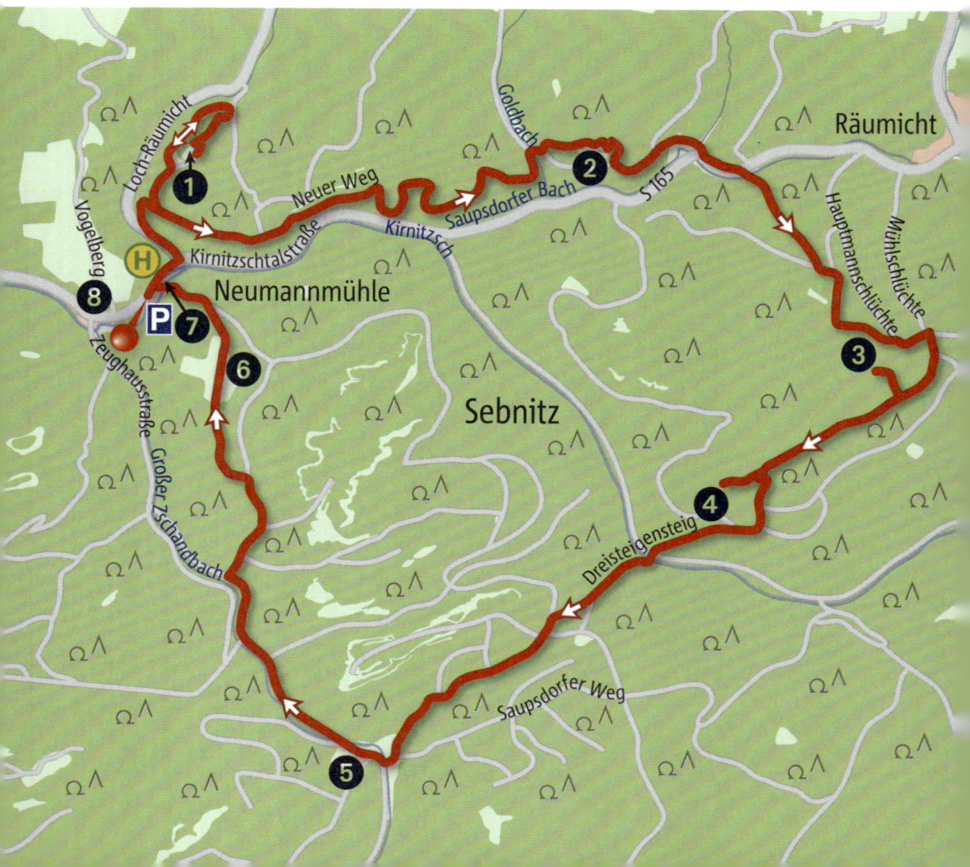

ALLES AUF EINEN BLICK

Entspannung
Abenteuer
Vielfalt

WIE & WANN

Meist bequeme Waldwege, am Arnstein leichte Kletterei über Felsstufen, für den Zugang zur Höhle ist Schwindelfreiheit erforderlich; beste Zeit im Frühjahr und frühen Sommer zur Blütezeit der Wiesenblumen, insgesamt aber ganzjährig begehbar, bei Schnee und Eis sollten Teile des Arnsteins gemieden werden

HIN & WEG

Auto: Parkplatz Buschmühle, Kirnitzschtalstraße 1, und Neumannmühle, Kirnitzschtalstraße 5, 01855 Sebnitz/OT Ottendorf
ÖPNV: Bushaltestelle Kirnitzschtal Buschmühle

ESSEN & ENTSPANNEN

5 **Gasthaus Altes Zeughaus,** Zeughausstraße 5, 01855 Sebnitz, Tel. (03 59 74) 55 90 95, www.alteszeughaus.de

7 **Gasthaus & Pension Buschmühle,** Kirnitzschtalstraße 1, 01855 Sebnitz/OT Ottendorf, Tel. (03 59 74) 5 04 15, www.die-buschmuehle.de

9 **Neumannmühle-Berghütte,** ZKirnitzschtalstraße 4–5, 01855 Sebnitz/OT Ottendorf, Tel. (03 59 74) 5 05 65, www.saechsische-schweiz.com

ENTDECKEN & ERLEBEN

1 **Ottendorfer Raubschloss**
2 **Kleinsteinhöhle**
3 **Kleines Pohlshorn**
4 **Großes Pohlshorn**
6 **Buschmüllers Räumicht**
8 **Technisches Denkmal Neumannmühle,** Kirnitzschtalstraße 5, 01855 Sebnitz/OT Ottendorf, Tel. (03 59 71) 5 74 89, www.neumann-muehle.de

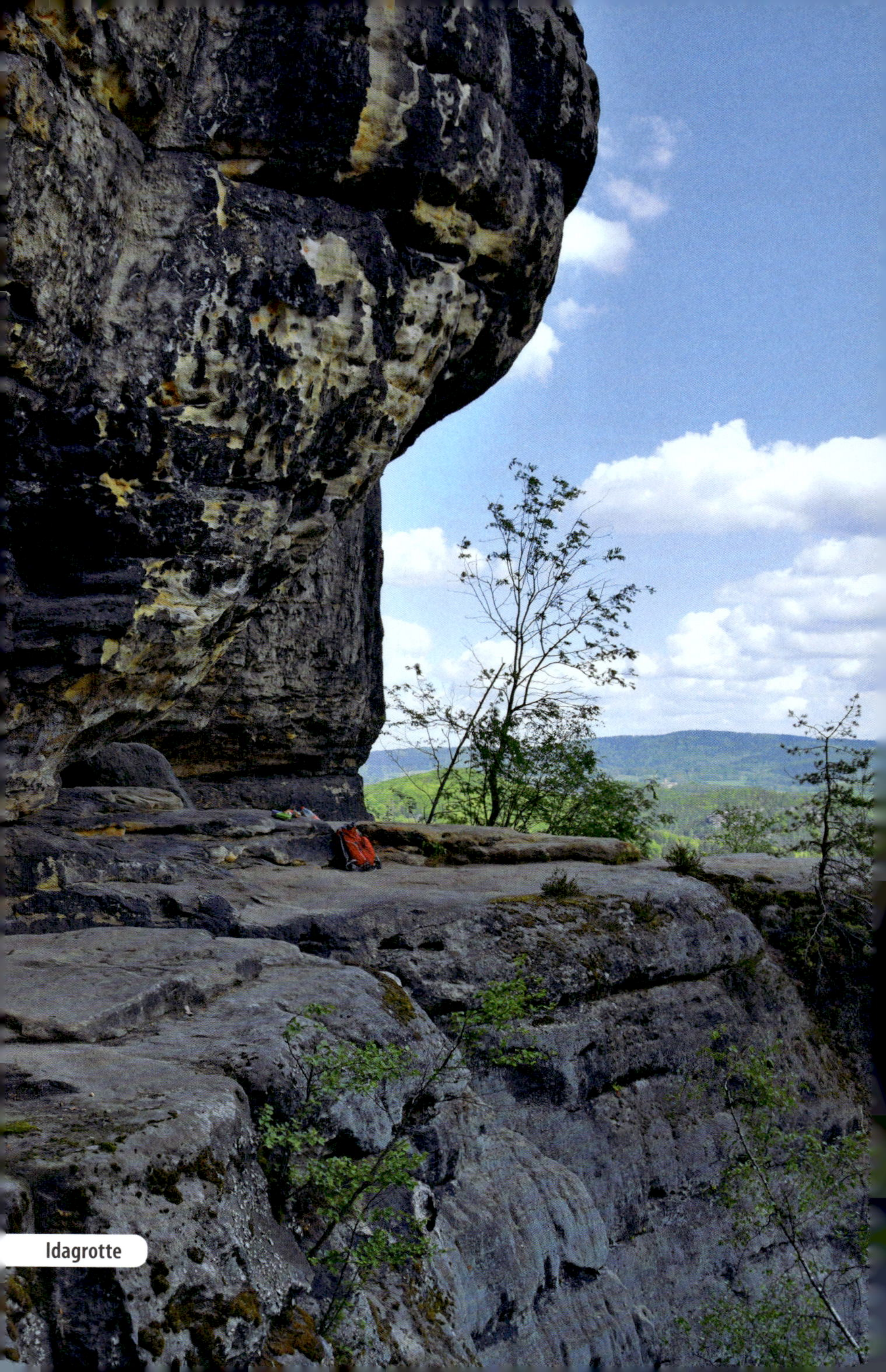
Idagrotte

Carola und Ida

Wilde Hölle und Kuhstall

Die Wanderung beginnt an der **Brücke über die Kirnitzsch.** Wir folgen für etwa 60 bis 70 Meter dem Forstweg links aufwärts, mit grünem Punkt in Richtung Schrammsteinaussicht. In der ersten leichten Rechtskurve heißt es aufpassen, um den kleinen, unscheinbaren Pfad, der im spitzen Winkel nach rechts hinten abzweigt und steil hochführt, nicht zu verpassen. Der Pfad ist nicht markiert und hat keinen Namen, könnte aber gut Wurzelpfad heißen. Nach dem steilen Anstieg teilt sich der Weg und wir nehmen den linken, weiterhin unmarkierten Abzweig, der uns auf weichem Waldweg geradewegs auf den Fuß des **Bloßstocks** zuführt, ein Felsmassiv, das durch die Baumkronen schimmert. Bald erreichen wir einen breiteren Weg, und stoßen wieder auf den grünen Punkt in Richtung Schrammsteinaussicht. (Wer den ersten Abzweig verpasst, folgt an der nächsten Gabelung weiter dem grünen Punkt und erreicht in ungefähr derselben Zeit den Bloßstock, muss sich aber u. U. den Weg mit Mountainbikern teilen.) Wir folgen dem grünen Punkt nach

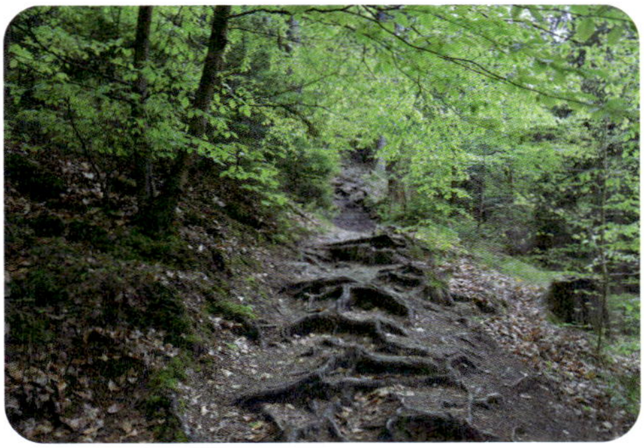

Kilometer: 10,5
Höhenmeter: 450
Stunden: 4
RUNDWEG

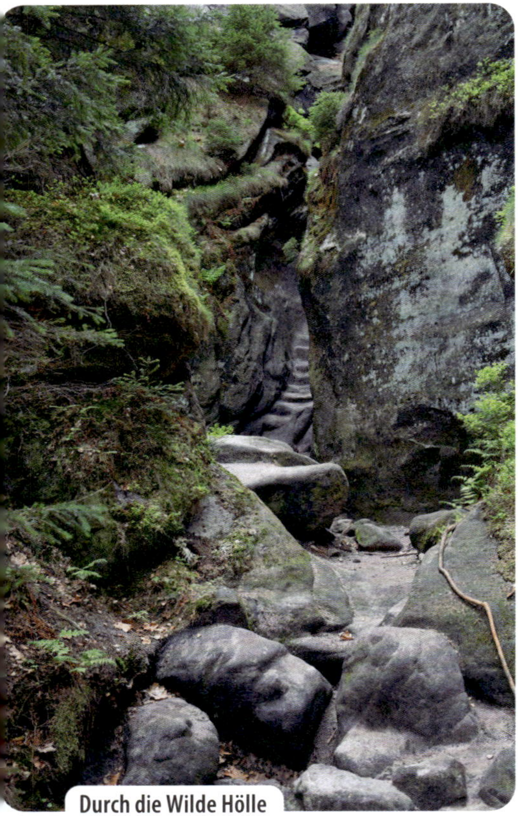

Durch die Wilde Hölle

rechts und umrunden auf mehr oder weniger ebenem Waldweg die aufragenden Felsungetüme zu unserer Linken. Nach rund 1 Kilometer ist der Einstieg zur Wilden Hölle erreicht.

Das Schild weist die **1 Wilde Hölle** als schwierig aus; ein Hinweis, den man nicht überbewerten, aber dennoch ernst nehmen sollte. Wer fit genug ist, den erwartet eine wild-romantische Schlucht. Zuerst ist der Weg noch harmlos, und wir steigen über Wurzeln, Holz- und bald auch Felsstufen aufwärts. Im Sommer, wenn das Licht durch das Blätterdach gebrochen wird, fragt man sich, welche Sünde man begehen muss, um später mal in diese „Hölle" kommen zu dürfen. Hier lässt es sich aushalten; Abenteuer-, Entdecker- und Räubergeschichten spuken durchs Hirn. Bald wird es jedoch felsig, und wir klettern zum Teil auf allen vieren über große Blöcke, hinein in grottenartige Gebilde, dann weiter über Leitern und Eisenklammern. Nicht nur Kindern macht dies enormen Spaß. Allerdings ist nun Konzentration und Trittsicherheit gefragt. Immerhin sind an kritischen Stellen Haltestangen angebracht, die die Kraxelei erleichtern.

Am oberen Ende der Wilden Hölle ignorieren wir den charmanten Hinweis „Schrammsteine WC" und gehen weiter in Richtung Carolafelsen, zu dem, nach rund 200 weiteren Metern, ein Abstecher rechts abzweigt. Der **2 Carolafelsen** ist nach der letzten Königin Sachsens, Carola von Wasa-Holstein-Gottorp benannt, die mit Albert I. verheiratet war. Er bietet eine fulminante Aussicht nach Westen und Süden in die Sächsische Schweiz und die gegenüberliegenden Felsen der Affensteine, an der man sich kaum sattsehen kann. Hier tut nach dem schweren Aufstieg eine erste Pause gut.

Zurück vom Abstecher folgen wir dem ursprünglichen Weg weiter, der uns in knapp 10 Minuten mit leichtem Anstieg zum **Reitsteig** bringt, wo wir Weiß-Blau-Weiß in Richtung Winterberg nehmen. Nach einem knappen halben Kilometer weitet sich der Weg nach rechts auf ein kleines vorgelagertes **3 Plateau,** von dem sich erneut ein beeindruckender Blick bietet. Nach Südwest erblicken wir den Großen Winterberg mit seinem Sendemast und direkt vor uns eine Reihe von anspruchsvollen Kletterfelsen zu beiden Seiten des Heringsgrundes. Knapp 100 Meter weiter verlassen wir den Reitsteig und wenden uns nach

Für die Seele

Durch eine wildromantische Klamm klettern wir zum Carolafelsen und genießen prächtige Aussichten.

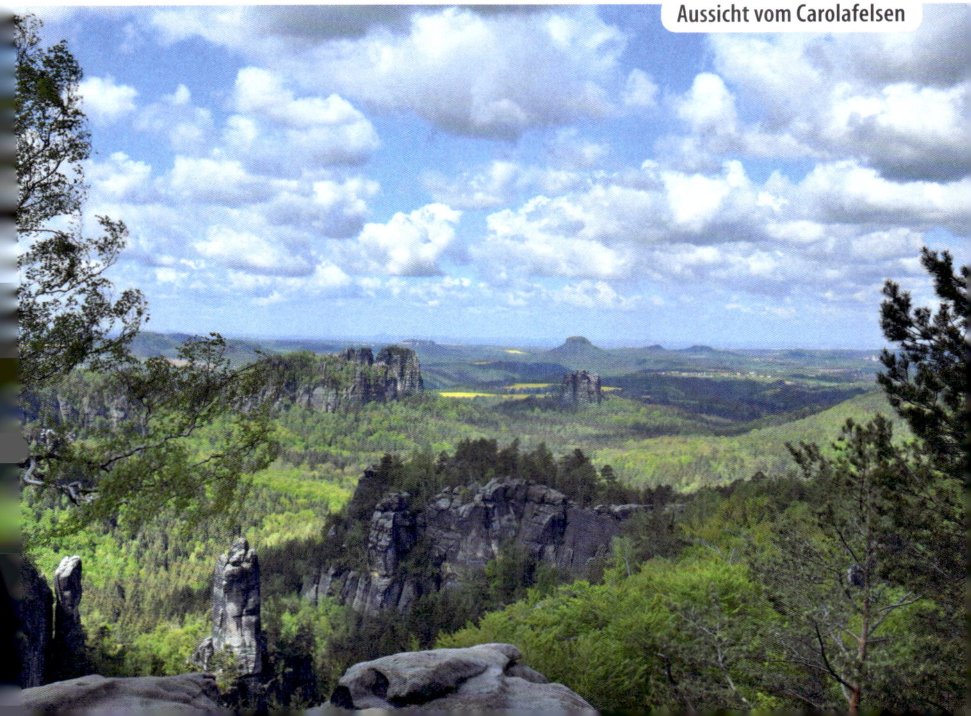

Aussicht vom Carolafelsen

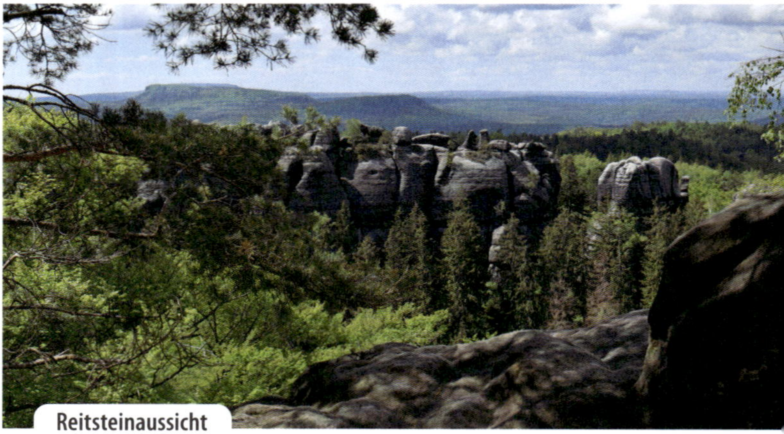

Reitsteinaussicht

Die **Idagrotte** ist eine Mischung aus Schichtfugen- und Klufthöhle. Bei Ersterer bildet Regenwasser über einer Tonschicht durch Verwitterung eine Höhle. Bei Letzterer wird bindemittelärmeres Material aus senkrechten Rissen im Sandstein ausgespült.

links Richtung Frienstein. Bald geht es abwärts bis zu einer weiteren Abzweigung, an der wir noch einen Abstecher einlegen. Wir wenden uns zunächst nach rechts, passieren in der Senke die Miniaturhütte **Friensteinflössel,** die eine spärliche Quelle umfasst, welche allerdings keine Trinkwasserqualität bietet, und wenden uns kurz dahinter wieder nach links zur Idagrotte. Vor uns erhebt sich nun mächtig der **Frienstein.** Bald stapfen wir unterhalb eines Felsens durch tiefen, feinen Sand. Halb und halb erwartet man den Strandverkäufer auf Kundenfang. Der Sandstein heißt nicht umsonst so. Verwittert und zerrieben bleibt vom Stein – eben feiner Sand in bester Strandqualität. Dann geht es wieder etwas abenteuerlich über einige Felsen und durch ein Felsenloch, über dem bedrohlich ein großer Quader hängt. Hier muss man schwindelfrei sein. Für ein paar Schritte fällt links der Abgrund gut 100 Meter hinab, rechts dräut die Felswand des Friensteins, dazwischen hängt der schmale Pfad. Zum Glück sind am Felsen ein paar Haltevorrichtungen angebracht, die uns Sicherheit geben. Gegenverkehr allerdings passt nicht, hier muss man sich verständigen. Am Ende erwartet uns die 4 **Idagrotte,** die sich höhlenartig in den

Felsen hineinschiebt, und die dritte eindrucksvolle Aussicht. Wir haben knapp die Hälfte des Weges hinter uns, aber schon die anstrengenderen Steigungen; Zeit also, diese Prachtaussicht ins **Kirnitzschtal** auf den Alten und Neuen Wildenstein mitsamt dem Kuhstall sowie die zackigen Wände vom Kleinen Winterberg rechts und die Affensteine links mit einem Imbiss zu krönen.

*Statt den **Borkenkäfer** durch Entnahme von befallenen Bäumen zu bekämpfen, werden nun befallene Fichtenmonokulturen natürlichen Verfallsprozessen überlassen, an deren Ende ein robusterer und widerstandsfähiger Mischwald mit heimischen Arten entsteht.*

Erholt gehen wir zurück zum Friensteinflössel und wenden uns dahinter nach rechts mit Weiß-Grün-Weiß Richtung Beuthenfall. Zunächst geht es kurz über Stock und Stein, bis wir unzählige Holzstufen des steilen Abstiegs erreichen. Dabei wird uns endgültig klar, dass es bei dieser Wanderung keine Option ist, sie anders herum zu gehen. Hier will man nicht hochsteigen, selbst wenn man nicht gezwungen wäre, den eigenen Rucksack sisyphoshaft immer wieder vergebens hochzuschleppen. Runter aber lässt sich der verwinkelte Weg durch den engen Felseinschnitt genießen. Unten treffen wir auf den **Königsweg** und wenden uns mit Weiß-Rot-Weiß nach rechts Richtung Kleiner Winterberg. Der schmale Pfad führt uns für gute 1,5 Kilometer relativ eben und erholsam um den Kleinen Winterberg herum, teils durch Fichten, teils durch Mischwald mit Birken und Buchen. Häufig sieht man die Folgen von Monokulturen; in Abschnitten wütet der **Borkenkäfer,** andere Areale sind durch Stürme verwüstet. Auch die Brände im Sommer 2022 haben hier ihre Spur hinterlassen. Aber schon weni-

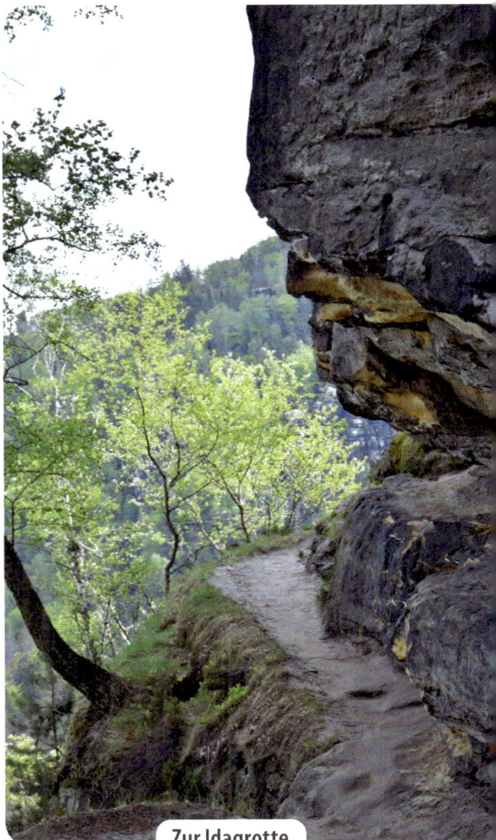

Zur Idagrotte

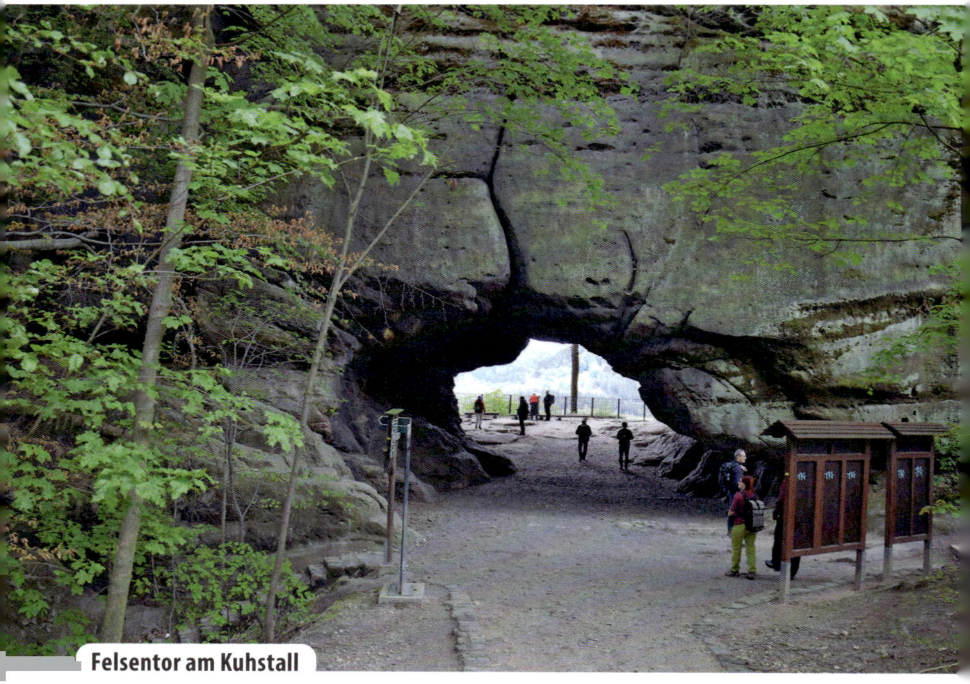

Felsentor am Kuhstall

Der volkstümliche Name ***Kuhstall*** *verweist auf die Funktion einer Höhle, die zur Unterbringung von Vieh diente, entweder schon zur Zeit der Wildensteiner Herrschaft Anfang des 15. Jhs. oder während des Dreißigjährigen Krieges zum Schutz vor schwedischen Söldnern.*

ge Meter weiter umfängt uns wieder der Mischwald mit mild gefiltertem Licht und angenehm würzig riechendem Waldboden.

Nach einiger Zeit treffen wir auf eine leicht versetzte Kreuzung mit vielen Wegschildern und einer historischen steinernen **Wegsäule.** Ab hier folgen wir dem roten Punkt zu unserem letzten Zwischenstopp, dem Kuhstall, zunächst auf einem schnurgeraden Weg. Wir passieren eine weitere Quelle, den Eichenborn, kurz darauf die Zeughausstraße, eine feste Forststraße, und erreichen nach rund 30 Minuten auf bequemem Waldweg den Fuß des Kuhstalls. Eigentlich müsste es Neuer Wildenstein heißen, denn der Kuhstall ist nur ein kleiner Teil darauf. Hier geht es noch mal über einige Stein- und Holzstufen hinauf, durch eine enge Klamm zum eigentlichen **Kuhstall.**

Oben angekommen, schimmert zuerst das Gasthaus durch die Bäume. Während schon der Gedanke an ein erfrischendes Getränk lockt, stiehlt plötzlich links etwas anderes die gesamte Aufmerksamkeit. Wir stehen vor dem größten 5 **Felsentor** in der sächsischen Schweiz, das einen imposanten Durchgang auf eine Plattform gewährt. Ein Highlight gilt es noch zu erkunden, bevor wir in der Gaststätte Entspannung suchen. Hinter dem Felsentor weist ein Schild nach links zur **Himmelsleiter.** Durch ein kleineres Felsentor, im Grunde eher eine Felsenpforte, gelangt man zum Fuß der Himmelsleiter, die sich durch eine kaum 1 Meter breite Kluft im Felsen nach oben zieht. Hier ist man auf Du und Du mit dem Stein und kommt sich recht klein vor. Oben erwartet uns die letzte atemberaubende Aussicht für heute. Vor uns entfaltet sich das bewaldete Tal, das wir zuvor durchwandert haben, umrahmt von imposanten Felswänden. Hinab gehen wir nach hinten über ein paar Treppen, denn die Himmelsleiter selbst ist eine Einbahntreppe. Wieder auf der Höhe der Gaststätte angekommen, lohnt es sich noch, das Schneiderloch anzusehen, das mit wenigen Schritten nach links erreicht ist, abenteuerlich und doch gut gesichert am Abhang vorbei. Durch die schmalen Durchlässe und in die engen Löcher hinein führt der wilde Abstecher. Wir kommen nun von hinten zur Bergwirtschaft 6 **Kuhstall.** Bis zum Beuthenfall sind es keine 2 Kilometer mehr, die meist leicht abwärts führen; da bietet sich noch eine letzte entspannende Pause an. Gestärkt steigen wir wieder vom Kuhstall hinunter, wie wir heraufgekommen sind, und wenden uns am Fuß mit Weiß-Rot-Weiß nun nach links in Richtung Beuthenfall. Nach rund

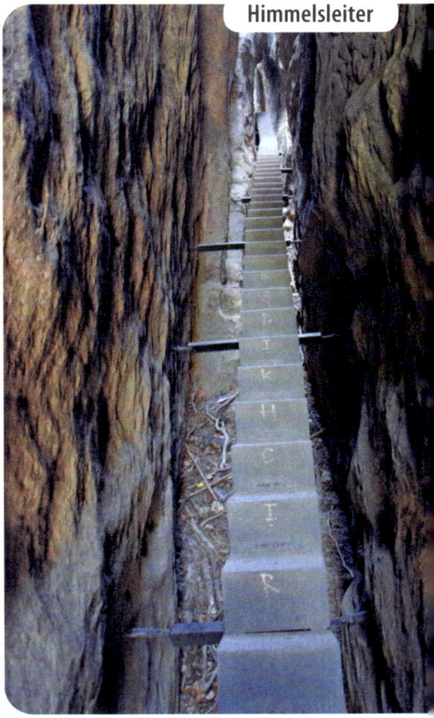

Himmelsleiter

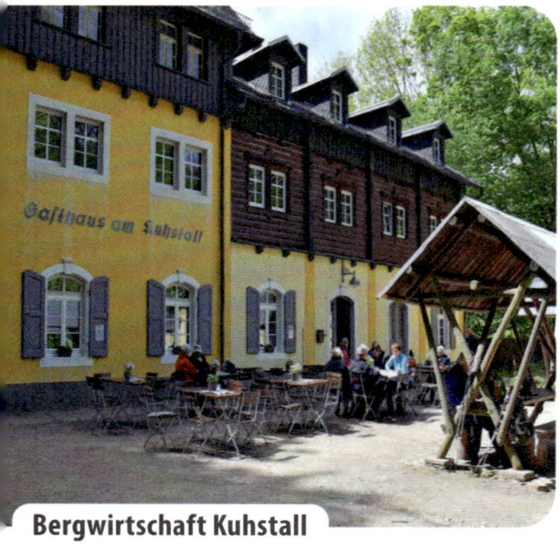

Bergwirtschaft Kuhstall

300 Metern auf angenehmem Waldweg heißt es noch einmal aufpassen. An einer Gabelung weisen Schilder nach rechts zum Lichtenhainer Wasserfall und zurück zum Kuhstall. Wir nehmen den hier noch unmarkierten Forstweg nach links abwärts über eine kleine Brücke auf die andere Seite der Senke. Bald hören wir von rechts unten Straßengeräusche und erreichen kurz darauf die recht befestigte Zeughausstraße, an der uns eines der vielen Schilder nach rechts in 5 Minuten zum Beuthenfall weist.

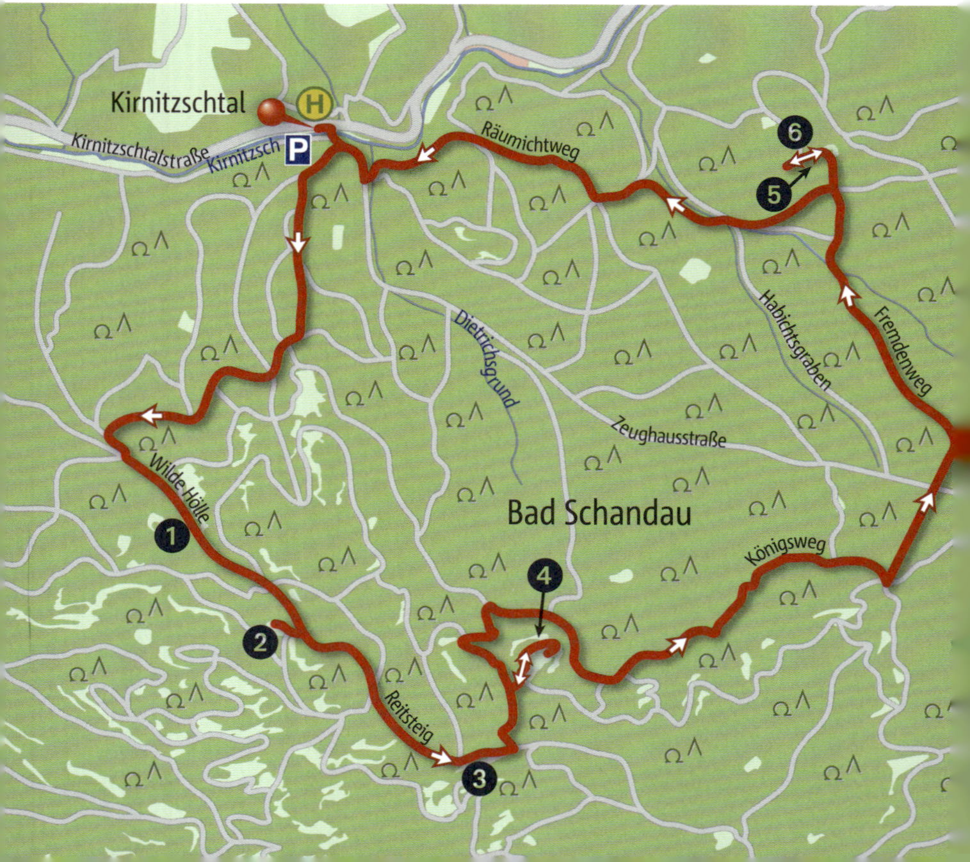

ALLES AUF EINEN BLICK

Entspannung
Abenteuer
Vielfalt

WIE & WANN

Wald- und Bergpfade, zum Teil Felsstufen und Kletterhilfen, anspruchsvoller Weg für schwindelfreie und geübte Wanderer; beste Zeit von April bis Oktober

HIN & WEG

Auto: Parkplatz Beuthenfall an der S165 Kirnitzschtalstraße
ÖPNV: Bus- und Kirnitzschtalbahn-Haltestelle Beuthenfall

ESSEN & ENTSPANNEN

6 **Bergwirtschaft Kuhstall,** Kuhstall 1, 01814 Bad Schandau, Tel. (03 59 71) 83 86 10, www.berggast.de/kuhstall

ENTDECKEN & ERLEBEN

1 **Wilde Hölle**
2 **Carola Aussicht**
3 **Reitsteig-Plateau**
4 **Idagrotte**
5 **Felsentor Himmelsleiter am Kuhstall**

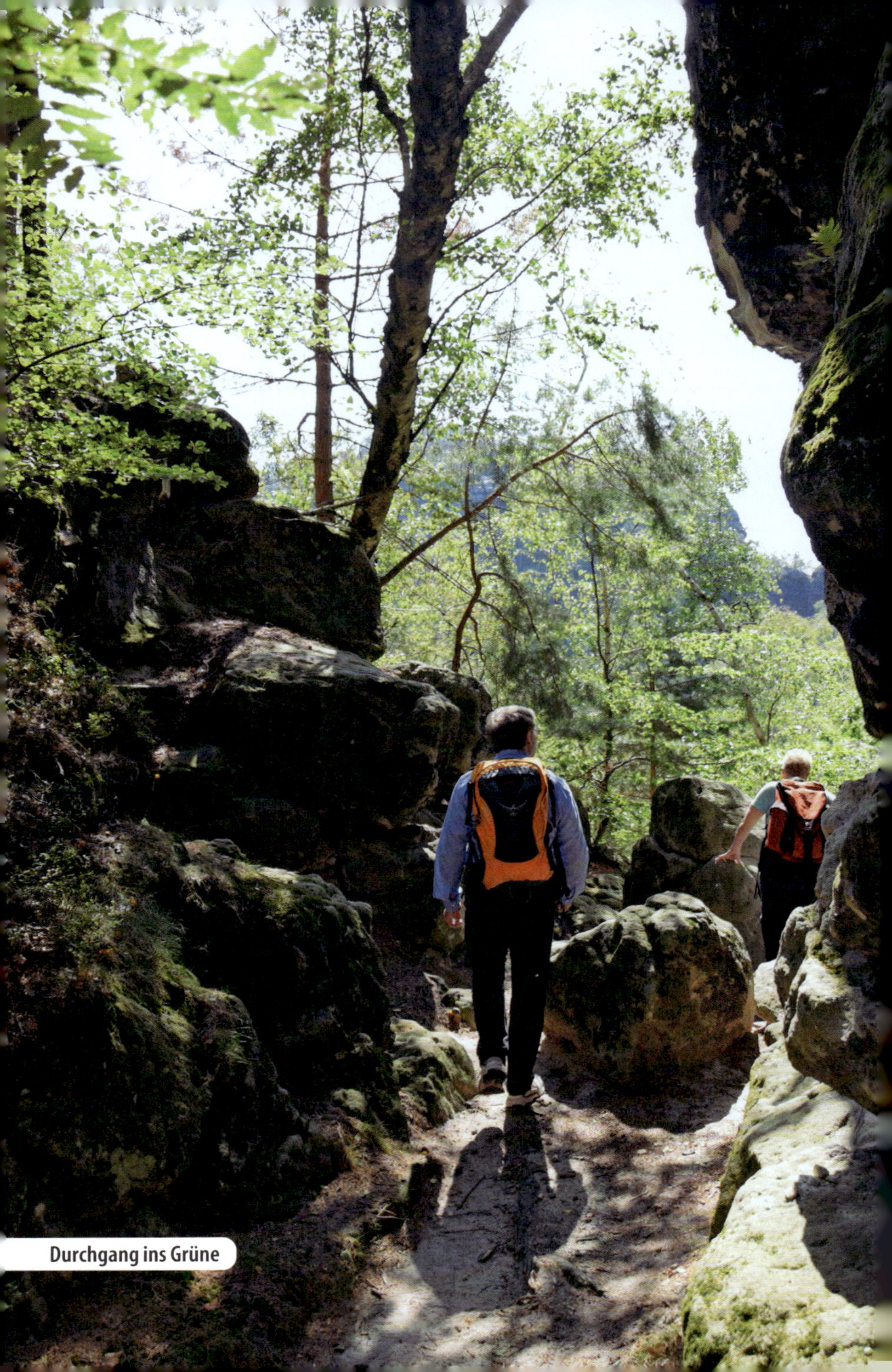

Durchgang ins Grüne

Waldeslust und -leid

Um die Thorwälder Wände

Zwischen den Häusern der ① **Buschmühle** beginnt der Weg und steigt steil an, gepflastert wie eine alte Römerstraße. Oberhalb der Mühle biegen wir rechts ab, weiter hinauf und in den Wald hinein. Nach etwa 100 Metern biegt ein etwas unscheinbarer Pfad über den Bach rechts ab, dem wir den Hang hinauf folgen. Oben treffen wir bald auf **Buschmüllers Räumicht,** eine große Lichtung mit allerlei blühenden Gräsern und Blumen. Vom Gehöft laufen wir auf dem nun breiteren Weg für knapp 600 Meter und stoßen auf den „Flügel E", wo wir dem Schild erneut nach rechts Richtung Zeughaus folgen. Der Weg senkt sich bald wieder, trifft auf den befestigten Forstweg, die Zschandstraße, die uns nach links eben zum ② **Zeughaus** führt. Für eine Pause ist es noch zu früh, und so passieren wir auf Weiß-Rot-Weiß zunächst das Zeughaus. Ein wahrer Schilderwald empfängt den Wanderer. Für uns geht es mit Weiß-Grün-Weiß Richtung Hickelhöhle. Kurz hinter dem Zeughaus weist uns die Markierung nach links, und wir haben den zweiten schweißtreibenden Aufstieg

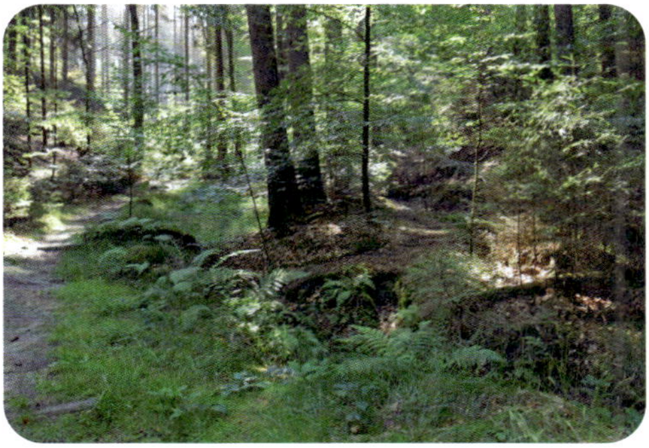

Kilometer: 15,7

Höhenmeter: 400

Stunden: 5,5

RUNDWEG

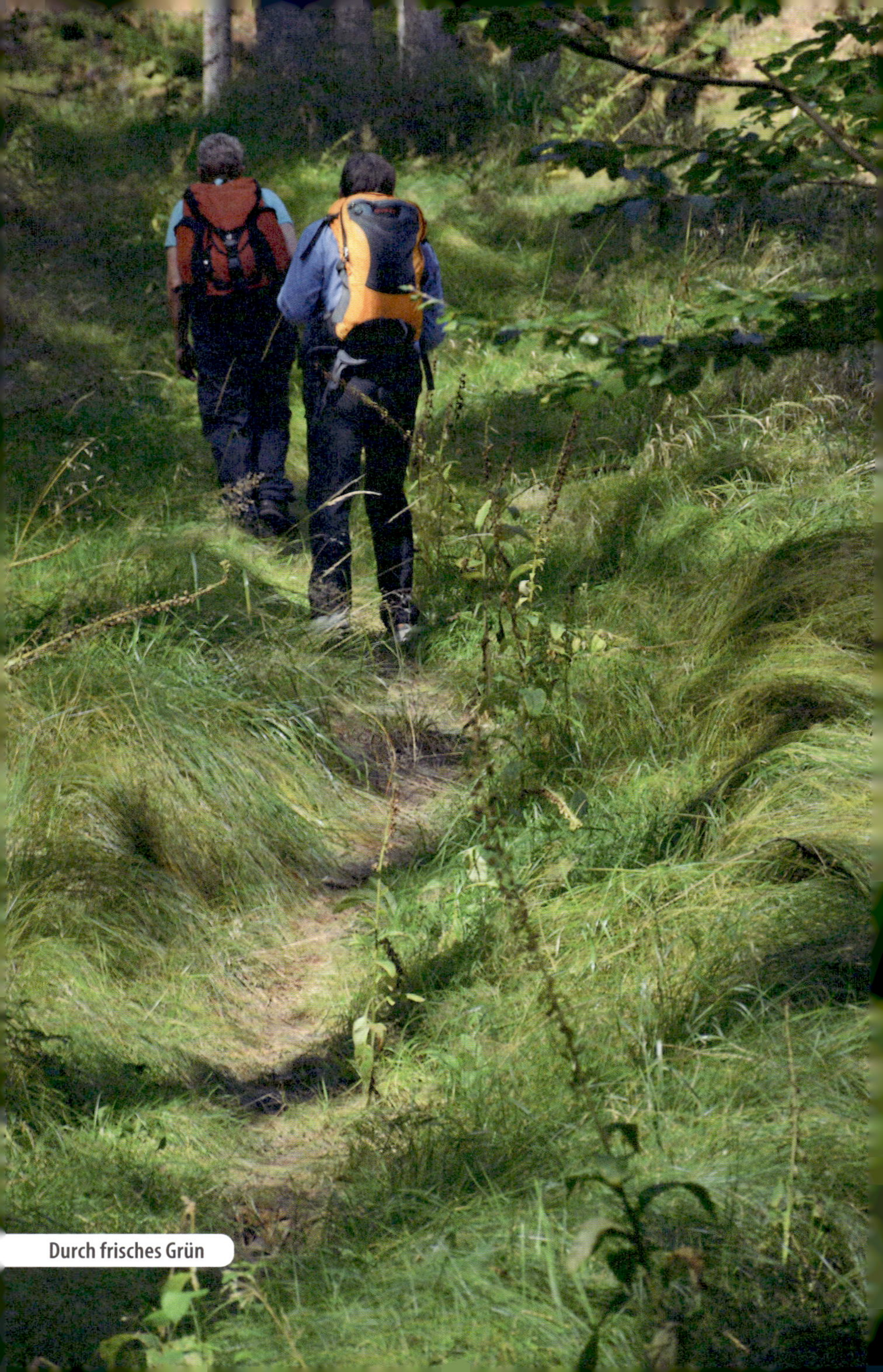

Durch frisches Grün

vor uns. 100 Höhenmeter geht es über die nächsten 400 Meter Strecke aufwärts. Oben treffen wir auf eine Kreuzung und haben für die nächste Zeit die Wanderhöhe erreicht.

Diese Kreuzung werden wir später erneut passieren und vom jetzigen Standpunkt aus nach links abbiegen. Zunächst aber folgen wir rechts dem ③ **Reitsteig.** Die nächsten gut 3,7 Kilometer geht es nun mehr oder weniger eben an der Kante vor den Thorwälder Wänden entlang. Links erheben sich die Sandsteinfelsen, rechts geht es abwärts in den Zschand. Auf diesem Weg wechseln sich Entzücken und Entsetzen ab. Zum einen beeindruckende, senkrecht aufragende Felsen, Überhänge, geheimnisvolle Höhlungen, Szenerien, die an Bilder von Caspar David Friedrich erinnern; Felsen, porös wie riesige Naturschwämme. Andererseits der sterbende Fichtenwald: Trockenheit und Borkenkäfer haben an den Hängen ganze Arbeit geleistet. Innerhalb der Kernzone des **Nationalparks** wird nicht mehr eingegriffen. Die Monokultur des Fichtenbestandes wird vergehen, und dem Standort angepasste Arten, vor allem Buchen, Birken, Eichen und einige Nadelhölzer, werden als Mischwald daraus hervorgehen. Bis dahin mühen sich noch einzelne junge Fichten in einem Meer des memento mori. Dennoch ist dies ein schöner Weg. Der gelichtete Wald ermöglicht uns Blicke auf die Felsabhänge der gegenüberliegenden Seite des Zschands, die man vor fünf, sechs Jahren kaum sehen konnte. Bei einem Felsdurchgang offenbaren sich die unterschiedlichen Waldzustände: hinter uns die braunen Gerippe der Fichten, vor uns das saftige Grün von Buchen und Eichen. Bald nach dem Durchgang senkt sich der Pfad hinunter zur ④ **Hickelhöhle.**

Weiß-Grün-Weiß geht an der rechten Seite weiter. Zum dritten Mal führt der Weg steil bergan, diesmal

Für die Seele

Werden und Vergehen: Die Natur baut eine neue Landschaft. Aber auch der Tod zaubert zarte Gespinste.

*Mit 45 Metern Breite, 14 Metern Tiefe und 12 Metern Höhe ist die **Hickelhöhle** die zweitgrößte Höhle der Sächsischen Schweiz. Sie wurde durch Sickerwasser entlang der quer laufenden Schichtfugen ausgewaschen. Hier könnte ein riesiges Orchester Platz finden.*

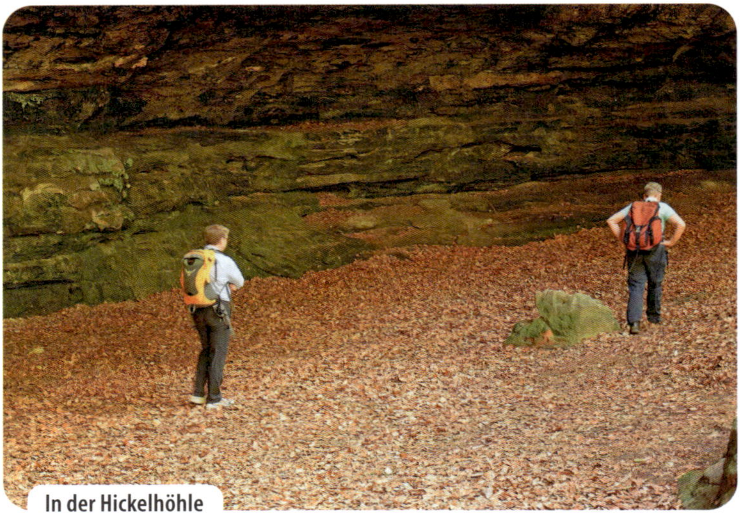

In der Hickelhöhle

nur 70 Höhenmeter, aber so ganz frisch sind wir ja auch nicht mehr. Wir steigen durch die **Thorwälder Wände** hindurch auf deren andere Seite und passieren den höchsten Punkt der Wanderung. Spätestens hier meldet sich der Magen, wenn nicht schon früher, und es ist an der Zeit, etwas Gewicht umzuschichten vom Rucksack in uns selbst. Das nächste Gasthaus ist die Buschmühle – eindeutig zu weit! Nun geht es steil hinunter, oft über mit Holzbohlen befestigte Treppen. Links an der Felswand ragt ein Kanzeldach oder eine Nase hervor, unter der wir langgehen. Nach dem steilen Abstieg führt der Weg flach und bequem durch den Wald. Bald biegt Weiß-Grün-Weiß spitzwinkelig rechts ab. Wir aber folgen für rund 500 Meter Weiß-Rot-Weiß Richtung **Stimmersdorfer Steig,** wo ein erster Graspfad nach links abzweigt. Diesen ignorieren wir noch und biegen kurz danach in den zweiten schmalen Pfad auf linker Seite. An der Abzweigung steht ein Hinweisschild zur Kernzone. Wir verlassen für einige Zeit die markierten Wege und nun ist Orientierungssinn gefragt. Waldläufer sind klar im Vorteil. Dafür werden wir kaum einen anderen Wanderer treffen. Der **Graspfad** steigt für etwa 300 Meter leicht an. Dann erreichen wir eine Art kleiner Kuppe, wo der deutlichere Pfad nach links biegt und am Rande der Kernzone weiterführt. Geradeaus ginge es sofort wieder abwärts, aber wir halten uns links und verbleiben für einige Zeit in etwa auf derselben Höhe. Kurz darauf passieren wir rechter Hand eine eingezäunte Baumschule. Dahinter senkt sich der Waldweg, wird breiter, und wir stoßen auf eine noch breitere **Forststraße,** der wir nach links folgen. Nach gerade einmal 100 Metern kommt die Forststraße an eine Lichtung und wird zum Wiesenpfad, auf dem wir quer über die Lichtung zum gegenüberliegenden Waldrand laufen. Der nun wieder angenehm weiche Waldweg wird bald enger und unkenntlicher. Manchmal müssen wir uns durch hohe Gräser und niedrige Jungfichten drücken. Nach rund 500 Metern sehr leichten Anstiegs macht der Pfad eine Spitzkehre. Erneut finden wir ein **Kernzonenschild,** das noch dazu mit schwarzem Dreieck auf weißem Grund einen Klettersteig ausweist. Wir lassen den Klettersteig links liegen, folgen der Spitzkehre und klettern gegebenenfalls über einige querliegende Baumstämme. Dies ist das Abenteuer auf nicht markierten Pfaden: Sie sind einsamer und weniger gut gepflegt. Vorbei an einem Stein mit der **Jahresgravur**

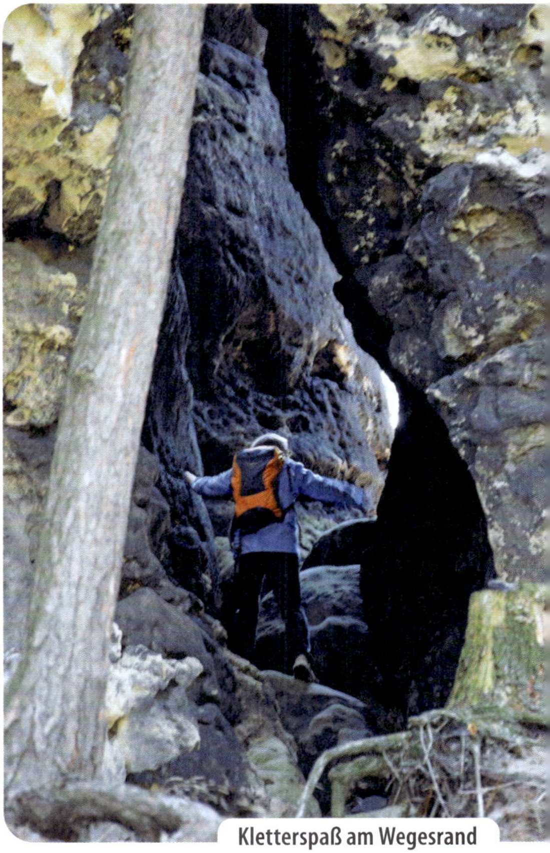

Kletterspaß am Wegesrand

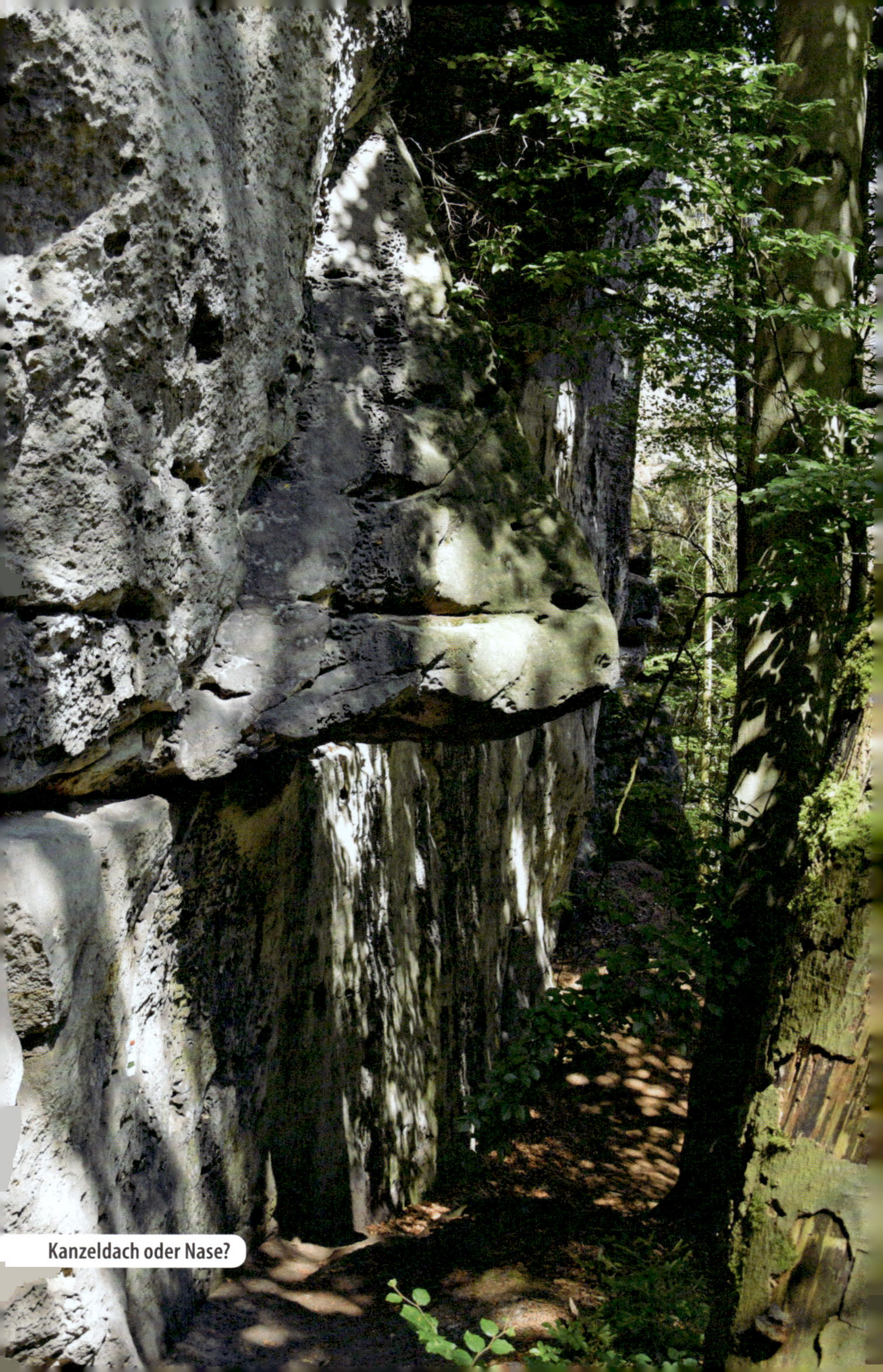

Kanzeldach oder Nase?

1884 folgen wir dem bald wieder besser erkennbaren, teils von hohem Gras überwucherten Waldsteig, der weiterhin leicht ansteigt und immer an der Kernzonengrenze entlangführt, sodass wir hin und wieder entsprechende Schilder passieren. Einen knappen Kilometer geht es so über Wurzel, Stock und Baumstamm, ehe wir an eine uns bekannte Kreuzung kommen: Hier sind wir zuvor in den **Reitsteig** eingebogen.

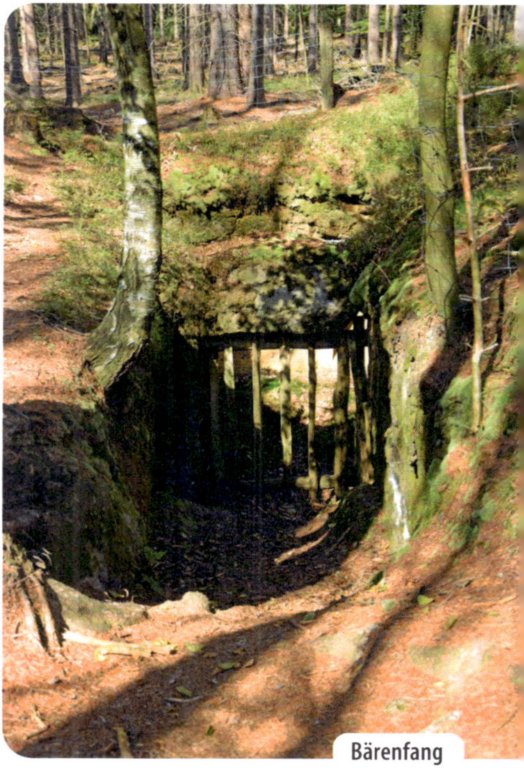

Bärenfang

Von uns aus gesehen, biegen wir nun nach rechts ab, nehmen also den vierten, uns noch unbekannten Weg, auch wenn sein Eingang eventuell mit gefallenen Bäumen versperrt scheint. Es wird ein breiterer, bequemer Forstweg sichtbar, der uns in weiter Linkskurve halb um den Hochhübel führt.

Nach einiger Zeit stoßen wir auf eine breite Forststraße, die weiß-blau-weiß markiert ist. Unser Weg führt hier nach links, aber keine 100 Meter weit, ehe wir der Ausschilderung zur Buschmühle nach rechts folgen. Knappe 20 Meter hinter der Abzweigung lockt uns ein weiteres Schild nach links zum **5 Historischen Bärenfang** geradewegs in den Wald hinein. Der Bärenfang liegt vielleicht 40 bis 50 Meter im Wald, leicht linker Hand, und ist von drei Seiten eingezäunt. Hier heißt es suchen und querwaldein stapfen.

Zur Jagdfron verpflichtete Bauern mussten am ***Historischen Bärenfang*** *Braunbären für die kurfürstlichen Hetzjagden auf dem Dresdner Altmarkt lebend fangen. 1742 waren die Tiere ausgerottet.*

Nach dem Abstecher folgen wir weiter dem für den Rest der Wanderung sehr bequemen Waldweg. Bald stoßen wir wieder auf den „Flügel E“; das Schild ver-

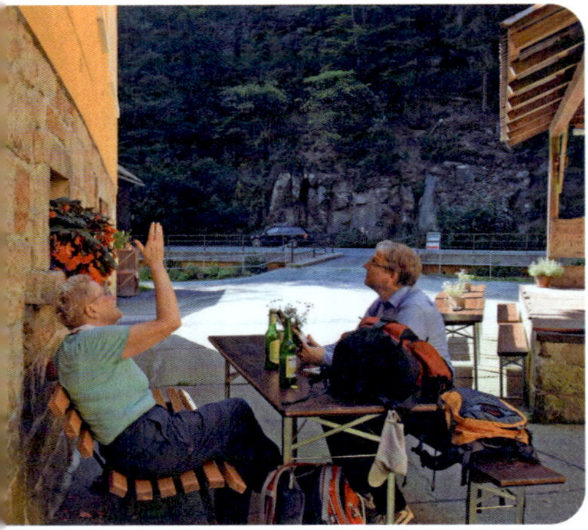

heißt 40 Minuten bis zur Buschmühle und zu dem wohlverdienten kühlen Getränk. Der Weg mäandert in weiten Bögen durch den Wald, senkt sich nun permanent, und wir müssen noch einmal an einer Abzweigung dem Hinweis zur Buschmühle nach rechts folgen, passieren kurz darauf den ersten Abzweiger vom Beginn der Wanderung hinauf zu **Buschmüllers Räumicht,** sehen kurz danach die Dächer der Mühle und steigen den steilen „Römerpfad" hinab.

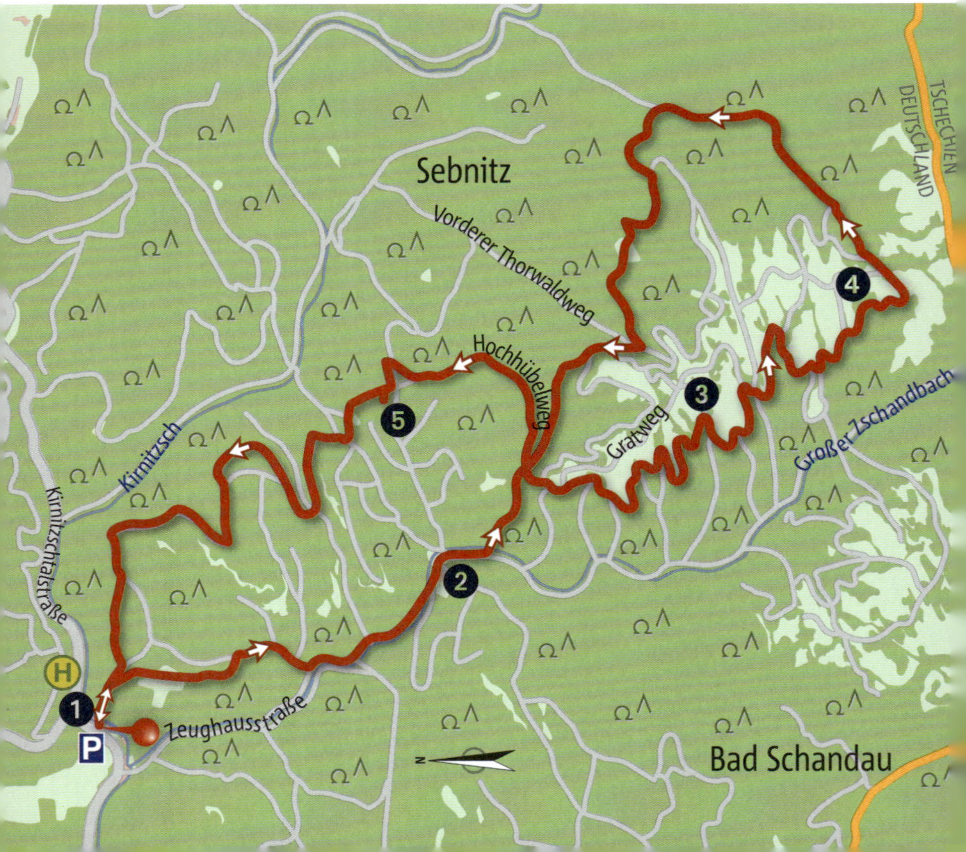

ALLES AUF EINEN BLICK

Entspannung

Abenteuer

Vielfalt

WIE & WANN

Alles dabei: Forstwege, Waldwege, Wiesenpfade und Dickicht, auf den nicht markierten Teilstrecken ist Orientierungssinn erforderlich; beste Zeit von März bis Oktober

HIN & WEG

Auto: Parkplatz an der Buschmühle
ÖPNV: Bushaltestelle Kirnitzschtal Buschmühle
(Am späten Nachmittag nur wenige Verbindungen, unbedingt vorab über den letzten Bus informieren.)

ESSEN & ENTSPANNEN

1. **Gasthaus & Pension Buschmühle,** Kirnitzschtalstraße 1, 01855 Sebnitz, Tel. (03 59 74) 5 04 15, www.die-buschmuehle.de
2. **Gasthaus Altes Zeughau,** Zeughausstraße 5, 01855 Sebnitz, Tel. (03 59 74) 55 90 95, www.alteszeughaus.de

ENTDECKEN & ERLEBEN

3. **Reitsteig**
4. **Hickelhöhle**
5. **Historischer Bärenfang**

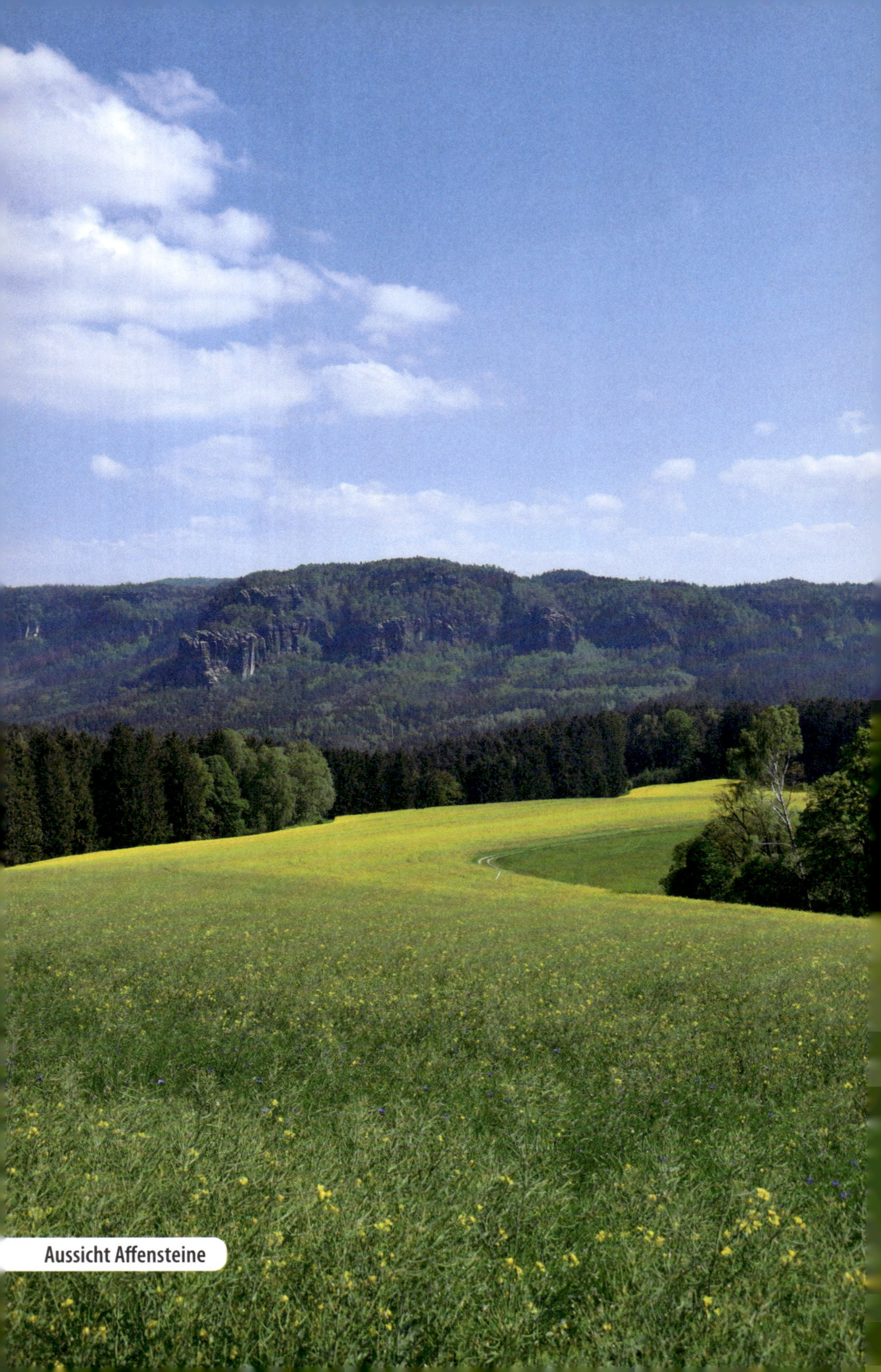

Aussicht Affensteine

Augenweide

Auf dem Panoramaweg

Am flussaufwärts gelegenen Ende des Parkplatzes beginnen wir die Wanderung und nehmen die Königsteiner Straße zum Markplatz in **1 Bad Schandau** mit dem Sendigbrunnen im Zentrum und der St. Johannis Kirche am hinteren Ende. Über die Marktstraße geht es weiter zum Fuß des Schlossbergs. Am zweiten Haus links mit schön restauriertem Fachwerk im Obergeschoss prangt über dem Eingang eine Hochwassermarke der Flut von 2002 hoch über unseren Köpfen. Kaum möglich, sich die Wassermassen vorzustellen, die sich durch den Ort wälzten, zumal wir ja auch schon einige Meter oberhalb der Elbe stehen. Am Ende der Gasse befindet sich der Einstieg in den Schlossberg und der Beginn des **Panoramawegs,** der mit gelbem Punkt markiert ist und dem wir die meiste Zeit getreulich folgen werden.

*Die **Burgruine** ist ein künstliches Bauwerk, das erst 1883 erbaut wurde und an eine vermutlich während der Hussitenkriege zerstörte Anlage erinnert. Zu sehen sind noch Reste einer verschütteten Zisterne, die einst gute 8 Meter tief gewesen sein soll.*

Zunächst geht es über zum Teil frei stehende Treppen rund 100 Höhenmeter steil hinauf. Oben stoßen wir auf die **2 Burgruine** mit ihrem Turm und einem Tor. Sie erscheint einerseits merkwürdig vereinzelt, denn es sind kaum weitere Mauerreste zu sehen, andererseits in der Bausubstanz ziemlich gut erhalten.

Der Waldweg senkt sich nun leicht und trifft bald auf die Kleingartenanlage Kiefricht, die einige botanische Pracht bietet; das eigentliche Highlight ist aber noch vor Beginn der ersten Parzellen ein Teppich aus wilden Maiglöckchen, die im späten Frühling das Auge erfreuen. Die giftige Pflanze ist zwar nicht akut vom Aussterben bedroht,

Kilometer: 11
Höhenmeter: 275
Stunden: 3,5
STRECKE

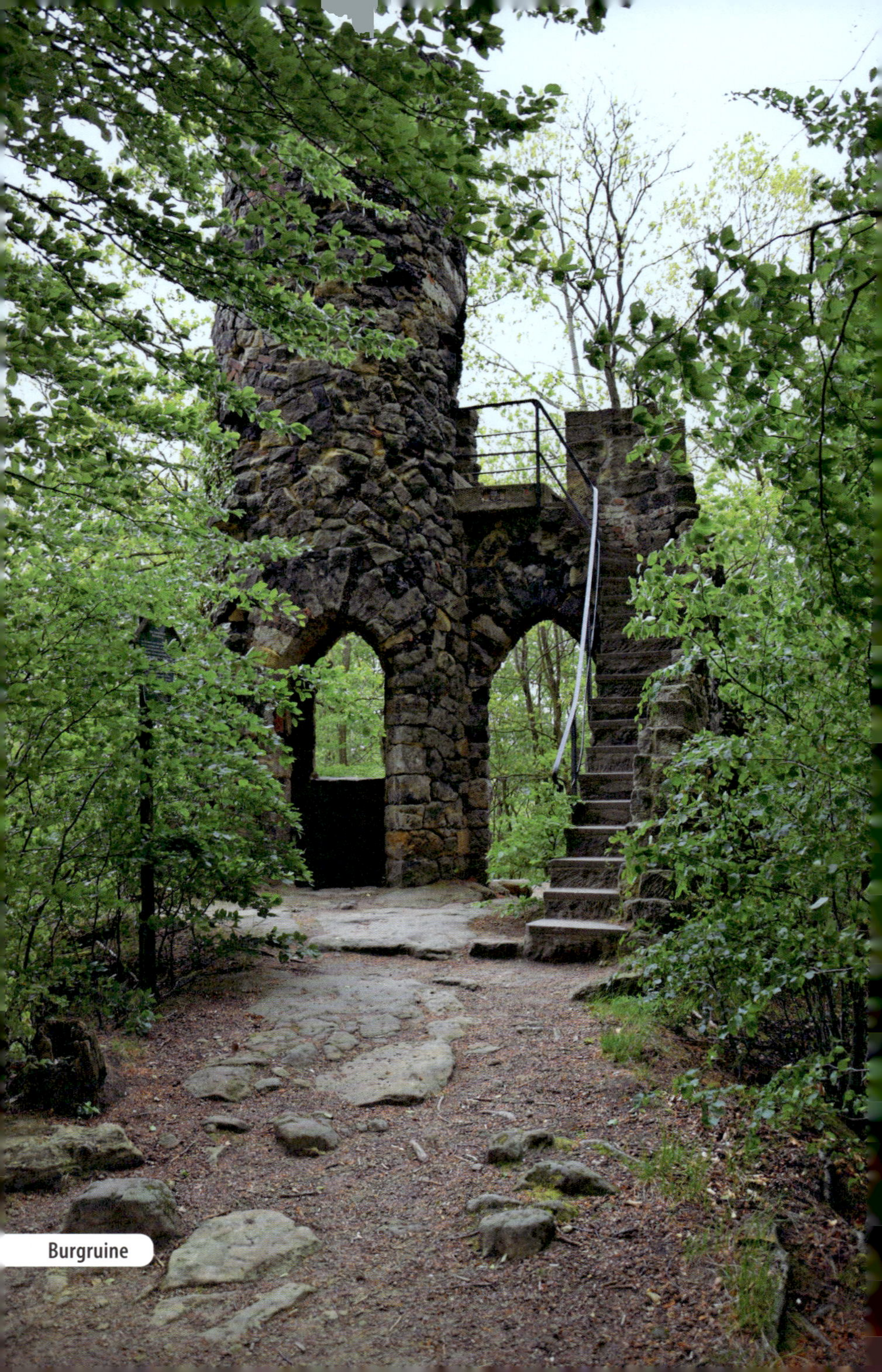

Burgruine

steht aber unter Naturschutz und sollte nicht gepflückt werden. Am Ende der Kleingartenanlage auf einem kurzen Stück Asphaltweg weist uns ein Schild zum ❸ **Schillerdenkmal,** einem Obelisken, der sich bereits nach ungefähr 20 Metern vor uns erhebt. Noch ein paar Meter weiter lockt eine Bank mit einem ersten schönen Ausblick auf die Schrammsteine. Der Panoramaweg führt dann an einem Parkplatz vorbei, an dessen hinteren Ende wir nach rechts geleitet werden und unterhalb der Straße nach Sebnitz zwischen Wald und Feld auf schmalem Weg durch eine bewaldete Senke auf eine Hochfläche gelangen. Inmitten der Felder an einer Bank biegt der Weg nach links. Kindshoch wogt das grüne Getreidemeer und ruft Erinnerungen wach an Zeiten, in denen Gerste höher wuchs und man sich auch als etwas größeres Kind noch darin verstecken konnte. Über den gleichermaßen grünen Waldrand hinweg erheben sich in der Ferne die Schrammsteine. Zu recht verdient der Weg den Namen Panoramaweg, und dies ist nur der Anfang! Bis zum Abstieg am Ende des Weges wird sich eine **grandiose Aussicht** an die nächste reihen.

Für die Seele

Durch liebliche Felder, Haine und Dörfer reiht sich eine Prachtaussicht an die nächste. Ein Rausch in Grün!

Vor uns liegt bereits ❹ **Altendorf** das wir zügig erreichen. Der Weg führt uns durch das Dorf, vorbei an prächtig restaurierten Bauernhöfen, über deren Geschichte verschiedene Hinweisschilder informieren. An der Sebnitzer Straße wenden wir uns rechts und folgen für etwa 300 Meter der Straße. Einige weitere historische Informationen trösten über den Verkehr hinweg, ehe wir kurz hinter dem Dorf die Straße wieder nach rechts verlassen. Ein schmaler Pfad führt, gesäumt von halbhohen, blauen Pfeilern, parallel zur Straße mitten durch das Feld. An seinem Ende geht es rechts in den Wald hinein. Nach einer Biegung treffen wir erneut auf Bänke, wie überhaupt die heutige Wanderung an über zehn Bänken vorbeiführt, die zum

Verweilen einladen und meist auch **exzellente Sicht** bieten. Nicht alle werden frei sein – andere Wanderer haben dieselbe Idee. Hinter den Bänken biegt der Weg links ab und führt weiter durch Felder und kleine Haine nach Mittelndorf. So lieblich sind die grünen Felder, die Waldränder, die schmucken Dörfer, dass man kaum überrascht wäre, einen zufrieden dreinblickenden Hobbit auf dem Weg zum zweiten Frühstück um die nächste Ecke biegen zu sehen.

In **Mittelndorf** stoßen wir auf die Dorfstraße und müssen uns entscheiden: entweder weiter auf dem Panoramaweg und, da etwa die Hälfte des Weges geschafft ist, das mitgebrachte Picknick am Ortsausgang von Mittelndorf verzehren, oder einkehren. Passenderweise stehen wir auch gerade vor dem Schild zur **5 Gaststätte Am Weinberg,** die man in knapp 10 Minuten erreicht. Neben deftiger Kost sind das unfiltrierte Hausbier und eine Hopfenlimonade empfehlenswert.

Wogendes Grün

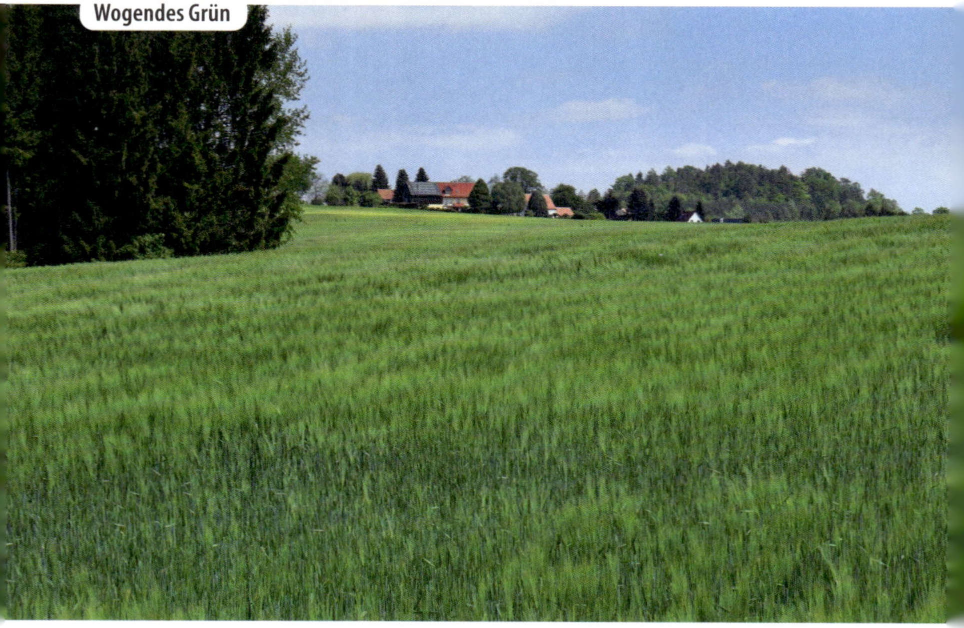

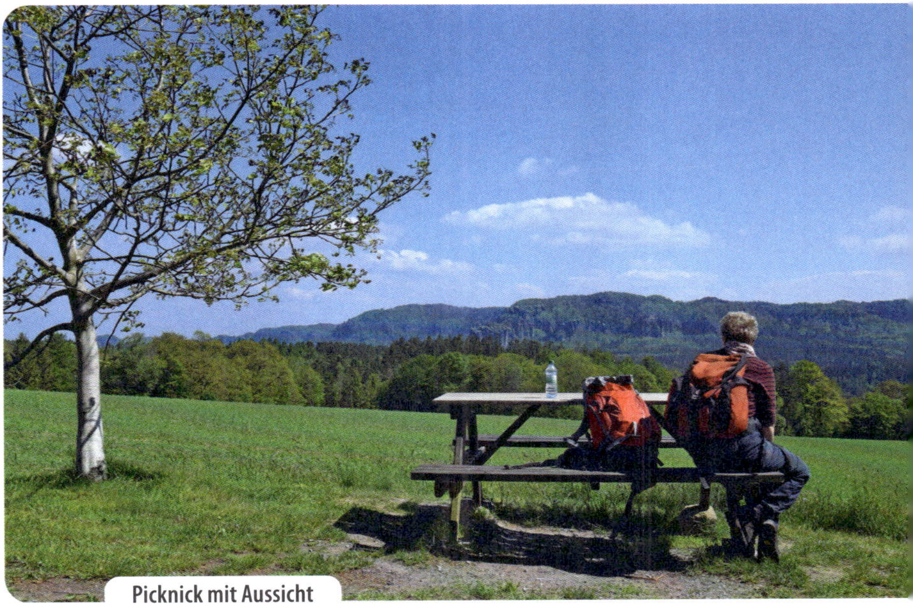

Picknick mit Aussicht

Der Abstecher, der uns rund zusätzliche 700 Meter Wegstrecke einbringt, lohnt aber auch angesichts der touristisch hervorragend aufbereiteten Dorfgeschichte, die wir auf etlichen Schildern präsentiert bekommen.

Zurück auf dem Panoramaweg werden wir etwas winkelig durch das Dorf geleitet, vorbei an weiteren Infotafeln. Am Dorfende gelangen wir an einen Wendekreis um eine Linde, an der wir einen idealen **6 Picknickpunkt** finden mit herrlicher **Sicht auf die Affensteine,** falls wir nicht zuvor eingekehrt sind. Die Aussicht lohnt auf jeden Fall. Die ganze Zeit schon erfreuen Wiesenblumen wie die blass-violetten Pechnelken das Auge, vor allem zur Blütezeit im Frühling. Kurz hinter dem Dorfende finden wir eine größere Tafel, die uns über die Biotopdiversität aufklärt.

Bald biegt der Panoramaweg scharf nach links den Hang hinauf, wo uns in Sichtweite schon eine weitere Bank erwartet, von der aus sich die Affensteine mit

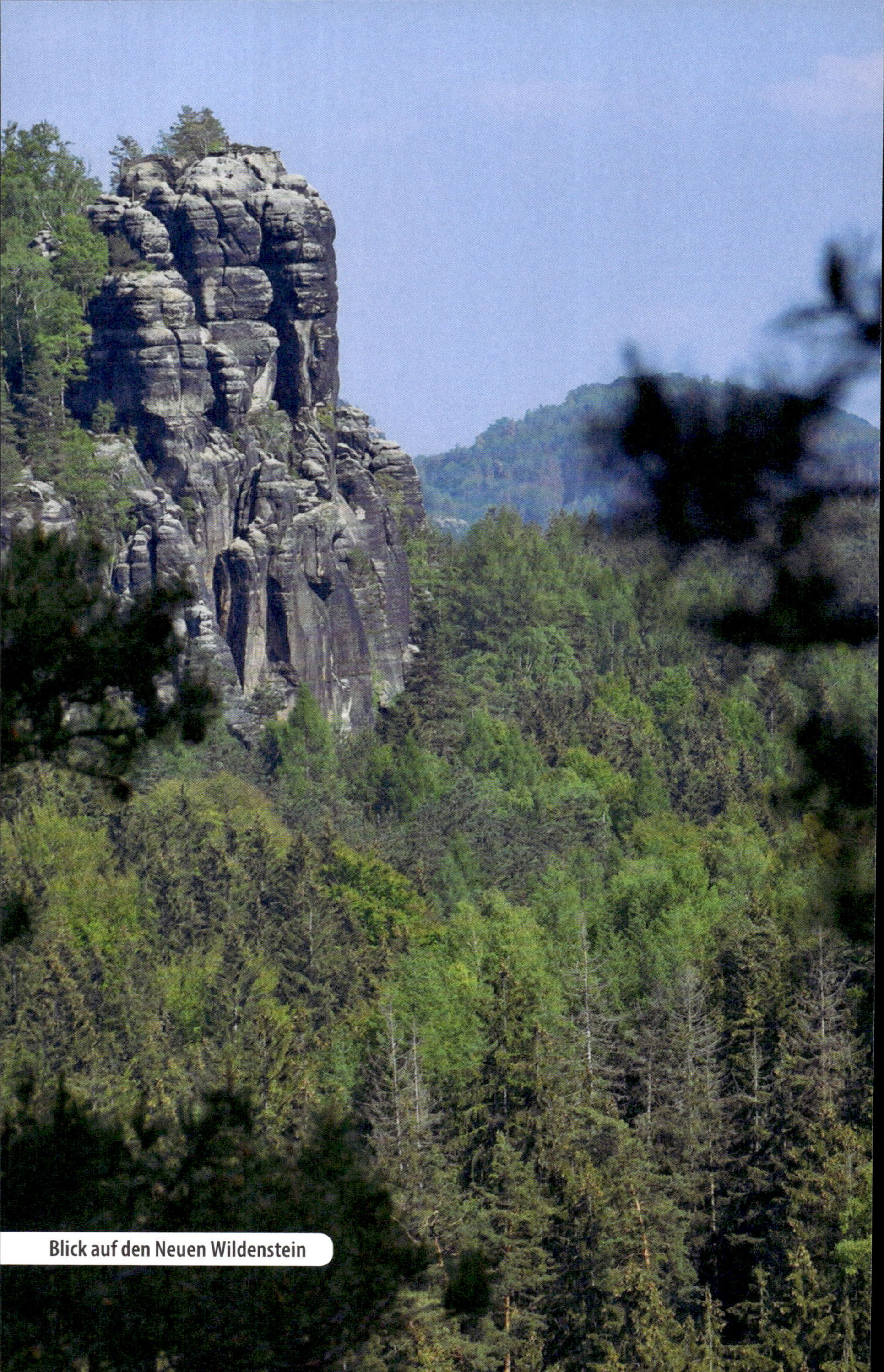

Blick auf den Neuen Wildenstein

dem vorderen, markant aufsteigenden **Bloßstock** bewundern lassen. Von hier führt der Weg wieder abschnittsweise durch kurze Waldstücke. Schatten und ein wenig Dämmerlicht beruhigen das Auge. Rund 600 Meter hinter einem kleinen Teich, der größtenteils mit Entengrütze bedeckt ist, treffen wir auf eine asphaltierte Straße. Hier verlassen wir den Panoramaweg und folgen nun mit dem grünen Punkt dem **Folgenweg** in Richtung Beuthenfall. Die asphaltierte Straße in das sich vor uns ausbreitende liebliche Tal ist kaum befahren. Nach etwa 200 Metern wandelt sie sich zunächst in einen Schotterweg, bald darauf in einen Graspfad. Auf der Wiese vor dem Waldrand heißt es an einer Gabelung aufpassen. Lediglich ein gute 50 Meter hinter der Gabelung aufgestellter halbhoher Pfahl weist mit ausgeblichenem Wanderzeichen den linken als den richtigen Weg aus. Erneut geht es in den Wald, und der Weg senkt sich merklich. Wir passieren eine Schutzhütte mit spitzem Dach sowie dem Hinweisschild „Rundweg I“ und bald darauf eine weitere Bank, hinter der ein Abzweiger nach links in nur wenigen Metern zu einem Aussichtspunkt führt, von dem aus wir den aus dem Wald aufragenden **Neuen Wildenstein** beziehungsweise den Kuhstall bewundern. Nun geht es durch den Wald über viele Wurzeln steil bergab, bis wir an einem

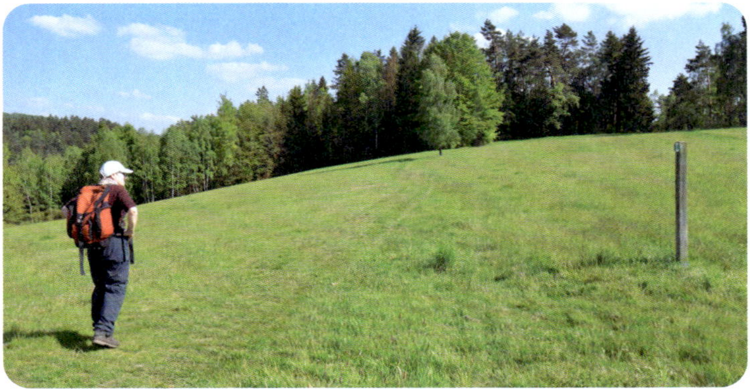

Querweg dem „Rundweg I“ nach links folgen, und bald den **7 Lichtenhainer Wasserfall** erreichen. Die meiste Zeit tröpfelt der Wasserfall gleichmäßig vor sich hin; alle halbe Stunde aber wird oberhalb gestautes Wasser gezogen und ein sattes Rauschen erfüllt den Felseinschnitt.

Von hier nehmen wir den Bus oder, romantischer und mit mehr Zeit, die Kirnitzschtalbahn zurück. Während wir auf die Verbindung warten, bleibt Gelegenheit, sich in der Gaststätte bei einem Getränk zu erfrischen und auszuruhen, z. B. auf der Terrasse, deren eine Hälfte nachmittags sonnenüberflutet ist – und wer weiß, vielleicht nehmen wir doch noch eine spätere Bahn.

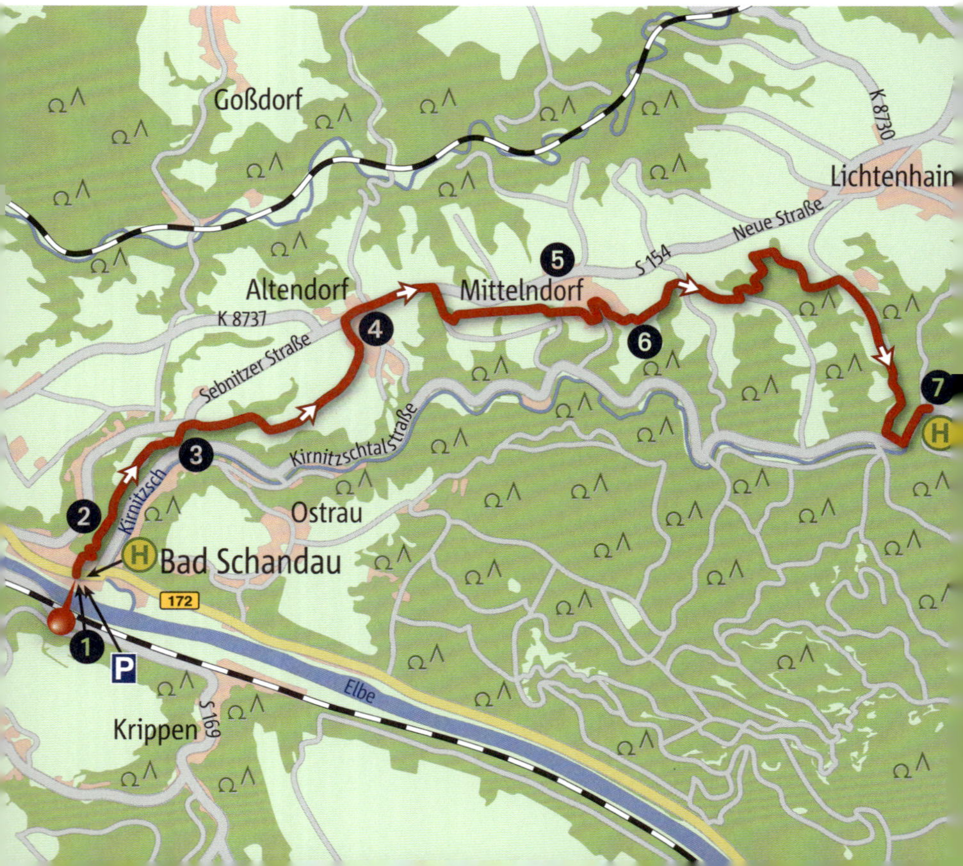

ALLES AUF EINEN BLICK

Entspannung 4/5
Abenteuer 3/5
Vielfalt 4/5

WIE & WANN

Einfacher Weg mit vielen Bänken, vornehmlich auf Wald- und Feldwegen, in den Dörfern Asphalt; für das Panorama ganzjährig, für die Blumenpracht am besten im Frühling

HIN & WEG

Auto: Parkplatz Bad Schandau, An der Elbe
ÖPNV: Bushaltestelle Elbkai oder Fährstelle Stadt; Rückkehr zum Ausgangspunkt: ab Bushaltestelle Lichtenhainer Wasserfall

ESSEN & ENTSPANNEN

5 **Gaststätte und Pension am Weinberg,** Schandauer Straße 7, 01855 Sebnitz/OT Mittelndorf, Tel. (03 50 22) 4 28 10, www.pension-weinberg.de
7 **Gaststätte & Pension Lichtenhainer Wasserfall,** Kirnitzschtalstraße 11, 01855 Sebnitz/OT Lichtenhain, Tel. (03 59 71) 5 37 33, www.lichtenhainer-wasserfall.de

ENTDECKEN & ERLEBEN

1 **Marktplatz Bad Schandau**
2 **Burgruine am Schlossberg,** Kiefricht Promenade, 01814 Bad Schandau
3 **Schillerdenkmal Bad Schandau,** Schillerpromenade, 01855 Sebnitz
4 **Altendorf**
6 **Picknickpunkt Mittelndorf,** Wendekreis Obere Straße, 01855 Sebnitz/OT Mittelndorf

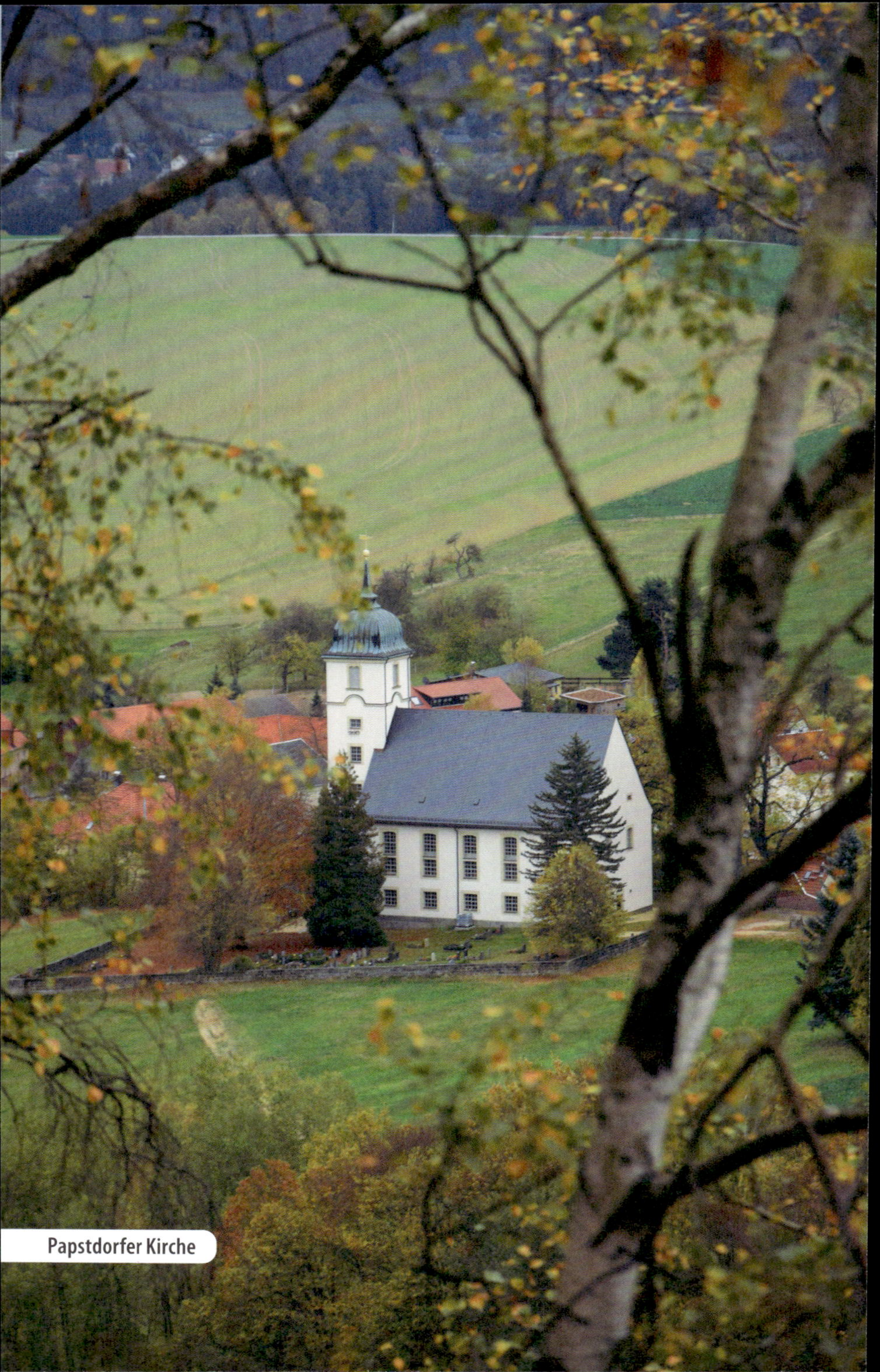

Papstdorfer Kirche

Pfadfinderromantik

Über Kohlborn- und Papststein

Die Tour beginnt am **Bahnhof Krippen** und führt entlang der Friedrich-Gottlob-Keller-Straße (S169) ostwärts ins Dorf, zunächst neben den Schienen, dann mit der Vorfahrtsstraße nach rechts. Knapp 50 Meter hinter der Kurve nehmen wir den mit einem gelben Punkt markierten Rundwanderweg erst scharf rechts hinauf, kurz danach links über ein paar Stufen in den Wald hinein. Der Pfad führt nun durch Mischwald und an ein paar Sandsteinfelsen oberhalb von Krippen entlang. Spechte morsen ···· ··, aus dem Dorf tönen Hammerschläge auf Holz zurück ·-·-··. Eine Antwort?

Quer durch den Hang sind ehemalige Zaunsteine gesetzt, in die man die Querbalken noch heute einsetzen könnte. Wir passieren den Gedenkstein für den Lehrer und Schulinspekteur Friedrich August Berthels (auch Berthelt, 1813–1896) und erreichen bald darauf – immer noch oberhalb von Krippen – den **1 Kellerfels** zum Gedenken an **Friedrich Gottlob Keller** mit dem darunterliegenden Rastplatz.

Friedrich Gottlob Keller (1816–1895) ist der Erfinder des noch heute üblichen Verfahrens der Papierherstellung aus feingeschliffenen Holzfasern. Mit Holzschliffpapier konnte die große Nachfrage für Zeitungen und Verpackungen gedeckt werden.

Hier macht der Weg eine Spitzkehre und führt wieder abwärts; wie überhaupt der heutige Weg durch Spitzkehren gekennzeichnet ist. Serpentinen bringen uns hinunter zu einem Rastplatz mit Gedenkstein für Tr. Richter von 1893. Dann führt uns der gelbe Punkt weiter ins Tal hinein, bis wir die Straße oberhalb des Dorfes kreuzen und leicht links versetzt mit rotem Punkt in einen breiten Waldweg einbiegen. Nach rund 200 Metern biegt ein breiter Weg links ab Richtung Kohlbornstein und beschreibt eine 180-Grad-Linkskurve, wo-

Kilometer: 14
Höhenmeter: 550
Stunden: 5
RUNDWEG

durch wir quasi zurücklaufen, bis uns ein Schild an einer Bank, nun mit rechter Spitzkehre, erneut zum Kohlbornstein weist. Außerdem geht es hier zu „Erna“. Des Autors Großmutter hieß Erna – das kann ja heiter werden. Zunächst aber führt der bequeme Waldweg leicht aufwärts. Die herbstliche Vormittagssonne bringt das Braun-Ocker-Rostrot des in die schütteren Kronen getupften Laubes zum Leuchten. Nachdem unser Weg mit einem breiteren zusammenläuft, können wir weiter vorne schon das nächste Schild sehen. Dort verlassen wir den breiten Weg nach links – auf den Spuren von Erna. Dies ist auch ein Reiterweg, allerdings wohl viel zu steil für den Durchschnittsreiter. Bald passieren wir einen Rastplatz, von dem nach

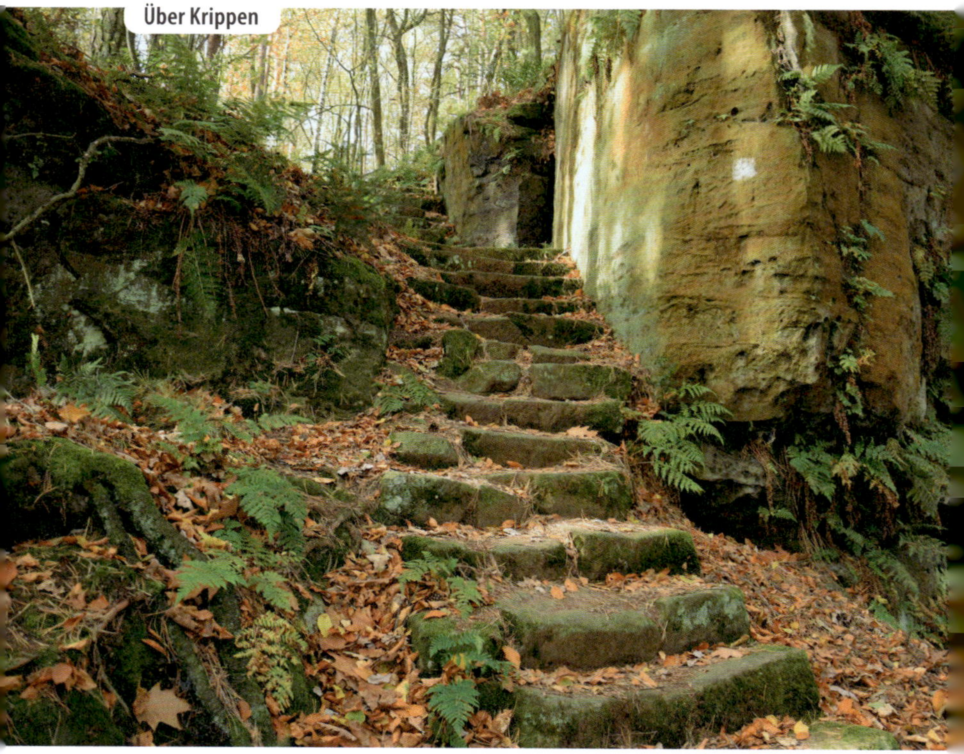

Über Krippen

links der letzte Aufstieg auf den **Kohlbornstein** beginnt. Über Fels- und Holzstufen kraxeln wir hinauf, vorbei an dem fast völlig verwitterten **Gedenkstein für König Albert.** Das **2 Gipfelplateau** ist bewaldet, und so müssen wir das ganze Plateau queren, ehe wir die weite Aussicht nach Norden und Osten genießen können. Vor uns steigen die Schrammsteine auf, die Dörfer hinter Bad Schandau liegen der Reihe nach vor uns, nach rechts reicht der Blick weit in die Böhmische Schweiz hinein.

Für die Seele

Wir treideln scheinbar zurück durch die Zeit und verlieren uns in verwunschenen Wäldern.

Nach einer kleinen Verschnaufpause gehen wir zurück zum Rastplatz. Nun wird es etwas schwierig. Vom Rastplatz wenige Meter auf den vorherigen Weg zurück, finden wir einen kleinen Pfad, der nun links abzweigt. Mit etwas Geduld entdeckt man auch den roten Punkt, versteckt an ein paar Bäumen. Leicht abwärts führt uns der rote Punkt durch bunten Laubwald, und wir erreichen bald eine weitere Spitzkehre. Hier weichen wir indes vom markierten Weg ab, behalten mehr oder weniger unsere Laufrichtung bei und nehmen den Weg, der von der Kehre wegführt. Entspannt wandeln wir zwischen Wald und Weiden oberhalb von Papstdorf dahin und können mehrfach einen **3 schönen Blick auf den Papststein** werfen, unser nächstes Ziel. Sobald wir die Asphaltstraße erreichen, wenden wir uns nach rechts und laufen auf **Papstdorf** zu. An Fachwerkhäusern vorbei folgen wir der Pionierlagerstraße, die sich im Dorf etwas dahinwindet, bis wir bei der Bushaltestelle auf die Hauptstraße stoßen.

__Papstdorf__ hat nichts mit dem Papst zu tun. Der Name verweist auf eine frühe slawische Besiedlung und ist eine Ableitung von Bogans-Dorf. Dem liegt das Wort „Bog" zugrunde, das Gott bedeutet. Eigentlich ist es also Gottesdorf.

Der Schilderwald an der Kreuzung verrät uns endlich, dass „Erna" ein Kinder- und Jugenddorf ist. Gegenüber geht es Richtung Papststein die Gasse **Rapsdörfel** hinan. 100 Meter weiter nehmen wir einen kleinen Umweg und folgen zunächst dem roten Punkt und dem roten Balken einen kleinen Fußweg zwischen Gärten steil hinauf. Oben bietet sich eine hervorragen-

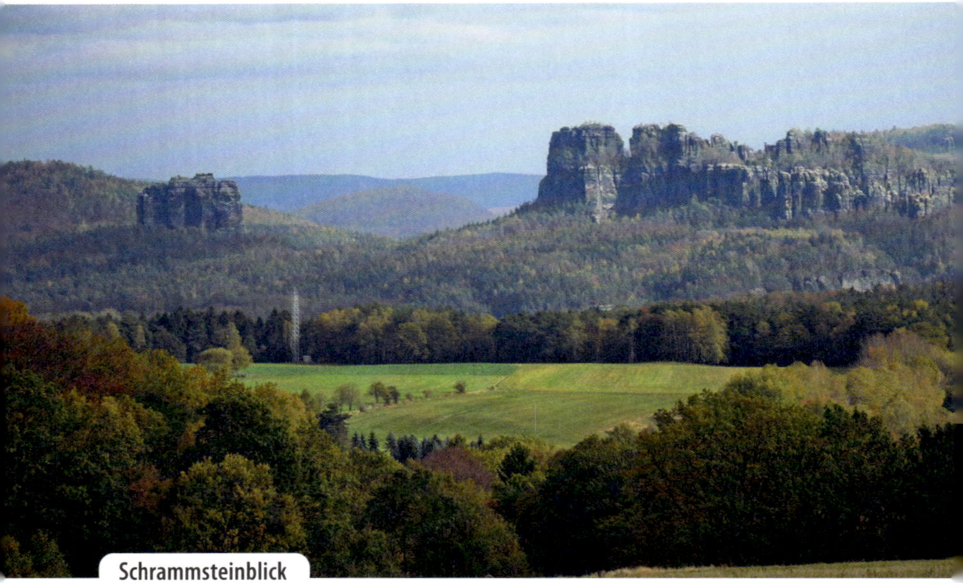

Schrammsteinblick

de ④ **Aussicht auf die Schrammsteine.** Unser Weg biegt hier links ab und führt wieder hinunter. Unten biegen wir rechts auf den Hans-Förster-Weg ein. Linker Hand liegt die Kirche von Papstdorf malerisch auf einem Hügel. Der Weg führt uns um den Papststein herum, reichlich garniert mit historischen Infotafeln. Ein Stückchen läuft die Straße parallel, ehe wir an einen Wanderparkplatz gelangen. Dort steigen wir nach rechts über den gut präparierten Steig zügig auf den Papststein hinauf. Der Papststein ist beliebt, und gerade an Wochenenden ist eine Menge Volk unterwegs. Schon ein gutes Stück höher passieren wir den **Hunskirchenblick** auf eine markante Felsnadel, die bei Kletterern beliebt ist. Einige Höhenmeter müssen wir selbst noch über Stahltreppen bezwingen, bevor wir auf die ersten Aussichtspunkte des Plateaus gelangen. Dahinter lockt auch schon die ⑤ **Bergwirtschaft,** in der gerade an kühleren Tagen eine warme Mahlzeit Wunder wirkt.

Von der Gaststätte werfen wir noch einen Blick auf das obere Plateau mit dem Feuerwachtturm und herrlicher Aussicht auf die Sächsische und Böhmische Schweiz sowie die Flanke des Papststeins. Danach folgen wir von der Gaststätte aus dem roten Punkt Richtung Krippen. Der Weg neigt sich abwärts, und wir sehen nun Papstdorf von oben mit schönstem Blick auf das alte Reihendorf und die Kirche. Der Weg vom Plateau endet an einem Querweg, an dem wir uns nach links wenden. Bei den nächsten Schildern schlagen wir die Richtung zum Kleinhennersdorfer Stein ein. Wir befinden uns jetzt auf dem **Forststeig,** ein erst 2018 neu angelegter Trekkingsteig, der insgesamt über 100 Kilometer führt. Bis zur Elbe folgen wir nun diesem Weg, der teils auf gewundenen, schmalen Pfaden durch Wald und Fels führt und mit einem gelben, senkrecht an Bäumen angebrachten Balken markiert ist. Nach kurzer Zeit finden wir die Hinweistafel zum Sandsteinabbau und zu drei Höhlen. Die größte, die 6 **Lichterhöhle,** liegt nur wenige Meter neben dem Weg und ist am gemauerten Vorbau leicht zu erkennen. Ein wenig Behaglichkeit strömt aus dem geräumigen Innenraum.

Der wuchtige Papststein

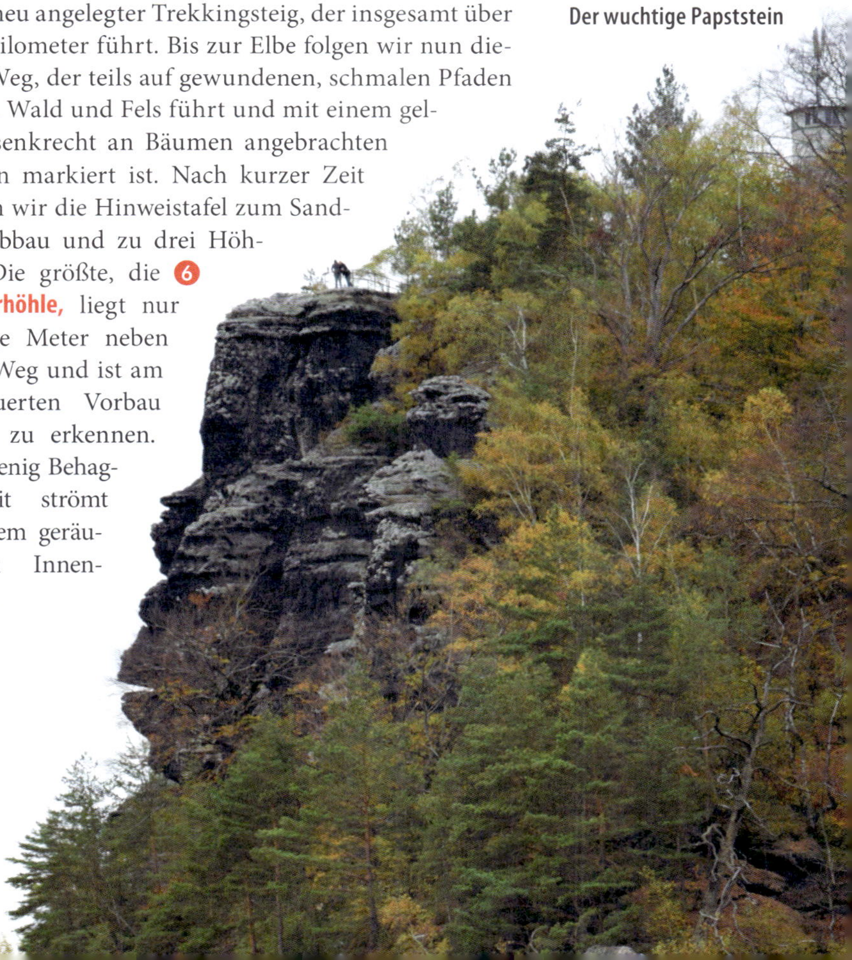

Weiter geht es nun wild-romantisch auf schmalen Pfaden mitten durch den **7 Kleinhennersdorfer Stein.** Am Anfang sind die gelben Balken etwas schwer auszumachen, aber schnell hat man sich „eingesehen". Insgesamt ist der Pfad auch mitten im Wald bestens markiert. Nicht immer folgt der Steig jedoch dem scheinbar offensichtlichen Pfad. Ein wenig Pfadfinderromantik kommt auf. Im matten Licht kurz vor dem Nieselregen schimmert das herbstbunte Laub. Sind dies tiefe Wolken oder Nebel? Nicht nur aufragende Felswände und Walddickicht begrenzen den Blick, auch scheint es kein Dahinter mehr zu geben. Die Schimäre einer unwirklichen Urtümlichkeit narrt das Gemüt.

Im Abstieg vom Kleinhennersdorfer Stein stoßen wir auf einen breiten Forstweg, den wir leicht nach rechts versetzt queren, um den Abstieg weiter auf dem Forststeig fortzusetzen. An einer Gabelung geht es rechts, am nächsten breiten Forstweg wieder rechts, ehe wir an das hintere Ende des Kleinhennersdorfer Kleingartenvereins gelangen und, weiter Gelb folgend, nach links am Zaun entlanggehen. Am Ende des Zauns biegen wir erneut nach links. Hier haben wir einen letzten

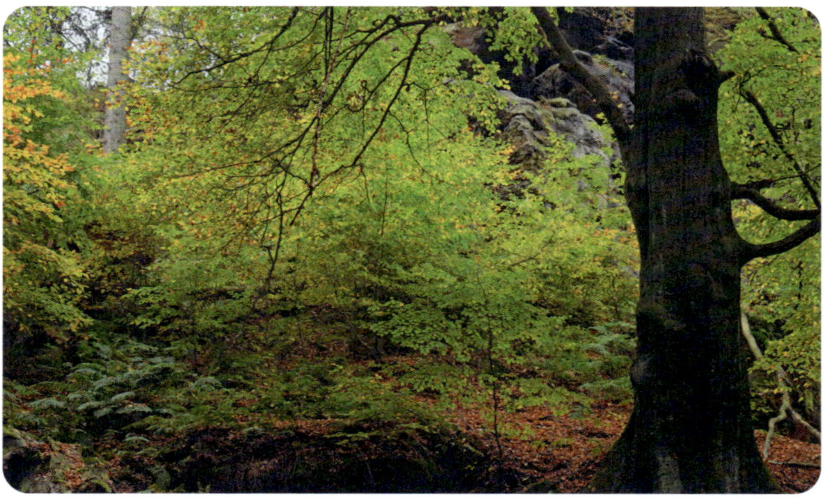

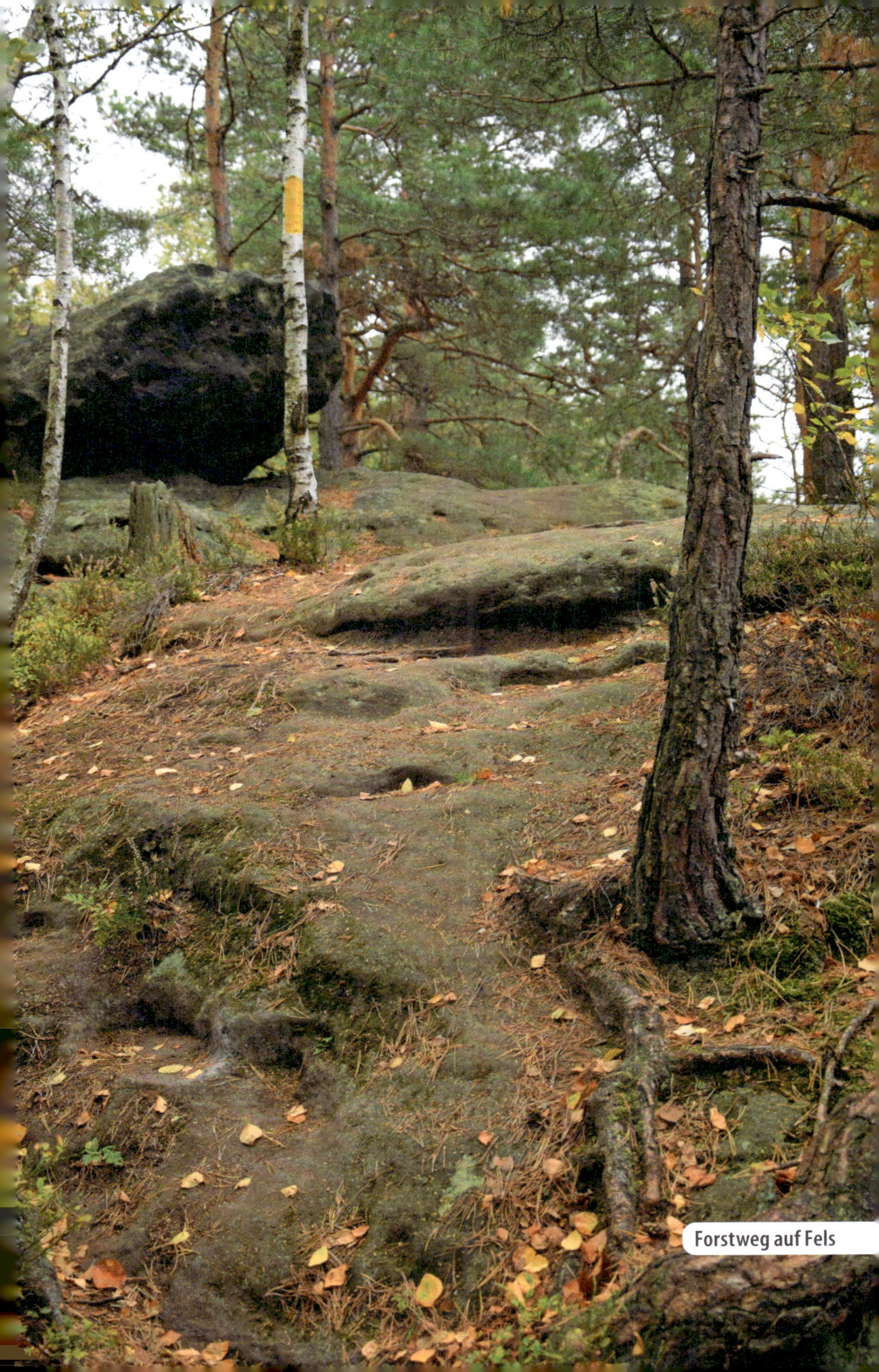
Forstweg auf Fels

schönen Blick auf die Schrammsteine. Wieder im Wald folgen wir getreulich dem gelben Balken mehrmals nach links, bis wir auf den weiß-rot-weiß markierten Wanderweg stoßen, und ein Schild uns nach links Richtung Bad Schandau (Fähre) und Bahnhof weist. 500 Meter weiter treffen wir auf die S169 an der **Elbe.**

Wer das Auto in Krippen geparkt hat, folgt dem Wegweiser nach rechts und erreicht in 6 Minuten den Bahnhof Krippen. Wer mit der Bahn gekommen ist, quert besser die Straße und Bahntrasse, biegt auf dem Uferweg nach links und erreicht in 10 Minuten den Bahnhof Bad Schandau, von dem aus die S-Bahn in doppeltem Takt fährt. Außerdem gibt es dort einen bewirteten Aufenthaltsraum.

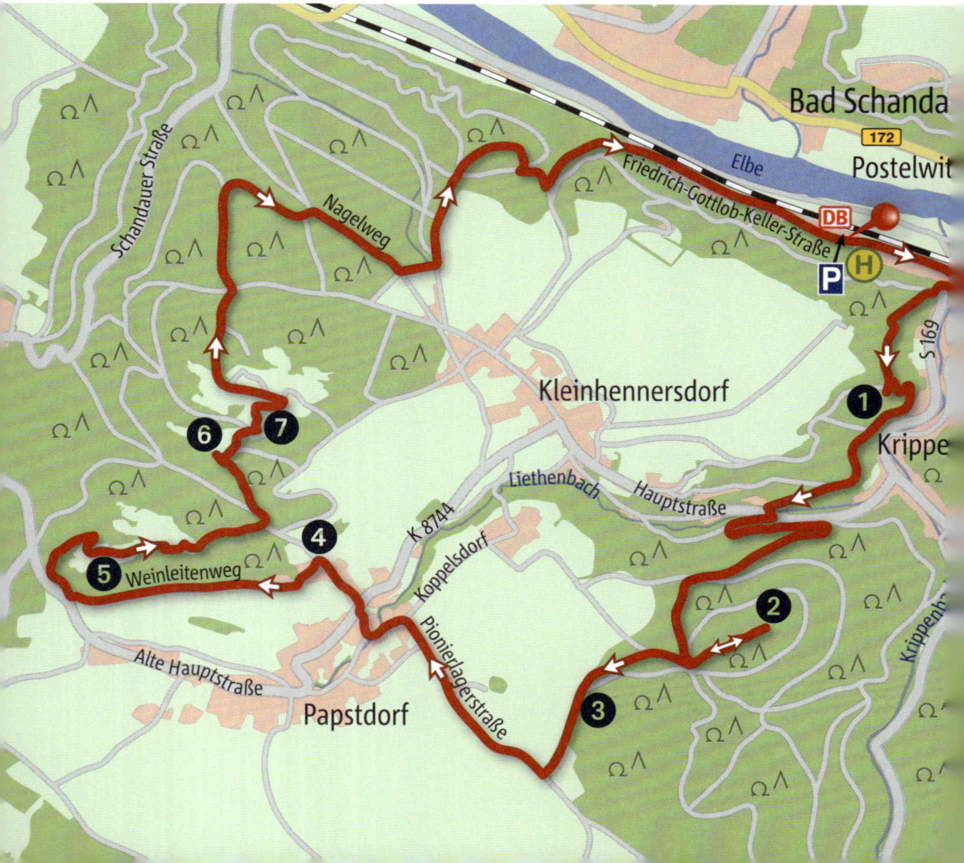

ALLES AUF EINEN BLICK

Entspannung 3/5
Abenteuer 4/5
Vielfalt 4/5

WIE & WANN

Meist Waldwege, zum Teil Felsuntergrund, in den Dörfern Asphalt; ganzjährig auch bei mäßigem Wetter lohnend, bei Schnee ist Vorsicht angeraten

HIN & WEG

Auto: Parkplatz beim Bahnhof Krippen an der S169
ÖPNV: S-Bahnhof Krippen

ESSEN & ENTSPANNEN

5 **Berggast – Bergwirtschaft Papststein,** Auf dem Papststein 1, 01824 Gohrisch, Tel. (03 50 21) 6 09 56, www.berggast.de/papststein

ENTDECKEN & ERLEBEN

1 **Kellerfels**
2 **Gipfelplateau des Kohlbornsteins**
3 **Aussicht auf den Papststein**
4 **Schrammsteinaussicht,** Rapsdörfel, 01824 Gohrisch/OT Papstdorf
6 **Lichterhöhle**
7 **Kleinhennersdorfer Stein**

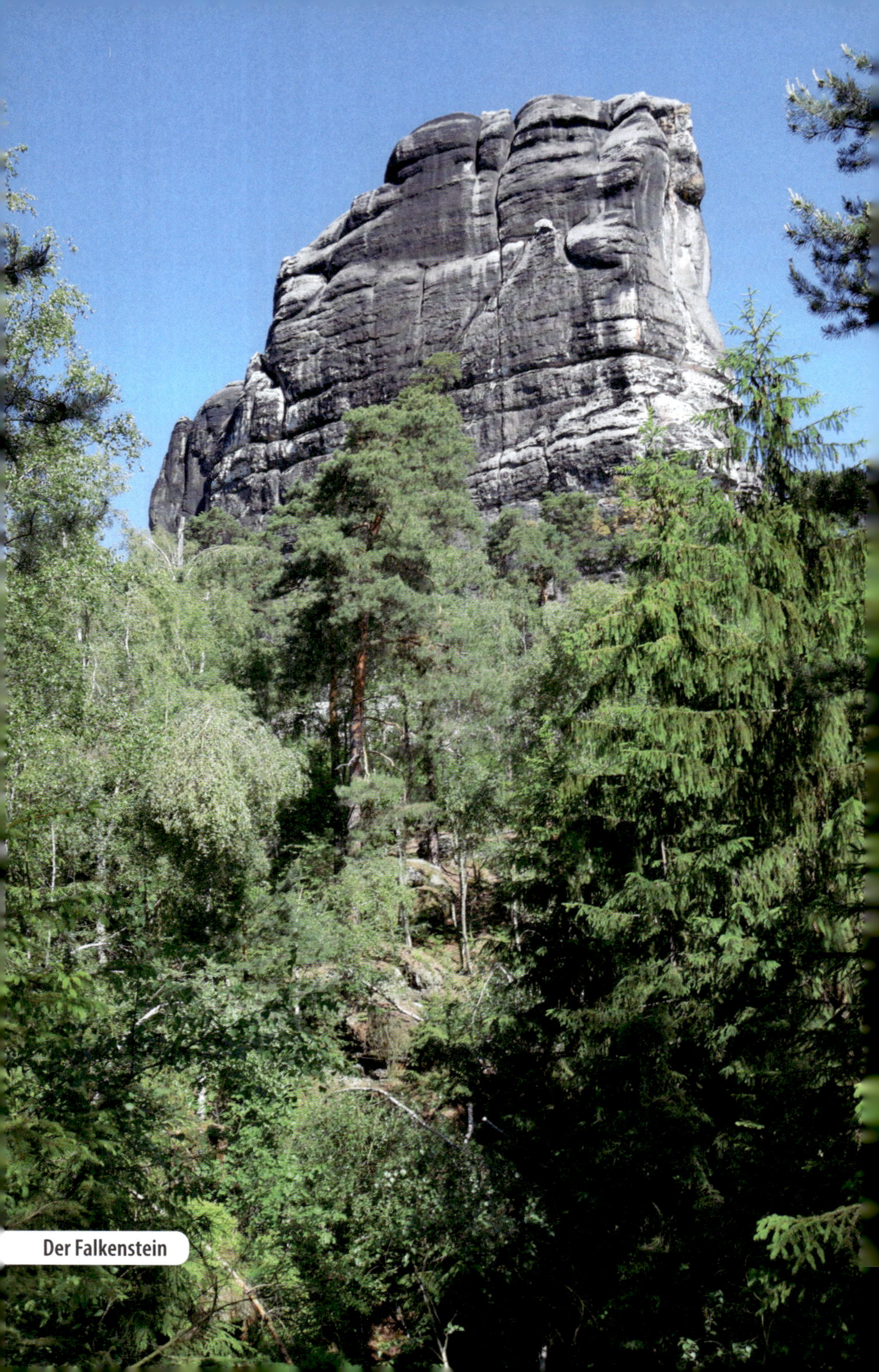

Der Falkenstein

Felsentürme

Über die Schrammsteine

Der Weg beginnt am Parkplatz etwas oberhalb der Schrammsteinbaude. Über einen kurzen Stichpfad gelangen wir auf den mit einem grünen Punkt markierten Weg durch den Schießgrund. Spinnennetze glitzern im Sonnenlicht, das Blätterdach schimmert grün. Seltsame Verwitterungsspuren an Felsen, die am Wegesrand aufsteigen, lassen die Fantasie spielen: eine frühzeitliche Riesenschnecke oder eine 3-D-Landkarte der Umgebung? Nach knapp 1 Kilometer auf weichem Waldboden durch den Mischwald, der uns etwa 100 Meter höher bringt, taucht der beeindruckende **Falkenstein** durch die Baumkronen auf. Hier macht der Weg eine scharfe Rechtskurve. Noch einmal folgen wir dem grünen Punkt nach rechts, ehe wir wenige Meter weiter auf Weiß-Gelb-Weiß nach links Richtung Schmilka einschwenken. Der Waldweg führt uns unterhalb der Schrammsteine entlang. Imposant ragen zunächst die **1 Torsteine** und bald der **Müllerstein** vor uns auf. Klimawandel und Borkenkäfer haben den Fichten an den Hängen zugesetzt, was uns aber eine bessere Aussicht auf die Felswände und ihre kuriosen Formen ermöglicht. Nach 1,3 Kilometern sich türmenden Sandsteins biegen wir mit Weiß-Gelb-Weiß nach rechts auf eine breite geschotterte Forstpiste ab; auch der grüne Punkt begleitet uns wieder. An einer Spitzkehre trennt sich der weiß-gelb-weiße Weg vom grünen Punkt, dem wir für rund 200 Meter nach links folgen. Hinter einem kleinen, mit großen Steinen gepflasterten Anstieg zweigt ein nicht markierter, aber gut er-

Kilometer: 11,7
Höhenmeter: 440
Stunden: 4,5
RUNDWEG

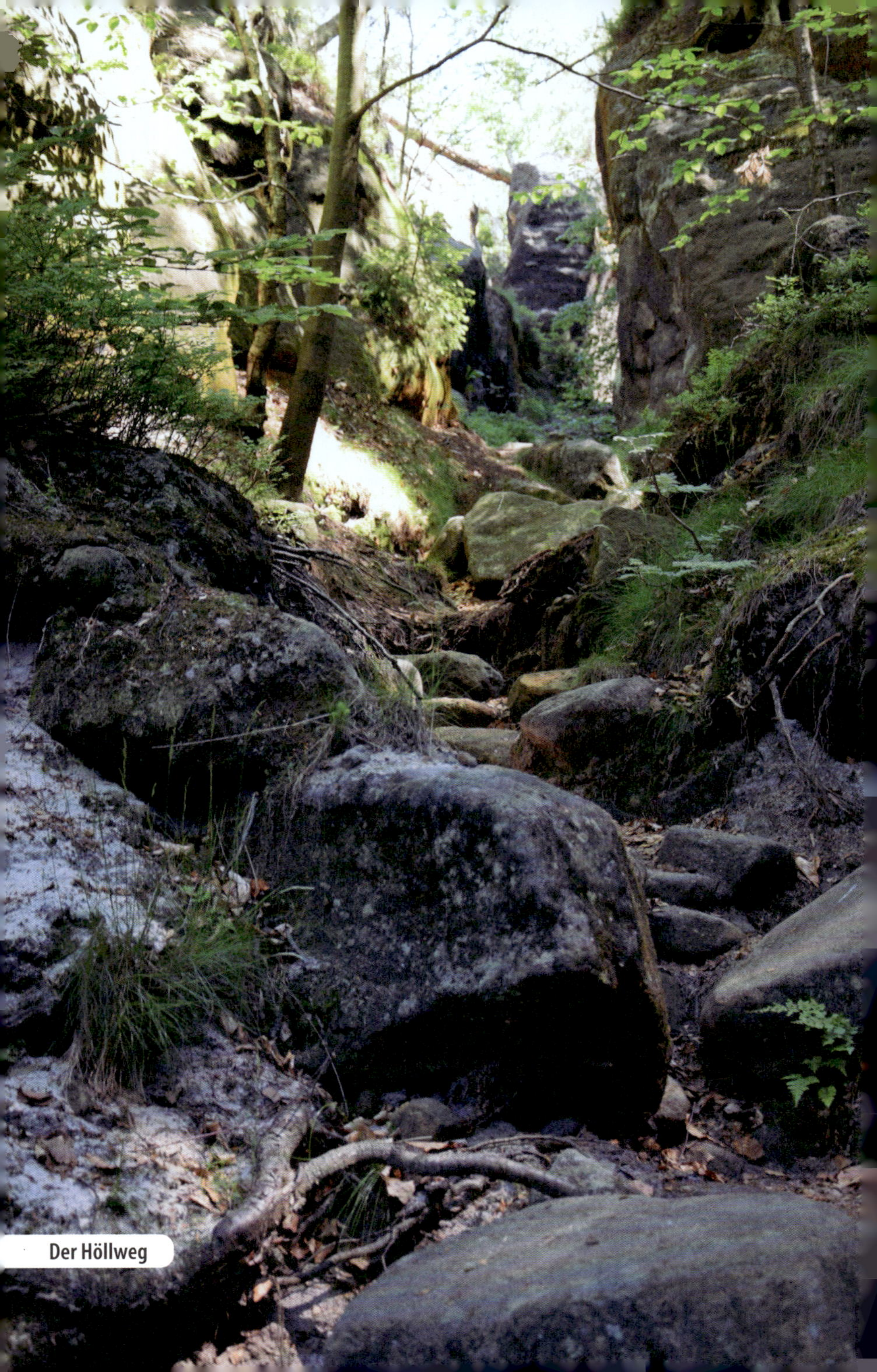

Der Höllweg

kennbarer Pfad nach rechts ab. Dies ist der **2 Höllweg.** Nach wenigen Metern folgen wir an einer Gabelung dem rechten Zweig, der uns zu einer Felswand führt. Direkt davorstehend können wir rechter Hand eine Höhle erkunden, die reichlich Platz bietet. Kuschelig ist sie nicht, aber Schutz könnte sie bieten.

Danach gehen wir links um das Massiv herum, nehmen den ersten Pfad nach links und stoßen nach etwa 30 Metern wieder auf den Höllweg, den wir nun nach rechts in die Hölle hinein beschreiten. Der Pfad wird nun deutlich schmaler und windet sich allmählich weiter nach links vor einer Felswand entlang. Bald passieren wir ein paar gemeißelte Inschriften im Stein, so z. B.: „ARS 1877“, einen Hinweis auf das Alter dieses Weges. Er wird nun unwegsamer, und wir kommen an einem ehemaligen Felstreppenstück vorbei, das schlichtweg abgebrochen neben dem heutigen Weg liegt. Den Namen Hölle verdient diese Schlucht dennoch nicht. Vielmehr windet sie sich durch ein paar interessante Felsgebilde, gewährt Blicke auf aufstrebende Felsnadeln, ehe wir auf die **Obere Affensteinpromenade** treffen. Diese Hölle dauerte eindeutig nicht lange genug.

Für die Seele

Enge Pfade durch Schlucht und Klamm und Aussichten in luftiger Höhe verschlingen die Alltagssorgen.

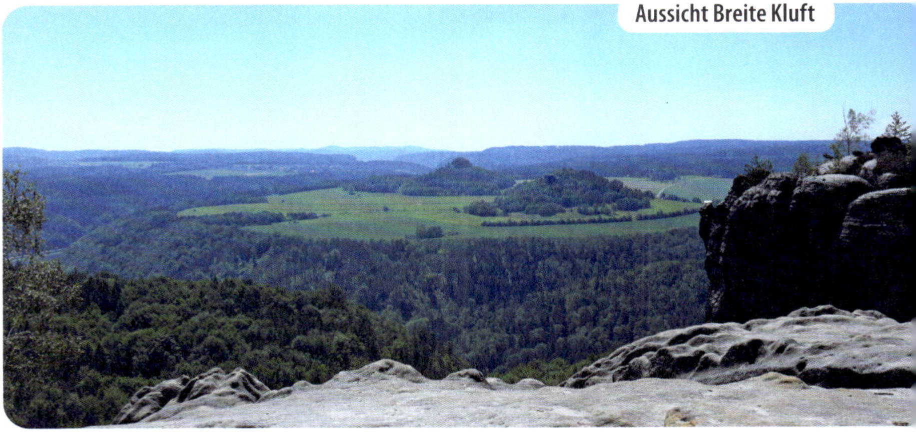

Aussicht Breite Kluft

Die besten Wegabschnitte liegen aber noch vor uns; also geht es hurtig Richtung Schrammsteine weiter. Von der Affensteinpromenade öffnen sich nach rechts immer wieder Blicke in die Tiefe und auf die gegenüberliegende Felswand. Auf der linken Seite geben sich bewachsene Steine alle Mühe, das Panorama en miniature nachzubilden. An der nächsten Kreuzung treffen wir wieder auf die weiß-gelb-weiße Markierung und folgen ihr nach links Richtung Heilige Stiege. Noch bevor wir nach wenigen Minuten an die nächste Kreuzung kommen, fällt links ein bestimmt 10 Meter hoher **Sandsteinblock** auf, der mit seinen vielen ausgewaschenen Schichtungen aussieht, als hätte hier ein Märchenwesen einen riesigen Stapel Pfannkuchen auf grüner Sauce aufgeschichtet – das regt kurioserweise auch unseren Appetit an, aber bald erreichen wir bessere Rastplätze. An der Kreuzung folgen wir der Markierung weiß-blau-weiß bis zu den Schrammsteinen über den **3 Zurückesteig.** Der felsige Weg nimmt bald unsere Aufmerksamkeit ganz in Anspruch. Rechts verläuft zur Sicherung eine Kette zum Festhalten, und wir passieren die höchste Stelle der heutigen Wanderung. Jetzt öffnen sich Aussichten ins weite Land. Dahinter geht es abrupt über Holzstiegen und Klammern hinunter, wir zwängen uns zwischen

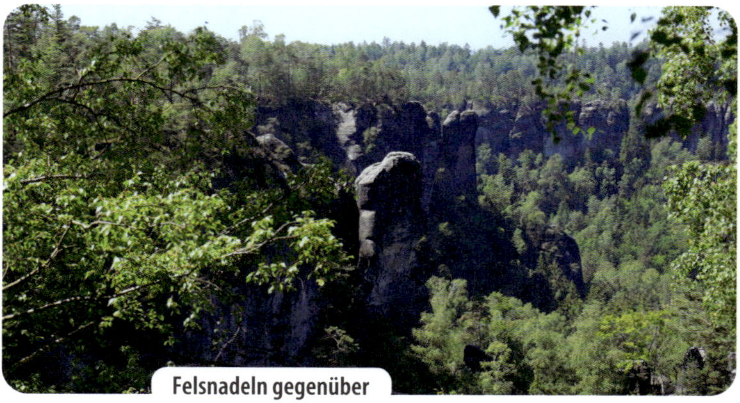

Felsnadeln gegenüber

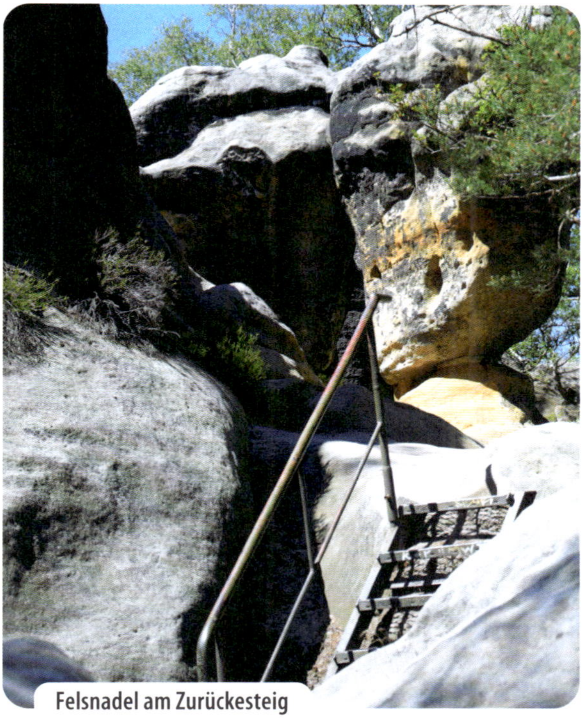

Felsnadel am Zurückesteig

Felswand und davor aufragender Felsnadel hindurch und klettern schließlich über Stahlstiegen und Leitern hinab. Hier vergisst man den Alltag; wir tun nichts als gehen, schauen und staunen.

Für eine Weile haben wir unsere „Betriebshöhe" erreicht, und es geht nur noch wenig auf und ab. Wir gehen entspannt durch den Wald, manchmal durch ein paar Felsendurchlässe, blicken mal südwärts über die Elbe, dann wieder nach Norden auf die Affensteine. Die Ausschilderung wird auch genauer: Statt Schrammsteine heißt es nun Schrammsteintor. Bald gelangen wir an die 4 **Breite-Kluft-Aussicht.** Wenn die Sonne nicht zu sehr brennt, ist dies der ideale Platz für eine Pause. Vor uns sehen wir, wie sich die **Elbe** ihr Tal geschliffen hat, einzelne Felsen und Hügel sind stehen

Sedimentablagerungen des kreidezeitlichen Meeres bilden den Grundstock des Sandsteins der Sächsischen Schweiz. Nach Anhebungen im Tertiär wurden durch die hohe Fließgeschwindigkeit der ***Elbe*** *und Erosion die heutigen Tafelberge und Felsgebilde ausgewaschen.*

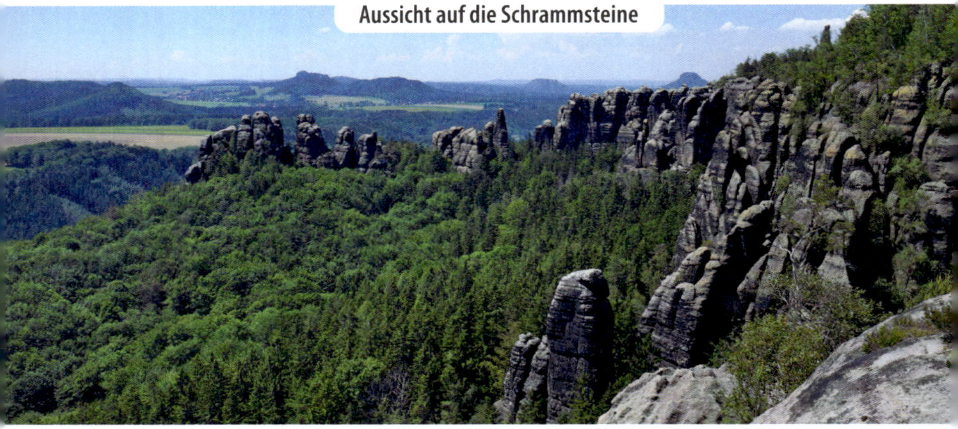

Aussicht auf die Schrammsteine

geblieben. In der Struktur erinnert das an die perfekte Westernlandschaft, wie das Monument Valley, nur viel grüner.

Relativ eben geht es weiter auf den **Gratweg.** Dieser verdient zunehmend seinen Namen: Mal geht es rechts steil hinunter, dann wieder links. Dennoch bieten sich hier selbst bei praller Sonne genügend Gelegenheiten für eine Pause im Schatten. Außerdem weht oft ein kühlender Wind. Brot, Käse, Obst und Wasser stärken, während andere Wanderer vorbeiziehen und neidisch gucken. Rechts unten können wir zwischendurch die **Wildwiese** ausmachen, die wir zuvor noch gemütlich passiert haben. Bald muss erneut eine Passage mithilfe von Leitern, Treppen und Klammern bewältigt werden. Wohin soll man da schauen? Auf das beeindruckende Panorama oder doch besser auf den nächsten Schritt? Das Klettern aber macht einfach Spaß, und das Panorama werden wir auf der Schrammsteinaussicht später noch bewundern können. Inmitten der Stufen und Leitern gelangen wir an ein abenteuerliches Wegdreieck. Links geht es über eine Leiter steil hinunter, halb rechts ebenso steil hinauf. Unser Weg führt zunächst mit Weiß-Blau-Weiß den Jägersteig links hinunter, während wir später von halb rechts erneut an diese Stelle kommen werden. Das nächste Wegstückchen gehen wir also als Schleife doppelt. Über etliche enge Leitern und Treppen sowie einen Waldweg gelangen wir an die Abzweigung zum **5 Wildschützensteig,** der sozusagen ein Einbahn-Steig ist: Er darf nämlich nur für den Aufstieg benutzt werden. Dies ist auch der Grund für die kleine extra Schleife. Der Steig führt an der ersten, 1913 eigens für die Bergrettung errichteten Hütte in der Sächsischen Schweiz vorbei. Danach heißt es klettern: Durch wilde Felshaufen, über Klippen, durch Einschnitte und halbe Höhlungen windet sich der abenteuerliche Pfad mithilfe von Leitern, Eisen- und Felsstufen steil empor. Gut, dass einem keiner entgegenkommen kann – wenngleich: auf Abschnitten des Jägersteigs ist auch nicht mehr Platz. Der Wildschütz jedenfalls war gut in Form. Viel zu schnell gelangen wir ans obere Ende und wenden uns nach links, um in 5 Minuten die **6 Schrammsteinaussicht** zu erreichen.

*Die **Schrammsteinaussicht** reicht vom Großen Winterberg über den Rosenberg zu den Tafelbergen auf der anderen Elbseite. Gut zu sehen ist die Kette der Schrammsteine, insbesondere die Torsteine direkt vor uns. Hier heißt es den Blick schweifen lassen.*

Auf dem kleinen Plateau genießen wir die grandiose Rundumsicht auf die verschiedenen Tafelberge, die Dörfer und Felder, die eingegrabene Elbe. Früher war es die Karte, heute hilft das Mobiltelefon bei der Identifizierung der Berge. Ist das der Gohrisch oder doch der Papststein? An den nahen skurrilen Sandsteingebilden ergötzen wir uns einfach so. Man mag sich gar nicht wieder losreißen.

Auf dem Abstieg passieren wir die Abzweigung zum Wildschützensteig und gelangen bald an die enge Passage des Grates. Auch wenn der Weg gut gesichert ist, zu beiden Seiten geht es in die Tiefe. Schwindelfrei sollte man sein. Zügig kommen wir an die uns schon bekannte Abzweigung und steigen nun erneut den Jägersteig hinab, passieren den Einstieg zum Wildschützenweg und folgen Weiß-Blau-Weiß. Auf dem Weg hinunter durchwandern wir weitere imposante Felsgebilde, vor allem das kesselartige **Schrammsteintor,** ehe wir an den Eingang zum Lattengrund gelangen, der

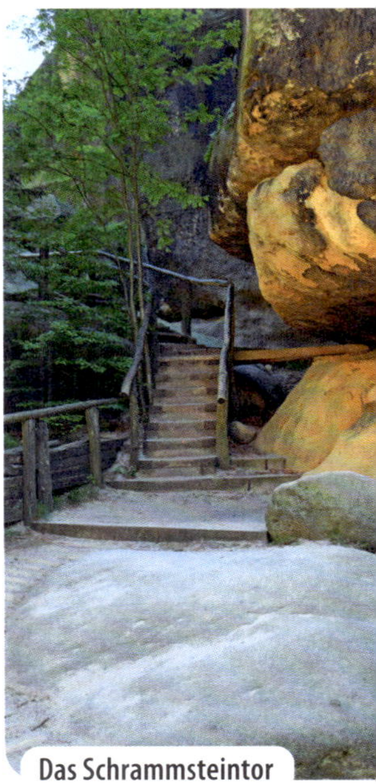

Das Schrammsteintor

Auf der Terrasse der **Schrammsteinbaude** hat man nachmittags Sonne und kann die Wanderung mit einem kühlen Getränk, dem Bauden-Burger oder Sächsischen Quarkkeulchen ausklingen lassen.

uns endgültig ins Tal bringen wird. Der **7 Lattengrund** ist allerdings ein weiterer Hochgenuss. Feucht und kühl ist es hier, die Sandsteinfelsen ragen bald zu beiden Seiten hoch auf: eine schummrige Klamm. Mit etwas Glück raschelt eine Blindschleiche ins Laub. Kurz nachdem die Klamm hinter uns liegt, erreichen wir über Holzstufen die Straße etwas unterhalb der **8 Schrammsteinbaude.** Die knappen 200 Meter auf der Straße lassen sich noch meiden, indem wir gegenüber den Weg nach Ostrau einschlagen und rechtzeitig vor der Baude den Stichweg zur Straße nehmen. Schräg gegenüber der Schrammsteinbaude führt uns ein Pfad in Richtung Schießgrund, der uns die letzten 100 Meter zurück zum Parkplatz bringt.

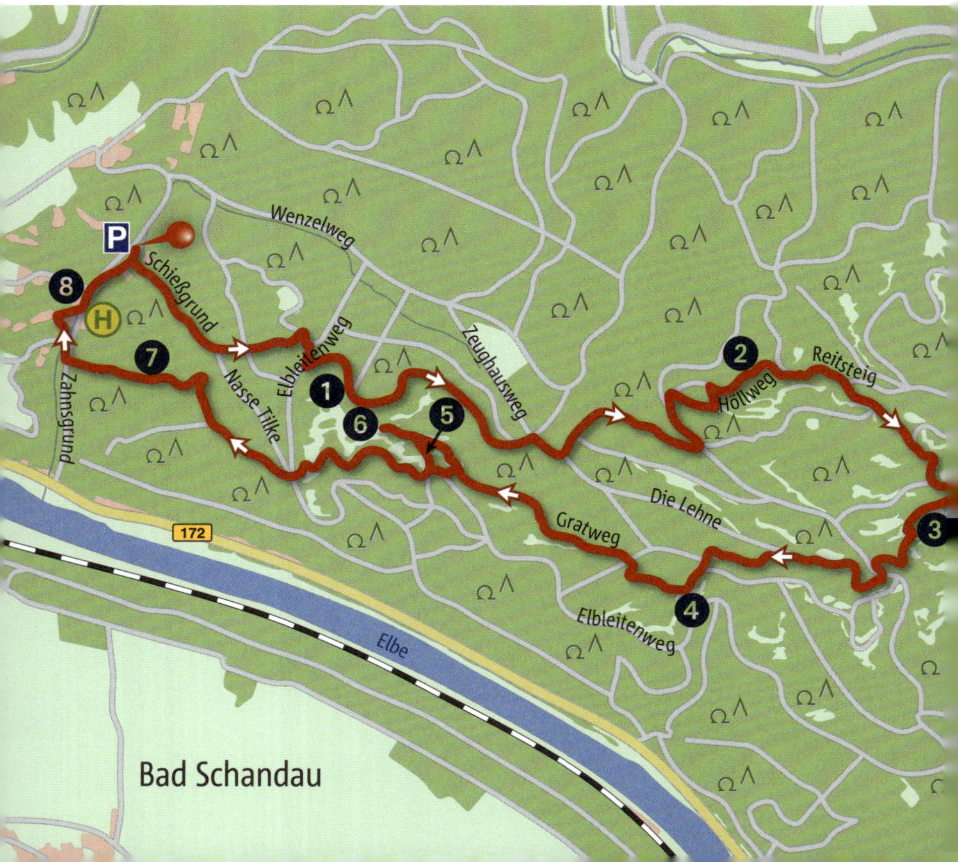

ALLES AUF EINEN BLICK

Entspannung

Abenteuer

Vielfalt

WIE & WANN

Wald- und Forstwege, mehrere Kletterpartien mit Felssteigen, Eisentreppen und -leitern, z. T. Eisenklammern, Schwindelfreiheit vonnöten; bei besonderer Abenteuerlust und Erfahrung ganzjährig, sonst von April bis Oktober

HIN & WEG

Auto: Wanderparkplatz Zahnsgrund 12 und Zahnsgrund 5, 01814 Bad Schandau
ÖPNV: Bushaltestelle Schrammsteinbaude

ESSEN & ENTSPANNEN

8 **Schrammsteinbaude,** Zahnsgrund 5, 01814 Bad Schandau, Tel. (03 50 22) 50 28 10, www.schrammsteinbaude.de

ENTDECKEN & ERLEBEN

1 **Torsteine und Müllerstein**
2 **Höllweg**
3 **Zurückesteig**
4 **Breit-Kluft-Aussicht**
5 **Wildschützensteig**
6 **Schrammsteinaussicht**
7 **Lattengrund**

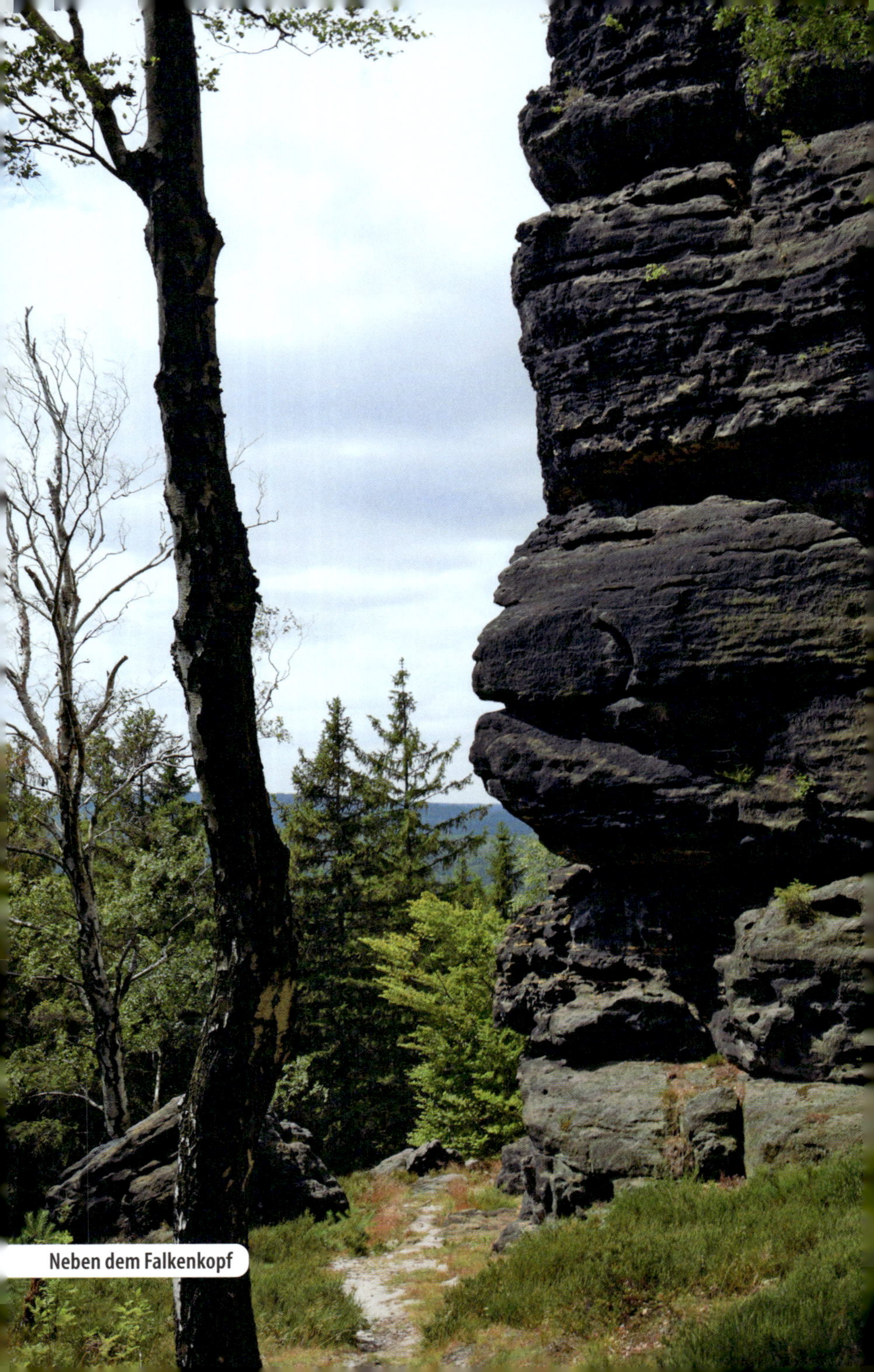

Neben dem Falkenkopf

Hoch hinaus

Die Zschirnsteine

Unsere Tour beginnt an der **1 Markierungssäule** in Sichtweite der Bushaltestelle, die als Entstehungsdatum 1646 ausweist. Südwestlich ragt der 473 Meter hohe Kleine Zschirnstein hinter dem Dorf auf. Wir wenden uns zunächst südwärts in die Dorfstraße, die nach wenigen Metern ihren Namen in **Hirschgrund** wechselt und gelangen zügig in den Wald hinter dem Örtchen. Bis auf den Großen Zschirnstein ist ein roter Kreis unser Wanderzeichen. Durch lichten Mischwald führt uns der **Hirschgrundweg** rechts um den Kleinen Zschirnstein herum und steigt stetig an. Das Sonnenlicht bricht durch die Bäume und zaubert Lichtspiele auf Boden und Stämme. Am Ende des angenehm weichen Hirschgrundweges treffen wir auf den Schifferweg, einen ausgebauten Forstweg, dem wir nach links folgen, bis wir auf das Hinweisschild zum **2 Wildbretkeller** stoßen und zugleich auf die erste einer Reihe von Erläuterungstafeln.

Wir biegen hier rechts ab und nach wenigen Metern links. Nun geht es über mit Holzbohlen befestigte Stufen und eine Serpentine steil bergan. Kurz wird der Weg eindrucksvoll schmal; rechts ragt die Sandsteinwand auf, links fällt sie tief in den Grund. Für nicht ganz Schwindelfreie erleichtert ein Handgriff die kurze Passage. Wir folgen dem Weg weiter bis zu einer Gabelung, an der uns Schilder den Weg mit 15 Minuten zum Großen Zschirnstein weisen. Knapp vor der Aussicht finden wir eine Tafel zum früheren Basaltsteinbruch. Zügig erreichen wir das **Gipfelplateau des Großen Zschirn-**

Kilometer: 9,8

Höhenmeter: 375

Stunden: 3,5

RUNDWEG

Die **Säule** ist Zeugnis der Landvermessung im Königreich Sachsen von 1862 bis 1890. Unter Leitung von **Prof. Nagel** wurde je ein Dreiecksnetz für die Gradmessung mit 36 Punkten und für die Triangulierung mit 122 Punkten festgelegt, das auch international zum Vorbild wurde.

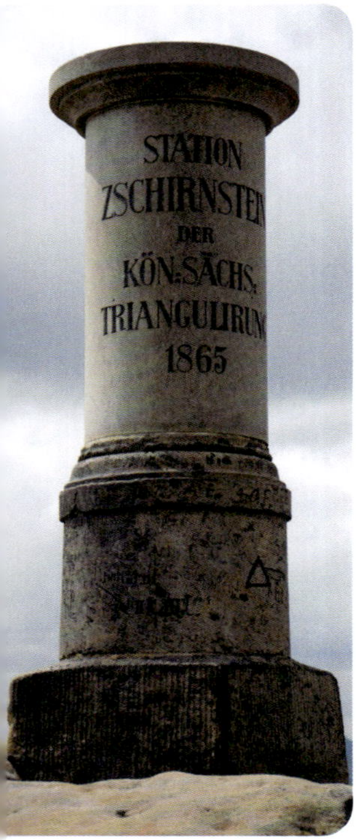

steins. Hier lohnt das Verweilen – der rechte Ort, um den mitgebrachten Imbiss zu verzehren. Die herrliche Aussicht umfasst mehr als 180 Grad und belohnt allemal für die Anstrengung. Nach links, Richtung Nordwest erhebt sich der Winterberg. Weiter nach rechts schweift das Auge über die Böhmische Schweiz mit dem vulkanischen Rosenberg bis hin zum Hohen Schneeberg im Südosten. Bei guter Fernsicht reicht der Blick bis zum Riesengebirge und weit ins Osterzgebirge hinein. Zudem finden wir die Rekonstruktion der **3 Nagelschen Triangulationssäule,** die ursprünglich 1865 aus drei verschieden geformten Neundorfer Sandsteinen errichtet wurde und mit einer Abdeckplatte versehen war.

Ausgeruht und sattgesehen machen wir uns wieder auf den Weg und gehen zunächst zurück, biegen aber bereits nach 100 Metern rechts in einen Pfad ein, der mit einfachen, senkrecht auf Bäume gesetzten, gelben Strichen markiert ist. Wir passieren mehrere Aussichtspunkte und steigen dann durch den Wald ab. Bald führt uns der Weg links an einem gewaltigen Sandsteinmassiv vorbei. In den überhängenden Steinformationen finden sich manchmal Übernachtungsspuren, während es davor steil in die Tiefe geht. Hier ist wieder Schwindelfreiheit gefragt. Rund 300 Meter weiter weist die gelbe Markierung nach rechts. Wir bleiben aber auf dem breiteren Weg, der im Sommer etwas überwachsen sein kann, und gelangen bald zur **4 Pulverkammer,** deren Zweck uns erneut mit einer Tafel erklärt wird. Es sind deutlich die zwei Eisentüren im Felsen zu erkennen, hinter denen einst das Pulver lagerte.

Kurz dahinter treffen wir wieder auf den mit rotem Kreis markierten Weg, wenden uns nach links und kommen nach moderatem Anstieg an die uns schon bekannte Gabelung, von der wir zuvor in 15 Minuten zum Zschirnstein aufgestiegen sind. Wir wenden uns also nach links und kehren zum **Wildbretkeller** zurück, wo wir nach rechts auf den gut ausgebauten **Schifferweg** einschwenken. Bei einem entsprechenden Hinweisschild biegen wir links zum Kleinen Zschirnstein ab. An einer überdachten Rastbank teilt sich der eigentliche Rundweg kurz und führt über den **Kleinen Zschirnstein.** Wir wählen den moderaten Hangweg rechts hinauf und erreichen zügig den Aussichtspunkt am **5 Sendemast.** Hier weitet sich der Blick nach Norden, sodass wir nun den 360-Grad-Rundumblick vervollständigen. Zu unseren Füßen liegt Kleingießhübel malerisch in den Wiesen und Feldern. Dahinter erhebt sich in der Ferne der Königstein mit der Festung. Links davon erblicken wir den Pfaffenstein, rechts davon nebeneinander den Gohrischstein, dann den Papststein und halb verdeckt den Lilienstein. Auch hier lohnt sich das Verweilen. Der Blick reicht nicht ganz so weit wie vom großen Bruder, dafür lassen sich aber viel mehr Einzelheiten entdecken. Anschließend wenden wir uns nach links und folgen dem Rundweg, der uns auf schmalen Pfaden immer

Für die Seele

Der Große Zschirnstein bietet eine prächtige Aussicht gen Süden, sein kleiner Bruder gen Norden.

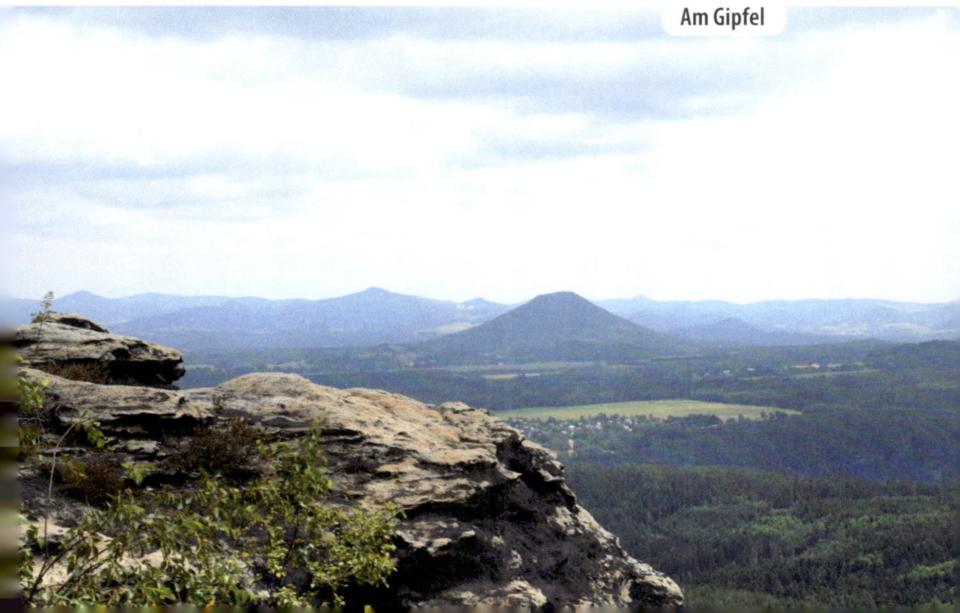

Am Gipfel

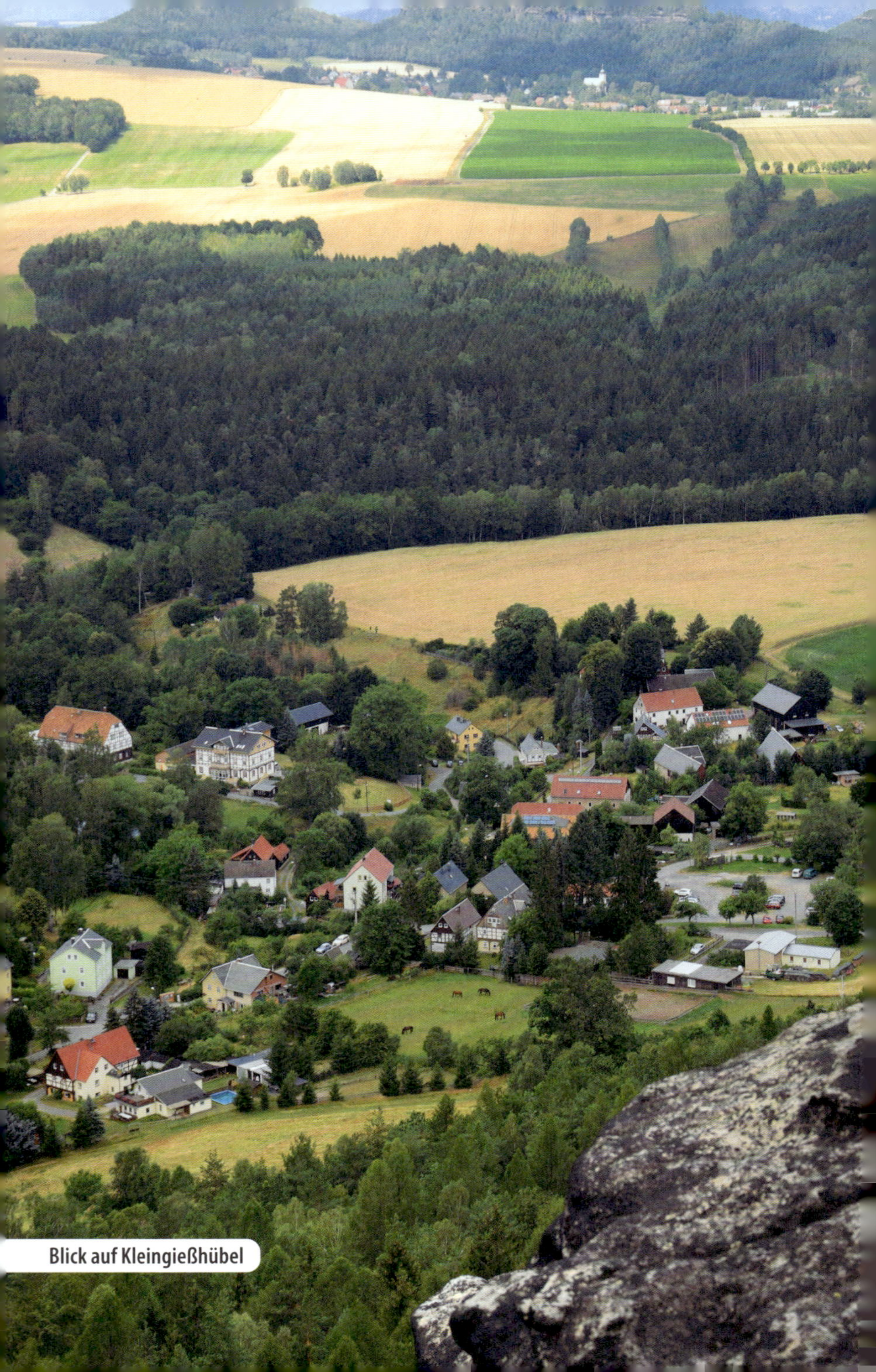

Blick auf Kleingießhübel

am Rand des Kleinen Zschirnsteins entlangführt und eine Reihe weiterer Panoramablicke beschert, ehe er sich – nun wieder auf etwas breiterem Weg – in die Mitte des Plateaus zurückwindet. Nach etwa 150 Metern, wo sich der Weg leicht absenkt, biegt rechts ein fast genauso breiter Weg ab.

Wer jetzt noch Lust auf etwas Abenteuer hat und auf unmarkierten Pfaden wandeln möchte, biegt hier ab und trifft an der Kante des Kleinen Zschirnsteins auf die markante, ausgehöhlte Hülle der **Opfereiche.** Dahinter eröffnet sich erneut ein Ausblick auf das Dorf. Von der Eiche weiter senkt sich der unscheinbare Pfad bald steiler ab, und wir passieren zuerst eine Höhle links, dann den 6 **Falkenkopf** rechts, ehe wir auf einen quer laufenden Pfad stoßen und dort links abbiegen. Dieser verläuft nun ebener und windet sich bald um eine weitere Felsformation herum. Dahinter gabelt sich der Weg kurz vor einem Zaun. Wir gehen rechts und steigen von der Ecke des eingezäunten Areals auf einem kaum noch sichtbaren Pfad, nahezu querwaldein, etwa

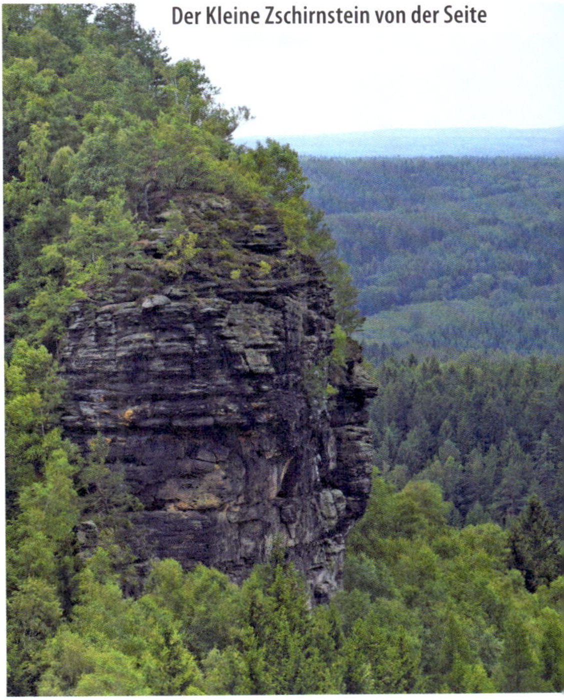

Der Kleine Zschirnstein von der Seite

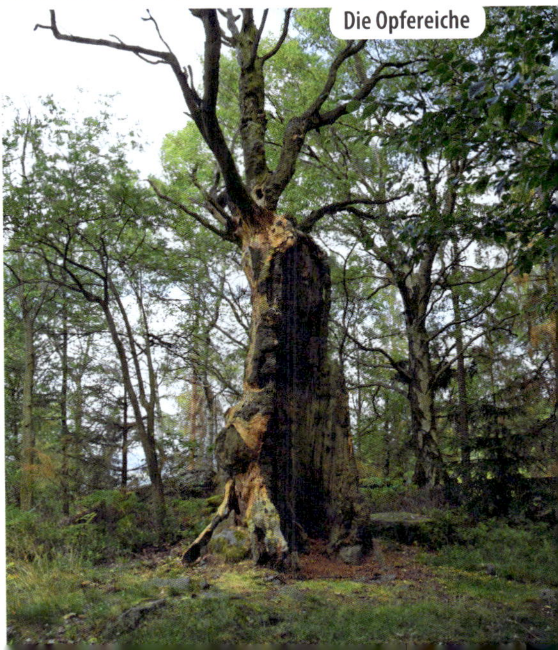

Die Opfereiche

100 Meter abwärts, wo wir auf einen wesentlich deutlicheren Weg stoßen. Erneut geht es nach rechts. Nach gut 200 Metern erreichen wir den **Hirschgrundweg,** auf dem wir nach rechts zurück ins Dorf gehen.

Wer lieber etwas länger wandert und der Gefahr entgehen möchte, sich zu verlaufen, biegt nicht rechts ab, sondern nimmt den gelben Punkt weiter geradeaus und trifft nach 150 Metern wieder auf die überdachte Rastbank. Von hier kehren wir über den schon bekannten Schifferweg erneut zum Wildbretkeller und dann über den Hirschgrundweg zurück. In Kleingießhübel angelangt, können wir uns in der am Parkplatz gelegenen 7 **Zschirnsteinbaude** verdientermaßen stärken.

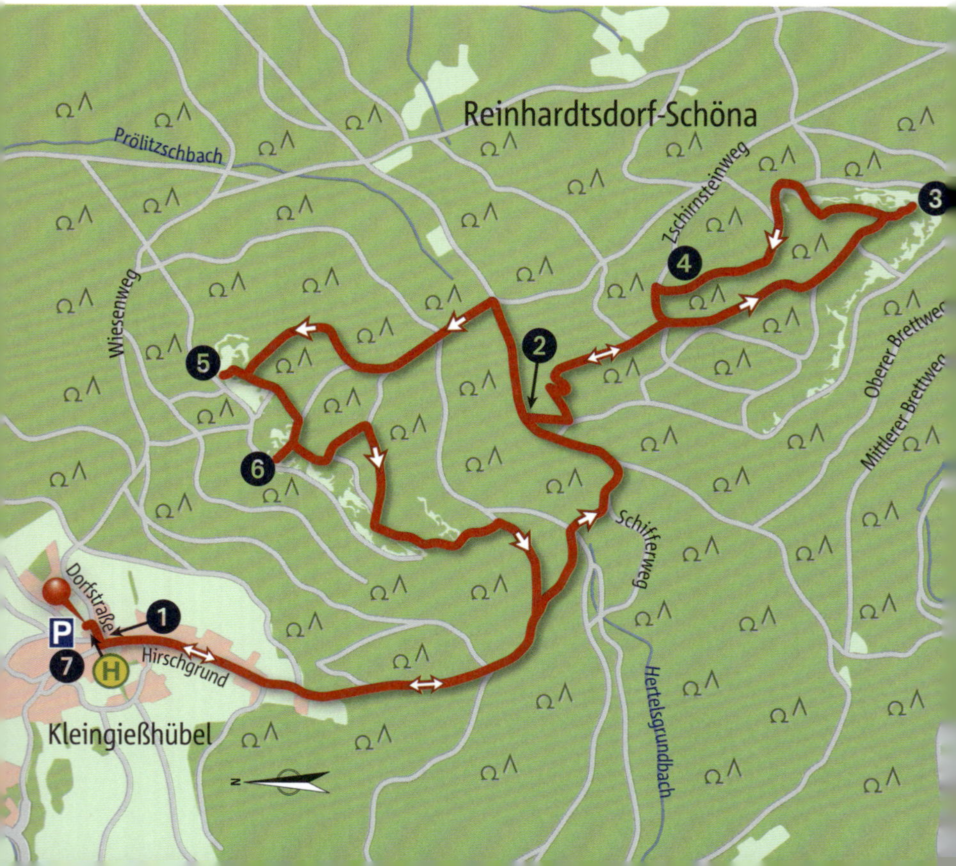

ALLES AUF EINEN BLICK

Entspannung 2/5
Abenteuer 5/5
Vielfalt 3/5

WIE & WANN

Vorwiegend Waldpfade und Forstwege; zwei Stellen benötigen Schwindelfreiheit; beste Wanderzeit von Ende März bis Oktober

HIN & WEG

Auto: Parkplatz am Wendeplatz in Kleingießhübel, 01814 Reinhardtsdorf-Schöna
ÖPNV: Bushaltestelle Wendeplatz, Kleingießhübel

ESSEN & ENTSPANNEN

7 **Zschirnsteinbaude Pension & Gasthaus,** Dorfstraße 10, 01814 Reinhardtsdorf-Schöna/OT Kleingießhübel, Tel. (03 50 28) 8 56 44

ENTDECKEN & ERLEBEN

1 **Markierungssäule Kleingießhübel,** Dorfstraße, 01814 Reinhardtsdorf-Schöna/OT Kleingießhübel
2 **Wildbretkeller**
3 **Aussicht Großer Zschirnstein und Triangulationssäule**
4 **Pulverkammer**
5 **Aussicht Kleiner Zschirnstein**
6 **Falkenkopf**

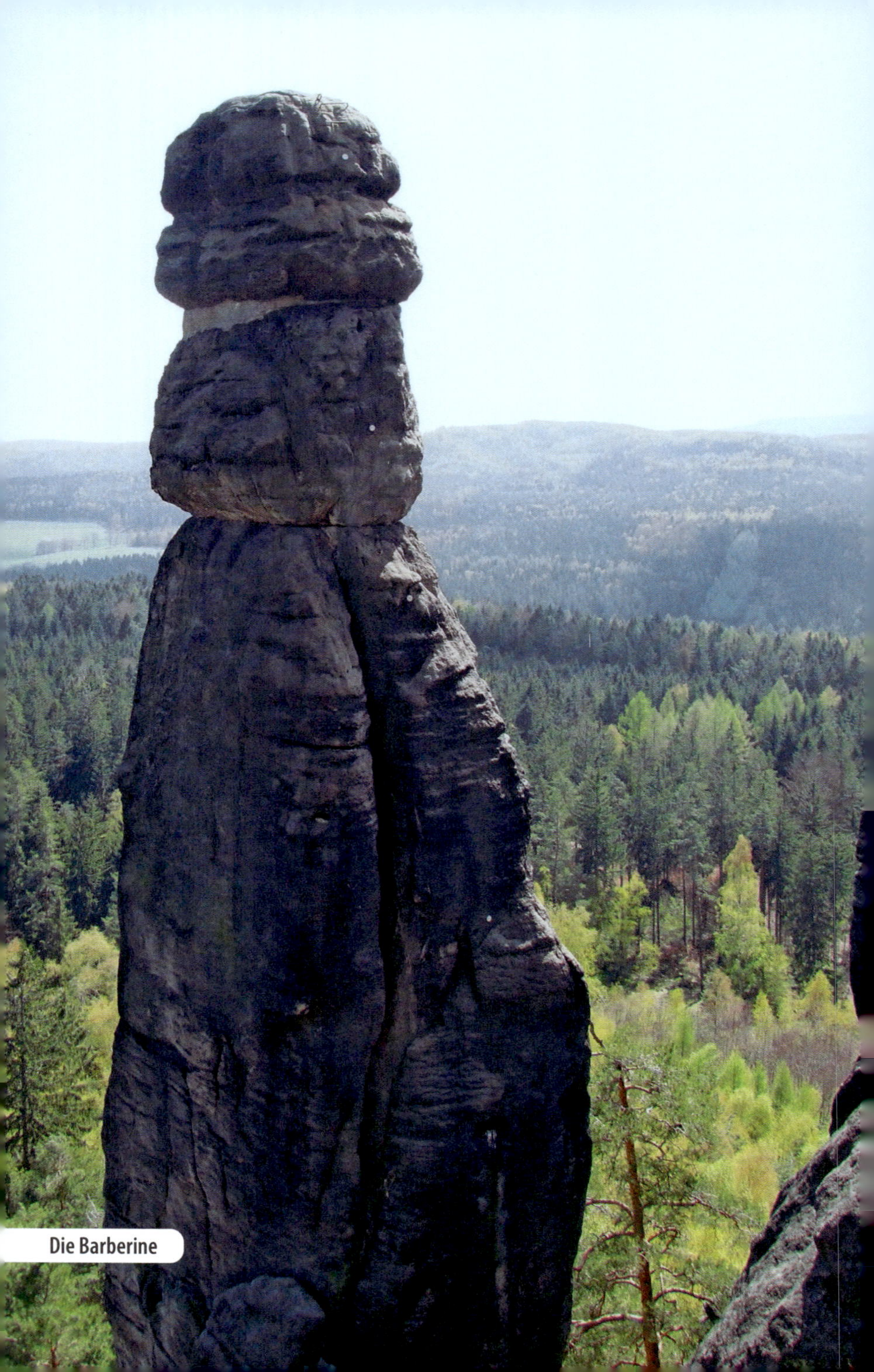

Die Barberine

Breite Gipfel

Pfaffenstein und Gohrischstein

Der Weg beginnt am oberen Ausgang des Bahnhofs in Königstein, quert die B172 und steigt in dem Sträßchen **Pladerberg** den Hang über Elbe und Bahntrasse hoch. Nach kurzer Zeit biegen wir scharf rechts ab und gewinnen Am Heideberg mehr Höhe, ehe die Straße links eine Reihe Häuser erreicht und eben verläuft. Nach rechts und voraus genießen wir die hervorragende **Aussicht** auf das Elbtal und die **1 Festung Königstein,** die sich majestätisch darüber erhebt.

Hier mag man bereits blickberauscht verweilen oder die Speicherkarte des Fotoapparates vollknipsen – indes ist Zurückhaltung gefragt: Die besten Ausblicke des Tages sind noch lange nicht erreicht. Stattdessen folgen wir weiter der Straße **Am Heideberg,** die bald zu einem Schotterweg wird, den wir kurz vor einem verschlossenen Tor nach rechts über eine Steintreppe verlassen. Steil geht es wieder hinunter. Am Ende der Treppe wenden wir uns nach links. Wir bleiben zunächst oberhalb des Baches Potatschke, ignorieren die erste Brücke und nehmen die zweite, die uns auf die Gasse Pfaffenberg führt, die wir nach links zur Pfaffendorfer Straße hochlaufen. Erneut nach links geht es ein Stückchen auf der Asphaltstraße durch das bilderbuchartige **Pfaffendorf,** bis nach wenig mehr als 100 Metern der **Quirlweg** rechts abzweigt. Wir folgen nun dem grünen Kreis Richtung Pfaffenstein. Ein paar Meter weiter biegt der Weg links ab. Er wird zu einer alten Steinstraße, die bald als landwirtschaftlicher Schotterweg entlang einer einseitigen Allee weiterführt. Erneut weiß

Die ab Ende des 16. Jhs. ausgebaute ***Festung Königstein*** *diente als Lagerstätte für den Staatsschatz und als Gefängnis. Johann F. Böttger, der Miterfinder des Meißner Porzellans, Michail Bakunin und August Bebel saßen hier in Festungshaft.*

Kilometer: 12,2

Höhenmeter: 470

Stunden: 4

RUNDWEG

das Auge kaum, wovon es sich mehr verführen lassen soll: von den schmucken Häusern von Pfaffendorf, die links durch die Alleebäume scheinen, den geschwungenen Feldern rechts, der Feste Königstein im Rücken oder doch vom steil aufragenden Pfaffenstein direkt vor uns. Der Weg jedenfalls führt uns in die Richtung des Tafelberges mit seinen skurrilen Felsformationen – unserem ersten Ziel.

*Funde auf dem **Pfaffenstein** weisen eine bronzezeitliche Schutzsiedlung nach. Der Name geht auf das Dorf Pfaffendorf zurück, das seinerseits als Pfarrlehen dem Pfarrer, dem „Pfaffen" von Königstein, lehns- und zinspflichtig war.*

Am Waldrand folgen wir weiter dem grünen Punkt, der uns in den Wald weist; ein Weg, der schnell an Höhe gewinnt. Nun beginnt der steile Aufstieg zum Plateau des Pfaffensteins durch das **2 Nadelöhr** hindurch. Auf aus dem Fels gehauenen Stufen führt der Weg in eine enge Klamm mit einigen schmalen Durchgängen, die nicht mehr als einen halben Meter breit sind. Kühle Feuchtigkeit umfängt den Wanderer. Jetzt gilt es zu klettern. Mehrmals ist der Weg mit Leitern ausgestattet. Der Aufstieg ist ein kleines Abenteuer,

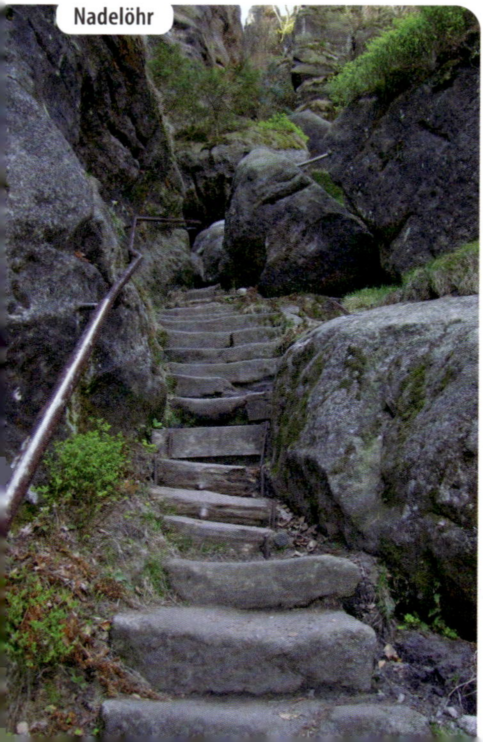
Nadelöhr

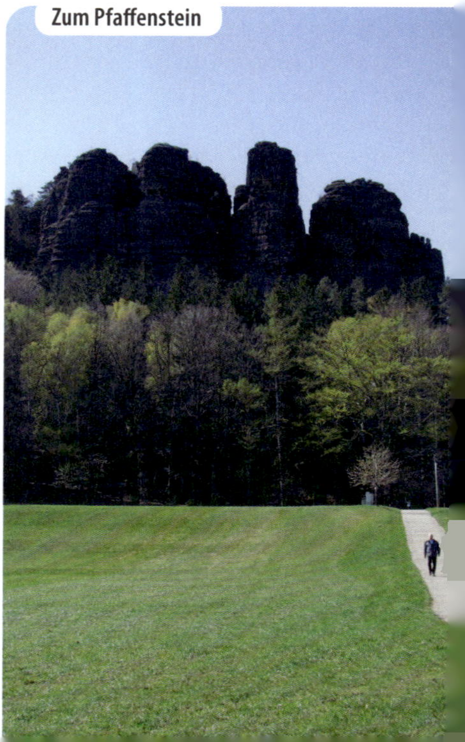
Zum Pfaffenstein

bei dem man aber Familien mit kleineren Kindern begegnet, die die Kletterei sichtlich genießen. Die Gipfel von Tafelbergen zeichnen sich durch größere Plateaus aus, die durch Verwitterung entstanden sind. Nach dem schweißtreibenden Aufstieg erreichen wir das auf einer Höhe von 436 Metern gelegene, fast 12 Hektar große Plateau des Pfaffensteins, das eine Reihe von Aussichtspunkten aufweist. Die vielen verschiedenen Panoramablicke ins Umland und das Auskundschaften der bizarren Felsskulpturen sind reines Vergnügen. Ein Muss ist die **3 Barbarine** am südlichen Ende des Plateaus, eine Felsnadel, die 1905 zum ersten Mal bestiegen wurde und deren Geschichte auf Tafeln dokumentiert ist. Ebenfalls lohnt es sich, auf dem Plateau einzukehren und in der **4 Gaststätte Pfaffenstein** eine erholsame Pause einzulegen. Neben der Gaststätte ragt ein Aussichtsturm auf, der die volle Rundumsicht bietet.

Für die Seele

Alles in einem: abenteuerliches Kraxeln, Rundumpanoramen, entspannte Waldwege und lichte Alleen.

Frisch gestärkt folgen wir dem grünen Punkt auf der Westseite talwärts, nun über den „bequemen Weg“, vorbei an imposanten Kletterfelsen. Am Fuß des Pfaffensteins wenden wir uns nach links und folgen für längere Zeit einem roten Punkt, zunächst auf breitem Forstweg durch den Wald, in dem Spechte heftig auf Rinde hämmern. Nach 1,4 Kilometern schwenkt der rote Punkt auf einen schmaleren Waldweg ein, biegt erst nach rechts, dann nach links, wo wir nach weiteren 300 Metern auf eine Straßenkreuzung treffen. Hier gibt es eine Bushaltestelle – nahezu mitten im Nichts.

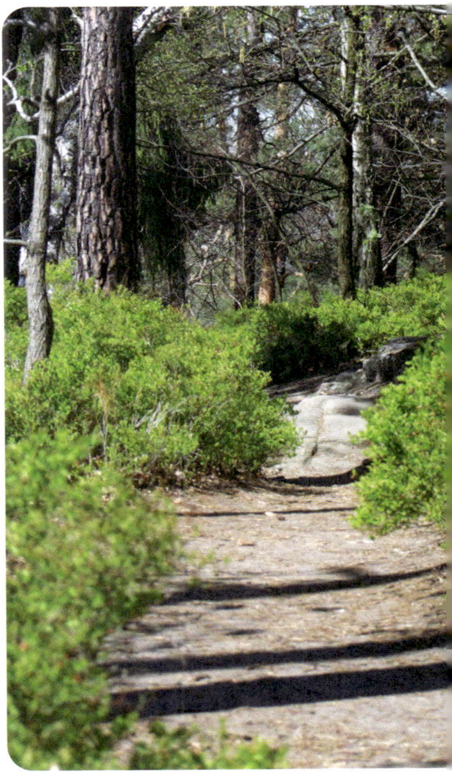

Wir folgen hinter der Haltestelle weiter dem roten Punkt und dem Hinweis auf einer **alten Wegsäule** in Richtung „Papstdorf“. Der Weg führt zunächst auf weichem Waldboden wieder in den Wald hinein, biegt dann nach links und folgt dem Wanderschild „Gohrisch (Stein)“. Wir passieren eine Art Deluxe-Hochstand, bei dem höchstens noch der WLAN-Anschluss fehlt. Immer weiter dem roten Punkt nach, nun Richtung Papststein, führt der Weg links an einer wasserwirtschaftlichen Anlage vorbei. Am ersten Schild mit dem Hinweis „Aufstieg Gohrisch“ verlassen wir den roten Punkt. Beim Abstieg werden wir hier wieder vorbeikommen. Zunächst geht es aber steil hinauf auf den knapp 440 Meter hohen **5 Gohrischstein,** und zwar frohgemut dem Hinweis „Steilaufstieg (Stufenreihe)“ folgend. Wir passieren eine steinerne Bank, die dem Erschließer des Steins, Oberförster Emil Grünewald, gewidmet ist. Auf dem Aufstieg helfen uns ein paar kurze Leitern mit wenigen Sprossen. Dieses Mal aber haben wir gut Platz zu beiden Seiten. Oben erwartet uns ein kleineres Plateau als auf dem Pfaffenstein, aber die beeindruckendere Aussicht, nicht zuletzt auf den Pfaffenstein. Die vielen ausgewasche-

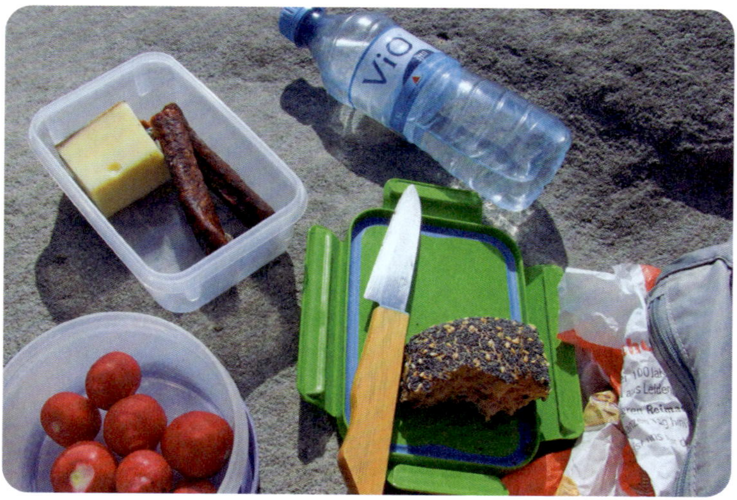

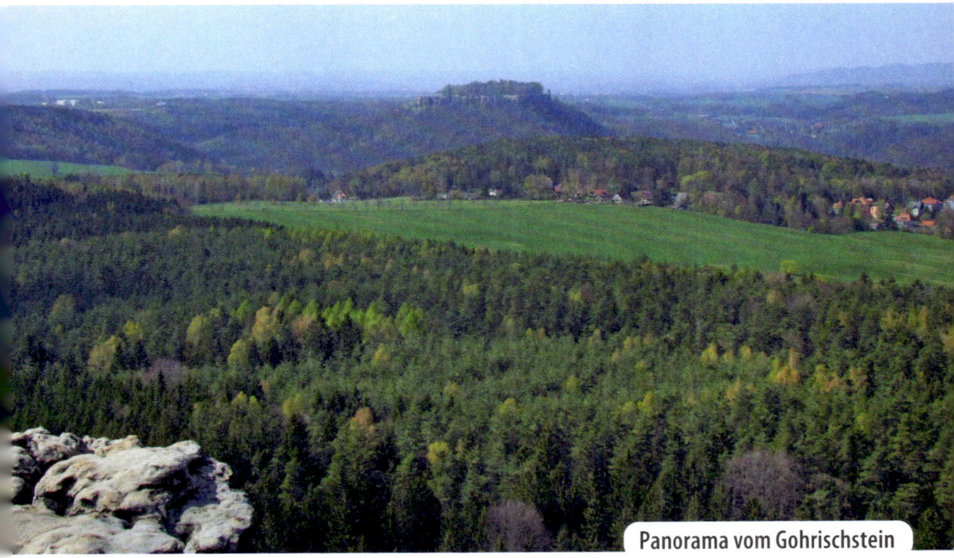

Panorama vom Gohrischstein

nen Steinformationen laden zum Sitzen ein und daher ist dies der richtige Platz für ein **Picknick in sonniger Höhe.** Nachdem wir Aussicht und Imbiss genossen haben, geht es etwas sachter wieder hinunter, diesmal den Hinweisschildern „Malerweg", „Muselweg Gohrisch" sowie „Anschluss roter Punkt" folgend, bis wir schließlich auf den Weg mit dem roten Punkt stoßen, den wir vom Pfaffenstein gekommen sind. Ab hier nehmen wir für den Rest der Tour die Markierung weiß-gelb-weiß, den **Muselweg,** in Richtung Gohrisch, wobei diesmal der Kurort gleichen Namens gemeint ist. Der Muselweg ist zeitweise auch ein Bodenlehrpfad, der uns mit mehreren Tafeln Einblicke in die geologische Struktur des Waldbodens gibt. Am Waldrand angekommen, weitet sich zunächst der Blick nach rechts über Wiesen. Nach einem Rechts-links-Schlenker passieren wir auf einem Grasweg die **Friedenslinde.**

Gleich dahinter empfängt uns eine grandiose 6 **Kastanienallee,** die durch Felder hindurch in den Ort **Gohrisch** leitet und im Sommer angenehmen Schat-

*Die **Friedenslinde** wurde am 18. März 1871 von den Gutbesitzern Karl Gottlieb Blumentritt und seinem Sohn Emil aus Anlass des Versailler Friedensvertrages gepflanzt, mit dem der Deutsch-Französische Krieg endete.*

ten spendet. Der Weg führt uns nun ein kurzes Stück in den Ort Gohrisch hinein, dann links Richtung „Pladerberg (Alte Straße)“, vorbei an Gärten und Ferienhäusern, bis wir ans Dorfende und damit vom Asphalt wieder auf weicheren Untergrund gelangen. Bald teilt sich der Weg. Rechts ist nun schon der Bahnhof von Königstein ausgewiesen. Wir gelangen an die **Alte Straße,** die auf verlegten Steinen abwärts führt und tatsächlich eine Vorstellung alter Straßen vermittelt. Im schlecht gefederten Wagen war dies kein Vergnügen. Zügig stoßen wir auf das Sträßchen Pladerberg, das wir am Anfang der Wanderung hochgegangen sind, und erreichen kurz darauf wieder den Bahnhof Königstein.

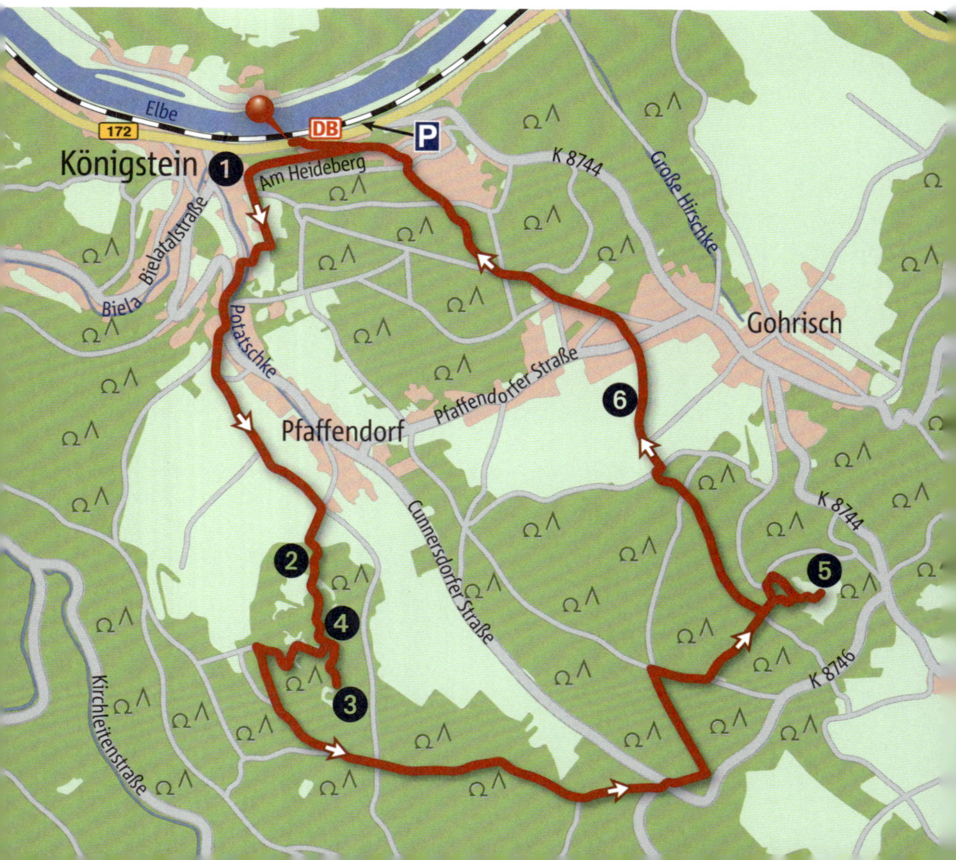

ALLES AUF EINEN BLICK

Entspannung

Abenteuer

Vielfalt

WIE & WANN

Überwiegend Wald- und landwirtschaftliche Wege, in den Auf- und Abstiegen Felstreppen und gelegentlich Leitern, in den Dörfern kurze Strecken auf Asphalt; beste Zeit von März bis Oktober

HIN & WEG

Auto: Parkplätze an der B172 am Kreisverkehr Reißigerplatz und gegenüber vom Hotel Lindenhof, 01824 Königstein
ÖPNV: S-Bahnhof Königstein

ESSEN & ENTSPANNEN

4 **Berggaststätte Pfaffenstein,** Fels Pfaffenstein 1, 01824 Pfaffendorf, Tel. (03 50 21) 5 94 10, www.pfaffenstein.com

ENTDECKEN & ERLEBEN

1 **Blick auf Festung Königstein und die Elbe,** Am Heideberg, 01824 Königstein, www.festung-koenigstein.de
2 **Nadelöhr**
3 **Barbarine**
5 **Gohrischstein**
6 **Kastanienallee,** Muselweg, 01824 Gohrisch

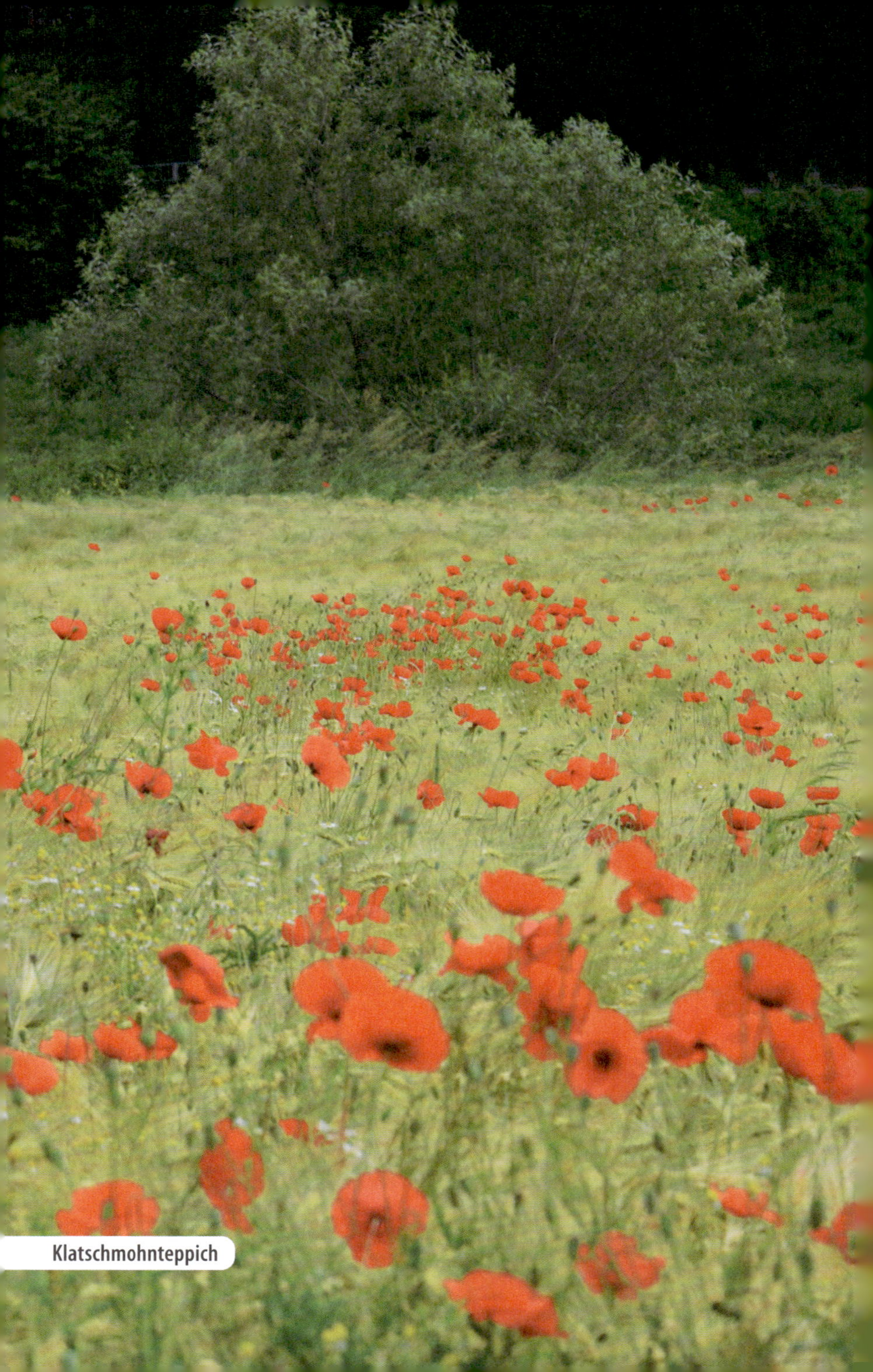

Klatschmohnteppich

Schokoladenweg

Thürmsdorf und der Rauenstein

Vom Parkplatz neben der Fähre wenden wir uns auf der Straße flussaufwärts. Im Frühsommer werden wir am oberen Ende des Parkplatzes eingestimmt durch die unzähligen Sprenkel von rotem Klatschmohn in den Feldern. Wir queren die Bahnlinie, passieren den am Ortseingang von Rathen gelegenen zweiten Parkplatz und biegen in der Rechtskurve der Straße nach links in die **Alte Weißiger Straße.** Jetzt gewinnen wir schnell, aber bequem an Höhe. Es lohnt, sich hin und wieder umzudrehen und den Blick über Rathen auf die Bastei zu genießen. Bald wird der Weg flacher, und wir treffen wieder auf die Landstraße, der wir ins Dorf **Weißig** folgen, dessen Häuser bald vor uns auftauchen. Im Hintergrund erhebt sich die Festung Königstein, weiter links der imposante Lilienstein. Unser Weg schlängelt sich durch das schmucke Dorf. An einem Straßendreieck stoßen wir auf den Malerweg und folgen dem ersten Hinweisschild zur Schokoladenmanufaktur nach links. Weiter geht es ein kurzes Stück durch die Ausläufer von **1 Weißig,** vorbei an einigen traditionellen Häusern mit Hinweistafeln zur früheren Nutzung, z. B. am ehemaligen Schulgebäude. Am Dorfausgang gibt eine Tafel Auskunft über die Verkehrsanbindungen von Rathen nach Dresden: Die Bahn fuhr ab 1851, bereits 1837 hatte die Personenschifffahrt ihren Dienst aufgenommen.

Nun verlässt unser Weg in einer Rechtskurve die Dorfstraße und führt quasi geradeaus zwischen den letzten Häusern hindurch, ehe er mitten durch ein Feld geht. Links unter

Kilometer: 11,8
Höhenmeter: 325
Stunden: 4
RUNDWEG

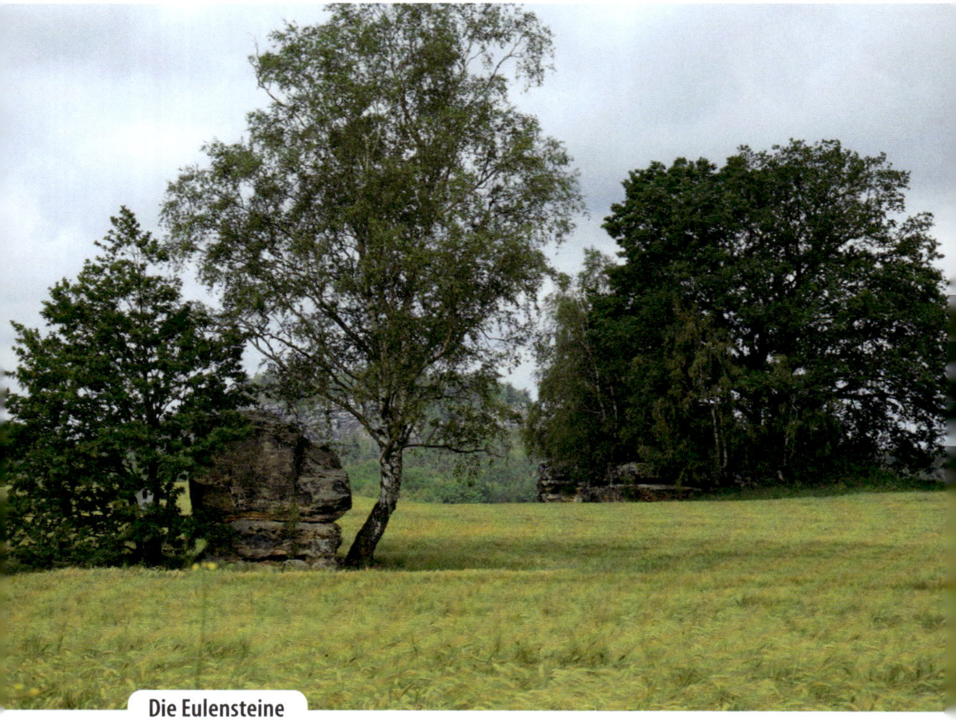

Die Eulensteine

dem Waldrand fließt, vor unseren Blicken verborgen, die Elbe, rechts erhaschen wir die ersten Blicke auf die Bärensteine, zwischen denen wir später hindurchwandern werden. Nach kurzer Zeit kommt rechts auch der Rauenstein ins Blickfeld: unser letztes Zwischenziel der heutigen Wanderung. Bei einer Bank lassen wir in aller Ruhe den Blick auf den Rauenstein und die Bastei auf uns wirken. Noch interessanter aber sind die zwei **Eulensteine,** die dicht an unserem Weg im Feld stehen. Ein schmaler Pfad ist durch die Gerste getreten, dem man hin zum ersten Eulenstein folgen kann. Wann seit Kindertagen hat man das letzte Mal mitten im Getreidefeld gestanden und die Ähren durch die Finger gleiten lassen? Anschließend folgen wir dem **Malerweg,** bis uns hinter einem Waldrand ein Schild nach links

Der Landschaftsmaler ***Johann Alexander Thiele*** *(1685–1752) wurde sowohl von August dem Starken als auch von seinem Sohn August III. geschätzt. Er fertigte an dieser Stelle die Skizzen für seine Bilder der Festung Königstein an.*

weist, mit 20 Minuten nach Thürmsdorf. Der direkte Weg zur Schokoladenmanufaktur Adoratio lockt mit 15 Minuten, aber die Thiele-Aussicht und das Biedermann-Mausoleum wollen wir nicht versäumen. Schnell taucht vor uns das Mausoleum hinter den Bäumen auf. Erbaut von 1920 bis 1921, diente es als Grabmal für die Familie des Barons Biedermann, der von 1908 bis 1935 auch Besitzer des Schlosses in Thürmsdorf war. Daneben findet sich die **2 Thiele-Aussicht.**

Für die Seele

Wandern und Schokolade – mehr Seele geht nicht. Die Schokoladenmanufaktur verwöhnt unseren Gaumen.

Und tatsächlich hat man auch heutzutage von hier einen fantastischen Blick auf die Festung und den Elbebogen. Erneut lockt ein Hinweisschild mit 15 Minuten bis zum Adoratio, und diesmal geben wir der Versuchung nach. Schnell kommen wir zwischen Weiden ins Dörfchen **Thürmsdorf**

Die Thiele-Aussicht auf den Königstein

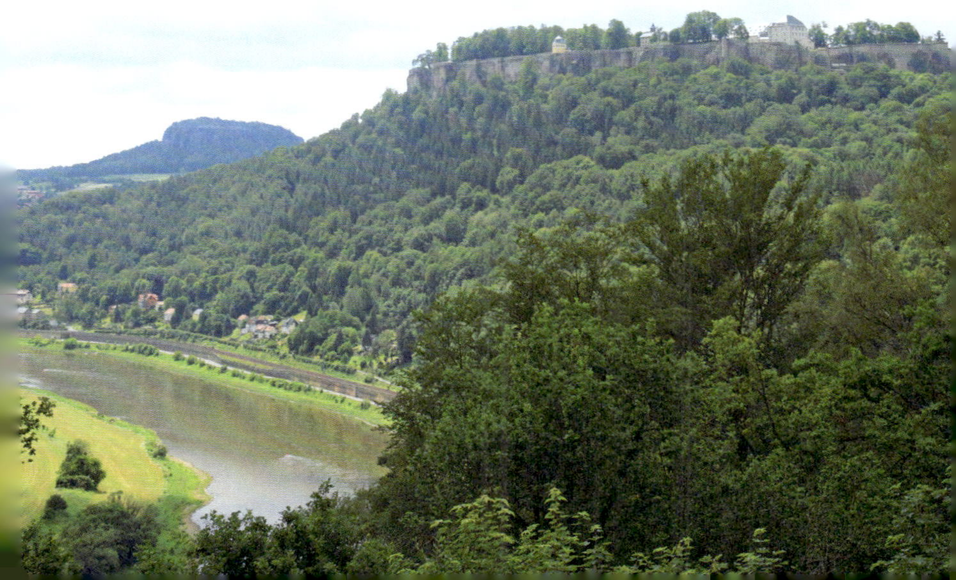

Seit 2009 widmen sich die Gründer Susanne Engler und Moritz Hitzer ihrer Idee von ***Schokolade,*** *und das Ergebnis kann sich sehen und vor allem schmecken lassen. Schokoladen, Pralinen, Kuchen, und zur Not auch ein Brot locken hier.*

und laufen neben dem Schloss fast automatisch in die ❸ **Schokoladenmanufaktur Adoratio.** Was gibt es Besseres, um die Seele baumeln zu lassen, als den Seelenschmeichler schlechthin: Schokolade?

Auch der Garten verführt mit Farben und Düften zum Verweilen. Zu unserem Glück haben wir noch nicht die Hälfte der Wanderung hinter uns und sind noch nicht auf Salziges gepolt. Angesichts der noch vor uns liegenden Kilometer ist eine Zusammenstellung von Schokoladen und Pralinen empfehlenswert. Die Süße ist angenehm zurückhaltend und lässt den eigentlichen Aromen ihren Raum. Besonders angetan hat es uns ein Chili-Trüffel, der mit intensiver Schärfe an den Lippen und der Zungenspitze prickelt und dann den ganzen Mund mit Süße und Schärfe zugleich füllt. Auch das persische Kaffeegewürz aus Rosenblüten, Kardamom, Zimt und Kumin ist ein Gedicht. Mit einem wohligen Seufzer machen wir uns wieder auf den Weg und besuchen zunächst den Garten des Schlosses, das seit 1997 in Privatbesitz ist. Der Garten ist aber öffentlich zugänglich und beherbergt den Namenspatron der Manufaktur, nämlich die ❹ **Bronzestatue Anbetung,** oder eben Adoratio, des norwegischen Bildhauers Stephan Sinding (1846–1922).

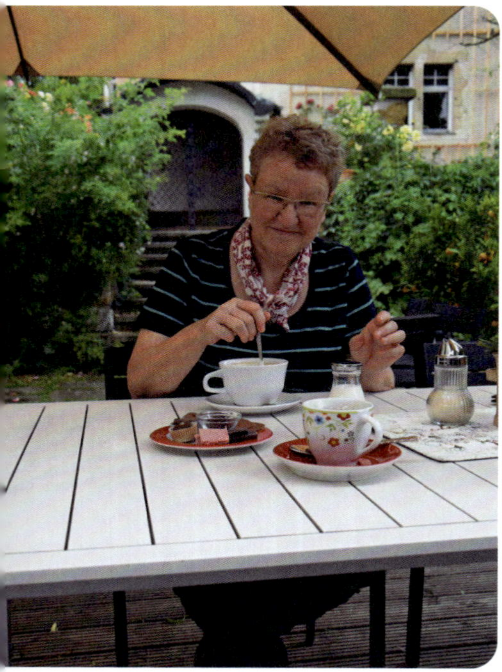

Hinter dem Schlossgarten biegt unser Weg, nun mit einem roten Punkt markiert, von der Dorfgasse ab in den Wald, schlängelt sich um einen Teich und quert eine wenig befahrene Straße. Nun geht es hinauf zur ❺ **Götzinger Höhle,** einem Feuerplatz im Sandstein zu Ehren von Wilhelm L. Götzinger.

Hinter der Höhle reiht sich eine kuriose Felsformation an die nächste, manche wirken fast wie ein Amphitheater. Im Wald, der hier auch mal eine beachtliche Anzahl an Eichen aufweist, folgen wir einmal einer Abbiegung nach links. Rechts hoch geht es in 15 Minuten zum Gipfel des Kleinen Bärensteins. Wer meint, er müsse nach dem Adoratio noch extra Kalorien verbrennen: Hier ist eine Gelegenheit. Kurz danach erreicht der Weg den Waldrand, wo wir uns rechts halten und eine Zeit lang dem nun unmarkierten Pfad zwischen Wald und Feld folgen. In der Ferne erblicken wir die Hochhäuser von Pirna, noch dahinter die Dresdner Südhöhe. Unterhalb von Naundorf treffen wir auf einen breiten Waldweg, der rot-weiß-rot markiert ist. Hier wenden wir uns nach rechts und gehen nun in herrlich schattigem Wald zwischen den beiden Bärensteinen hindurch, die wir aber vor lauter Bäu-

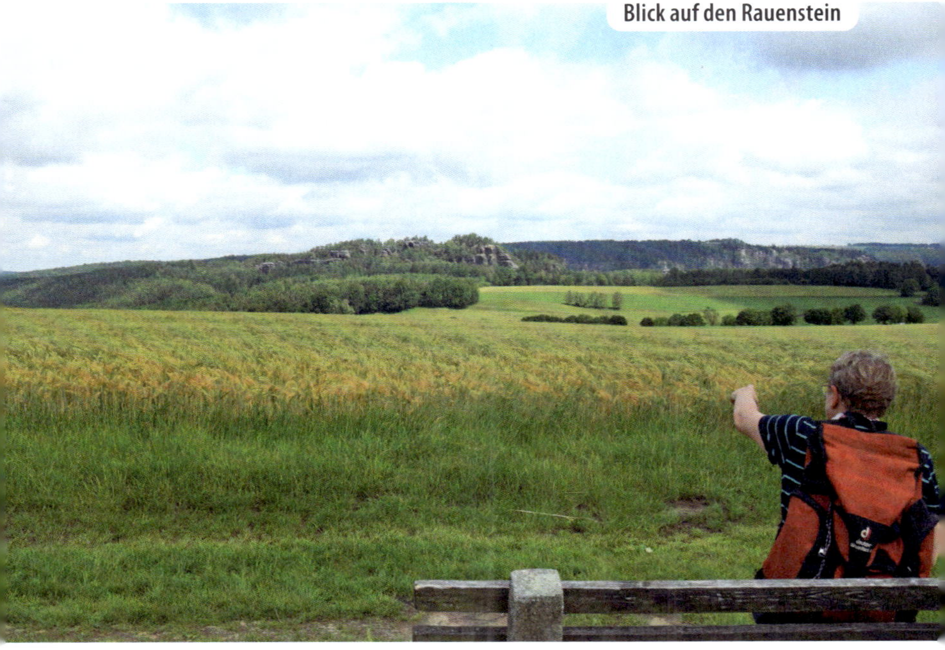

Blick auf den Rauenstein

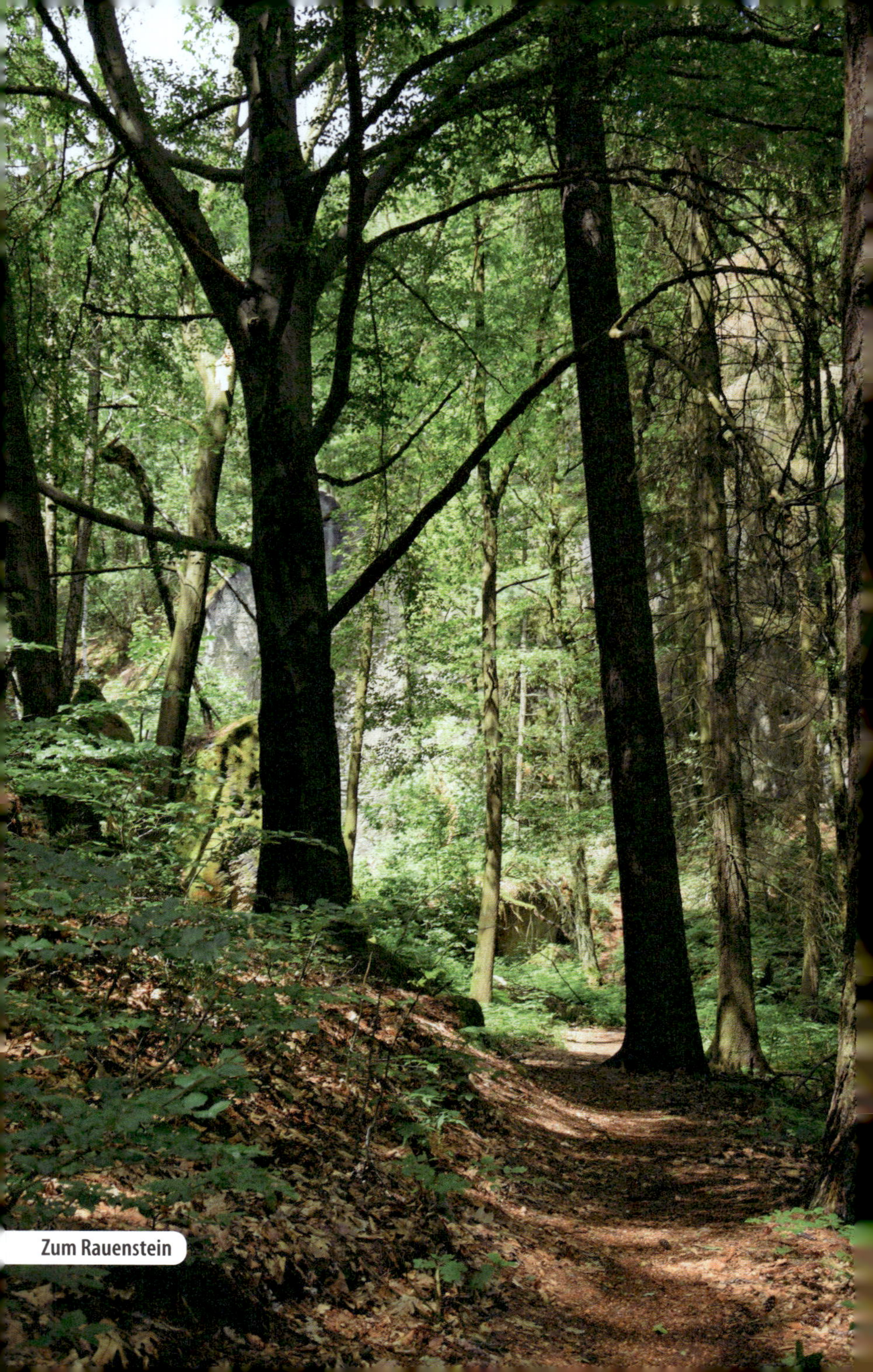

Zum Rauenstein

men gar nicht sehen können. Nach einer Senke befinden wir uns bereits auf dem Anstieg zum Rauenstein. Ein Hinweisschild verheißt uns einen Aufstieg von 40 Minuten, übertreibt aber maßlos. Bereits wenige Schritte hinter dem Schild erreichen wir eine Schotterstraße. Vor uns lugen die Dächer von Weißig aus dem Feldermeer, dahinter ragt der Lilienstein empor. Wir folgen der Ausschilderung Rauenstein nach links und stellen mit Genugtuung fest, dass uns nur noch eine halbe Stunde vom Ziel trennt. Sehr zügig gelangen wir zur Bodenstation des Versorgungsliftes. Jetzt werden uns noch 20 Minuten zum Aufstieg angezeigt, den wir in der Hälfte der Zeit bewältigen. Statt der ursprünglichen 40 Minuten hat uns eine gute Viertelstunde gereicht bis hinauf zur 6 **Berggaststätte Fels Rauenstein** – die Zeit ist hier irgendwie komprimiert. Der Garten bietet neben einigen schattigen Plätzen einen tollen Ausblick, in dem sich das Bedürfnis nach Flüssigem und – nunmehr – Salzigem bestens stillen lässt. Von

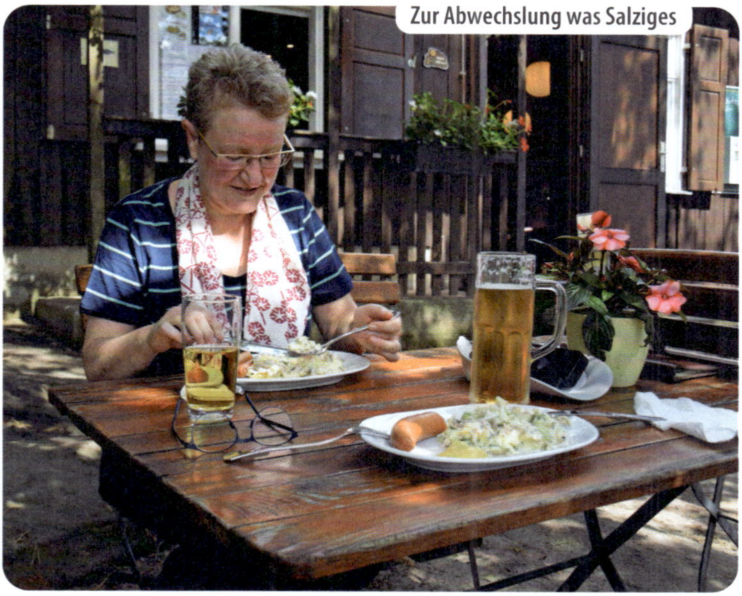

Zur Abwechslung was Salziges

der Plattform hinter der Gaststätte schweift das Auge frei über die weite Landschaft.

Gestärkt und erholt machen wir uns an die letzte kurze Etappe, die uns in einer guten halben Stunde nach Rathen zurückbringen wird. Von der Bodenstation des **Liftes** folgen wir Weiß-Rot-Weiß nach Rathen. Einen Abzweig zum Bahnhof Rathen mit 20 Minuten lassen wir unbeachtet, folgen stattdessen unverdrossen Weiß-Rot-Weiß und werden über den Rauensteinweg nach Rathen hinuntergeleitet. In Rathen selbst halten wir uns zuerst rechts, nach wenigen Schritten links zum Bahnhof und hinunter zur Elbe zum Ausgangspunkt. Für Eisenbahnfans empfiehlt sich vor der Rückfahrt noch ein Besuch der **7 Eisenbahnwelten.**

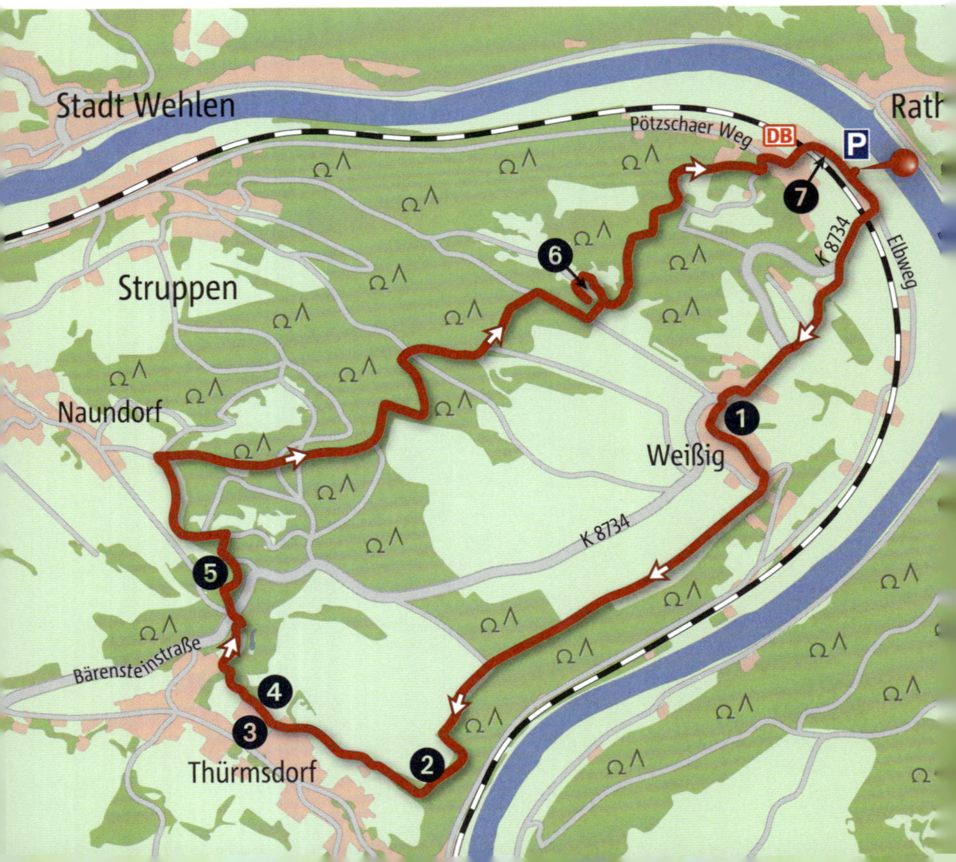

ALLES AUF EINEN BLICK

Entspannung ●●●●○
Abenteuer ●●○○○
Vielfalt ●●●○○

WIE & WANN

Zuerst ein Stück Asphalt über Dorfstraßen, dann einfache Feld-, Wiesen- und Waldwege; beste Zeit von April bis Oktober

HIN & WEG

Auto: Parkplatz in Oberrathen an der Fähre, Elbeweg 13-15, und oberhalb des Elbewegs 41, 01824 Rathen
ÖPNV: S-Bahnhof Kurort Rathen

ESSEN & ENTSPANNEN

3 **Adoratio Schokoladenkunst,** Am Schlossberg 2, 01796 Struppen-Thürmsdorf, Tel. (03 50 21) 9 96 48, www.adoratio-schokoladenkunst.de
6 **Berggaststätte Fels Rauenstein,** 01796 Struppen, Tel. (03 50 21) 6 44 46, www.fels-rauenstein.de

ENTDECKEN & ERLEBEN

1 **Weißig**
2 **Thiele-Aussicht**
4 **Bronzestatue Anbetung,** Schlosspark Thürmsdorf, Am Schlossberg 9, 01796 Struppen-Thürmsdorf
5 **Götzinger Höhle**
7 **Eisenbahnwelten,** Elbweg 10, 01824 Kurort Rathen, Tel. (03 50 21) 5 94 28, www.eisenbahnwelten-rathen.de

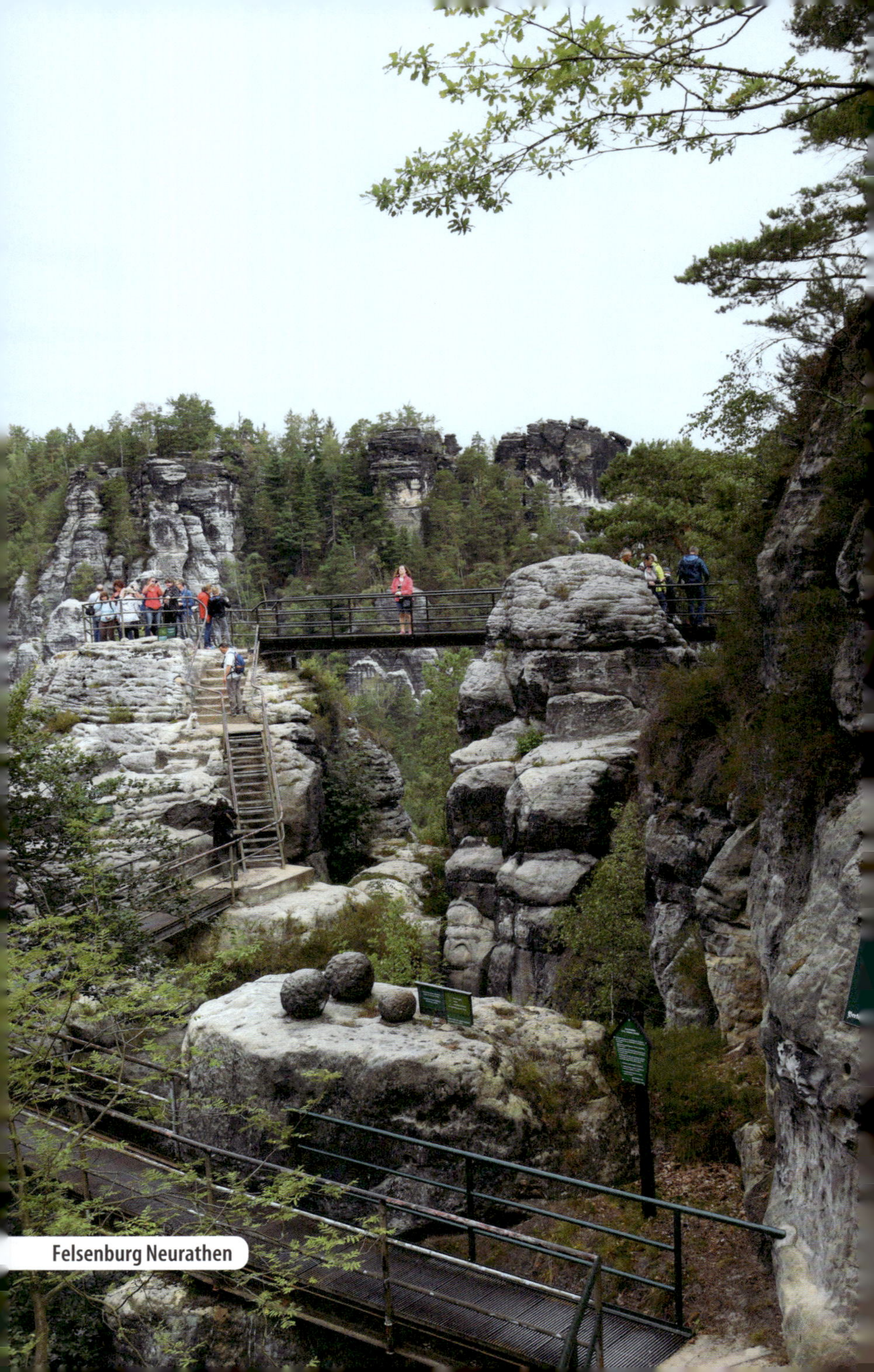

Felsenburg Neurathen

Trubel und Ruhe

Die Bastei und der Rauenstein

Wir beginnen unsere Tour am rechtselbischen Fähranleger in Wehlen und gehen vom Ufer geradewegs in das Städtchen hinein. Dort treffen wir auf den sehenswerten ❶ **Marktplatz** mit der Kirche, die aufgrund des Elberadweges nun Radfahrerkirche heißt, und dem Brunnen, der erst 2003 eingeweiht wurde, dem man aber auch eine längere Geschichte zutrauen würde. An der Kirche entlang geht es dann über die Kirchstraße zurück ans Ufer und über die **Mennickestraße** stromaufwärts, vorbei an den restaurierten, schmucken Häusern, bis wir an einer Abzweigung auf die Hinweise „Malerweg“ sowie „Steinerner Tisch/Bastei“ stoßen, denen wir bis zur Bastei an allen Abzweigungen folgen.

Wir verlassen damit den Uferweg und steigen auf einem ehemals befestigten Weg durch den Wald auf. Bald gehen wir hoch über der Elbe, passieren anfangs einige Aussichtspunkte mit Blicken über das Elbtal, bevor sich der Waldweg dann weiter vom Steilhang entfernt. 1,7 Kilometer nachdem wir die Elbe verlassen haben, erreichen wir den ❷ **Steinernen Tisch,** einen Rastplatz, der 1710 anlässlich einer Jagd Augusts des Starken errichtet wurde. Weiter geht es nun mit Weiß-Grün-Weiß zur Bastei.

Die Bastei ist wohl der Ort, dessen Bilder einem bei der Sächsischen Schweiz zuerst in den Sinn kommen; entsprechend voll und touristisch ist es hier. Von hinten wird die Bastei mit Bussen angefahren. Deshalb gilt es nun, sich durch die Massen zum Aussichtspunkt vorzukämpfen. Der Blick über das

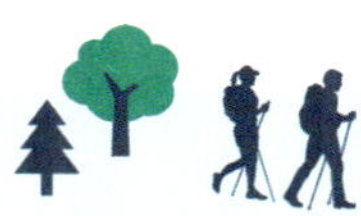

Kilometer: 10,7

Höhenmeter: 420

Stunden: 3,5

RUNDWEG

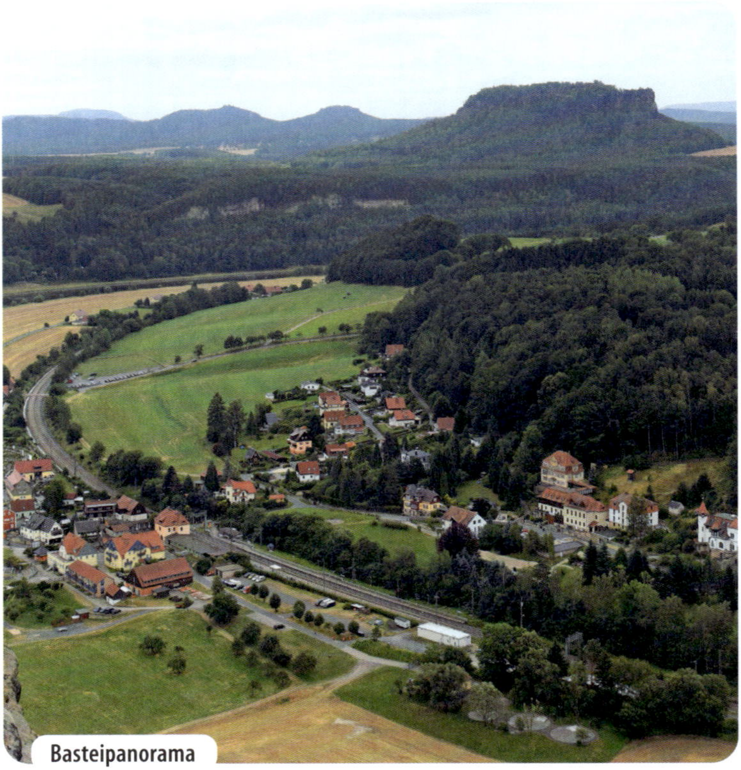

Basteipanorama

*Die 76,5 Meter lange, steinerne **Basteibrücke** verbindet seit 1851 in sieben Bögen das Basteiplateau über die Steinschleuder mit dem Felsentor Neurathen. Sie ersetzt eine Holzbrücke, die dem Besucherandrang nicht mehr standhielt.*

knapp 200 Meter tiefer gelegene Elbtal belohnt für den Weg durch das Gewimmel. Unweigerlich führt der vollpräparierte Weg dann zur Basteibrücke. Kurz vor der Brücke wählen wir noch einen Abstecher nach links zum Wehlturm, der auch oft überfüllt ist, aber den besten Blick auf die Brücke sowie hinüber auf die Felsenburg erlaubt. Spektakulärer sind indes die schroffen Sandsteintürme ringsherum. Zurück betreten wir die ikonisch gewordene **3 Basteibrücke.**

Trotz der vielen Touristen ist dies ein Naturereignis, das seine Wirkung nicht verfehlt. All die Menschen wirken winzig in diesem Steinspielplatz eines Riesen. Das Entziffern der vielen historischen Schrifttafeln braucht manchmal einige Fantasie. Und es wird noch historischer. Wir passieren nämlich den Eingang zur ④ **Felsenburg Neurathen.** Sie ist besonders für Kinder ein Abenteuer, für das man allerdings schwindelfrei sein sollte. Hier fand ein Burgleben statt? Kaum vorstellbar! Ein Wunder, dass nicht alle Burgleute abgestürzt sind. Hin und wieder kann man es laut knallen hören. Vom Wehrgang aus sehen wir in der Tiefe die Felsenbühne Rathen, von der Gewehr- und Böllerschüsse heraufklingen.

Hinter der Burg geht es weiter, Weiß-Grün-Weiß folgend, vorbei an einem Aussichtspunkt, an dem wir rechter Hand in den Felsen eingemeißelt die „Erinnerung an Tiedge, den Saenger der Urania“ finden. Dann steigen wir hurtig durch den Wald hinunter. Hinter der Basteibrücke wird es zwar schnell leerer, Ruhe finden wir aber noch nicht. Wir erreichen bald die Talsohle des **Amselgrundes** in Rathen, passieren dabei den Eingang zur Felsenbühne, wenden uns nach rechts und erreichen unseren

Für die Seele

Nach schroffen Felsen und tiefem Grund stärken uns frisch geräucherte Forellen für einen Gratweg.

*Die **Felsenburg Neurathen** wurde 1289 erstmals erwähnt. Die Aussparungen und Auflager für die Balken der ehemaligen Holzbauten sind bis heute im Felsen gut erkennbar. Der Rundweg führt entlang des alten Wehrgangs über kleine Plateaus zur Zisterne.*

Basteibrücke

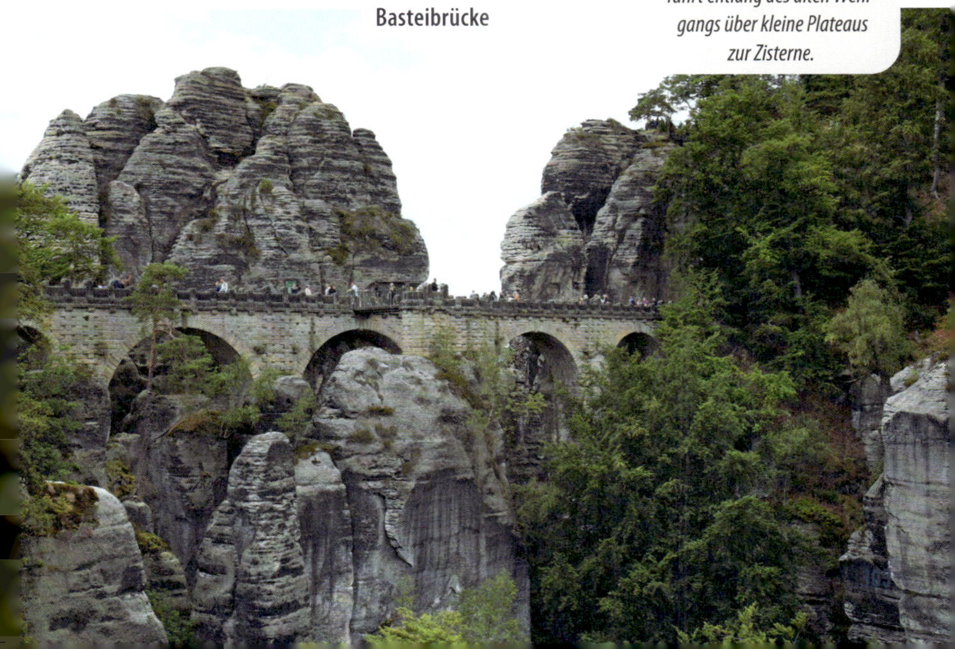

Rastpunkt, die ❺ **Forellenräucherei Leuschke.** Die Forellen kommen stets frisch aus dem Rauch noch warm auf den Tisch; garantiert die beste Mahlzeit, die man jemals von Papptellern verspeist hat. Bei Räucherforellen wird übrigens die Haut nicht eingeschnitten, sondern als Ganzes vom Kopf weg abgezogen. Wer schon genug gewandert ist und von Rathen mit dem Zug zurückfahren will, kann sich einige einpacken lassen.

Gestärkt und erfrischt führt unser Weg den Amselgrund weiter entlang, durch das Dorf **Rathen** mit seinen teils alten Häusern, hinunter bis zum Fähranleger, an dem wir die nächste ❻ **Fähre** nehmen. Auf der anderen Seite werden wir vom Anleger weg leicht nach rechts über den Fährweg auf den **Elbweg** geleitet, auf den wir nach rechts einschwenken. Dieser führt uns über den beschrankten Bahnübergang auf den **Pötz-**

*Seit ihren Anfängen ist die **Forellenräucherei** beständig gewachsen. Mittlerweile sitzt man gemütlich im Schatten vor eindrucksvoller Kulisse und kann sich an den frisch geräucherten Forellen laben. Diese stammen aus den Becken direkt vor der Räucherei.*

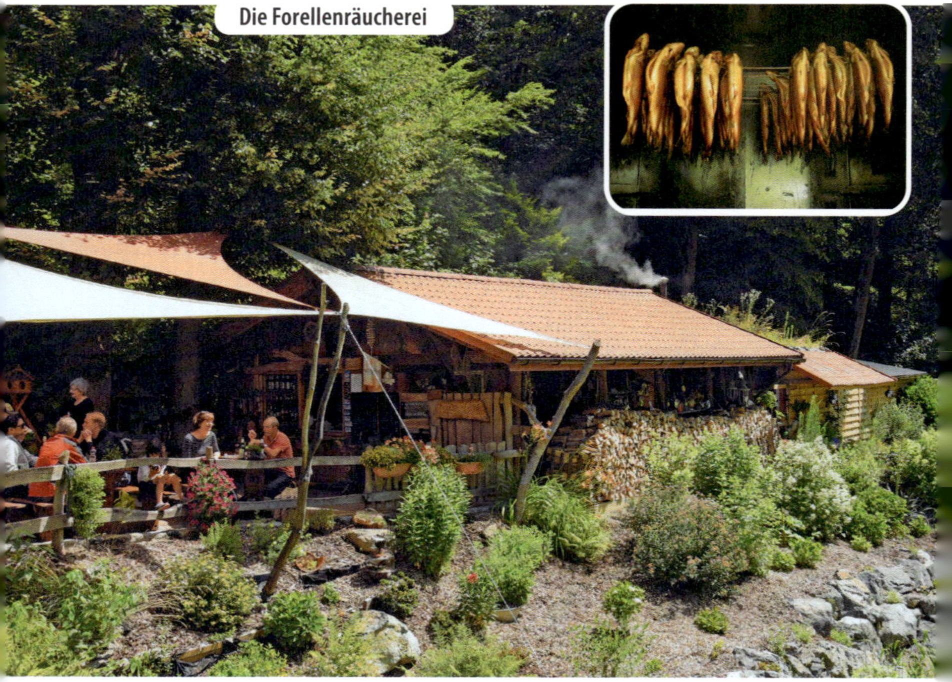
Die Forellenräucherei

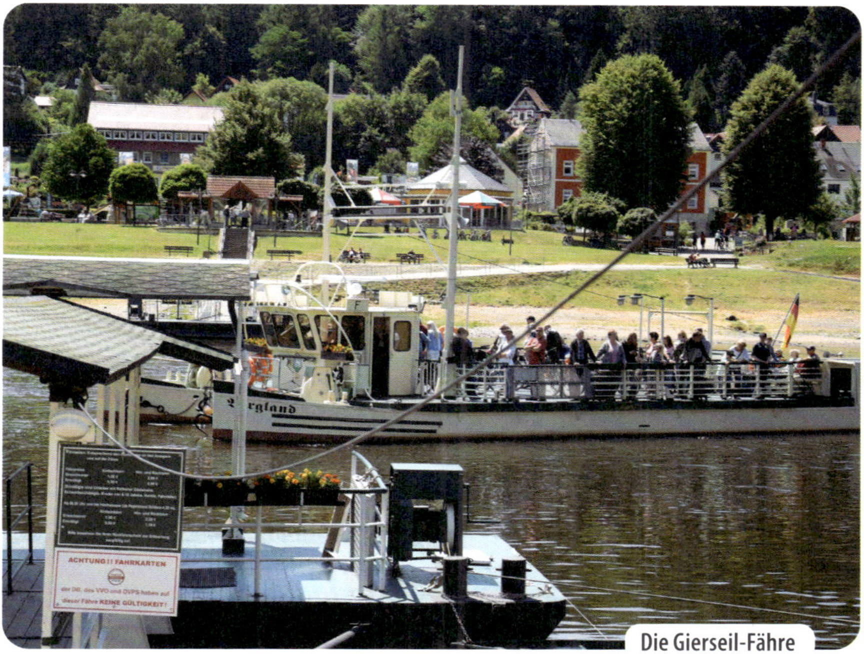

Die Gierseil-Fähre

schaer Weg, der hinter den Gleisen nach rechts abzweigt. Kurz danach biegt links der Weiß-Rot-Weiß markierte **Rauensteinweg** ab. Auf diesem gewinnen wir schnell an Höhe über Rathen. Hinter den Häusern wandelt sich der Fahrweg zum Waldweg, und das Gehen wird wieder angenehmer. Auf halber Höhe stoßen wir bei den Laasensteinen auf die **Laasenbank,** die einen guten Blick über Rathen und die dahinterliegende Basteiformation bietet. Der Weg führt nun auf teils sandigem Boden durch den Wald bis zum Fuß des Rauensteins, an dem wir ein weiß-gelb-weißes Zeichen finden, dem wir für den Rest der Wanderung folgen. Zunächst geht es steil bergan bis zur 7 **Berggaststätte Fels Rauenstein,** wo wir noch mal Gelegenheit zum Rasten haben. Außerdem bietet sich hier der erste der großartigen Blicke über die Sächsische Schweiz, die den Rauenstein zu einem Erlebnis machen. Kurz hinter dem Abzweig zur Gaststätte finden wir rechts die **Lehmannschluchthöhle,** in die man hineinkriechen kann, um auf der anderen Seite den Blick auf die Elbe zu genießen. Nun geht es über eine Anzahl von abenteuerlichen Leiteranlagen geradewegs über den **8 Grat des Rauensteins.** Endlich finden wir nun Ruhe, zumindest unter der Woche. Auf all den kurzen Abzweigern zu den Aussichtspunkten hört man nur das Rauschen des Windes, während der Blick in die Ferne schweift.

Nach der letzten Leiter zieht sich der Weg relativ gerade und leicht abfallend durch den schattigen Wald. Wir passieren einen hohen Sendemast und biegen etwa 200 Meter dahinter nach links. Hinter der Abzweigung finden wir auch unser Zeichen wieder

Die Bastei aus der Ferne

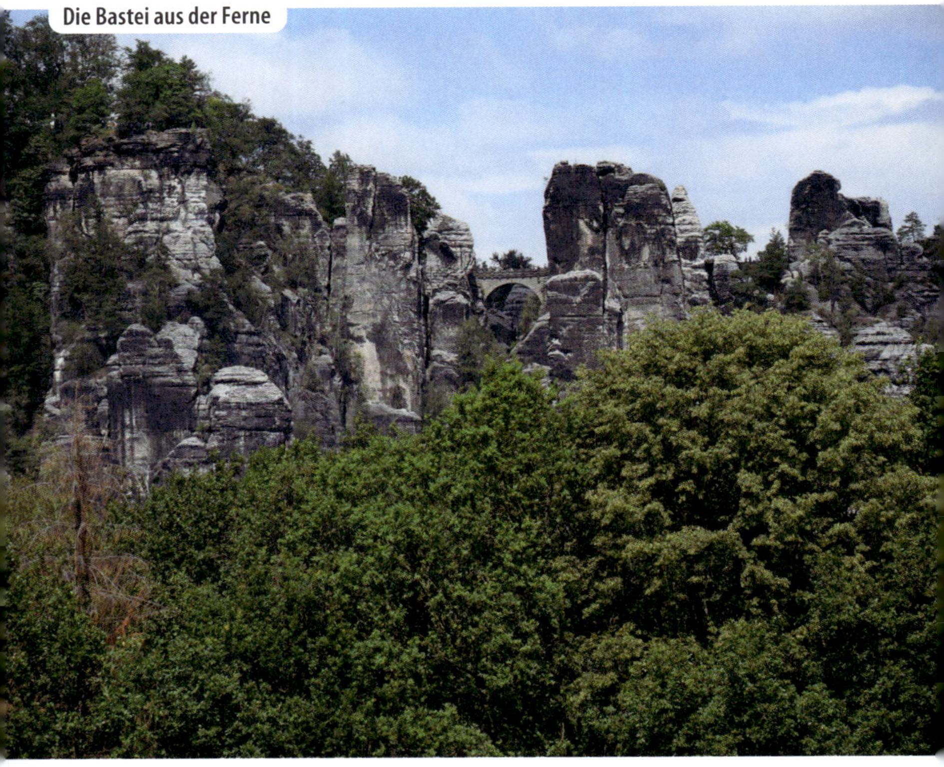

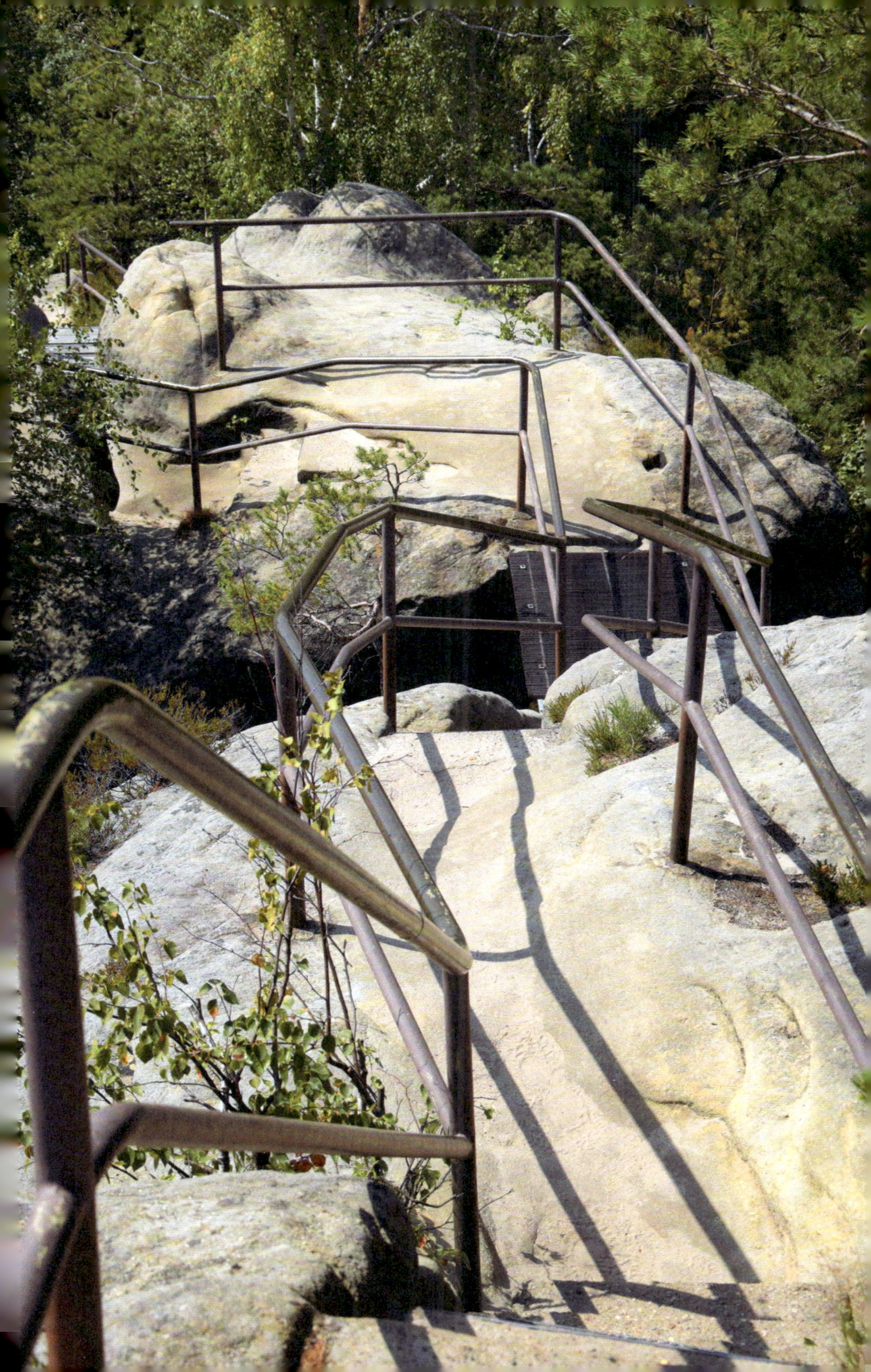

und sehen bald die ersten Häuser von Wehlen. Zügig erreichen wir die Asphaltstraße, die hier ebenfalls Rauensteinweg heißt, und stoßen bald auf die **Robert-Sterl-Straße.** Den Namen haben wir kurz vorher bereits auf einem Infoschild des Malerwegs gelesen. Etwa 300 Meter die Straße aufwärts befindet sich in seinem ehemaligen 9 **Wohnhaus** eine Ausstellung. Diejenigen, die nicht verschwitzt ins Museum möchten, gehen die Robert-Sterl-Straße abwärts und erreichen schnell den Bahnhof Wehlen. Wer auf der anderen Elbseite geparkt hat, geht von dort die Fährstraße hinunter zum Fähranleger und nimmt das Bötchen über den Fluss.

__Robert Sterl__ (1867–1932), Professor an der Kunstakademie Dresden, gehörte zu den bedeutenden deutschen Impressionisten. Seine Eindrücke der Landschaften und Arbeitswelten der Sächsischen Schweiz sind in die Anlage des Malerwegs eingeflossen.

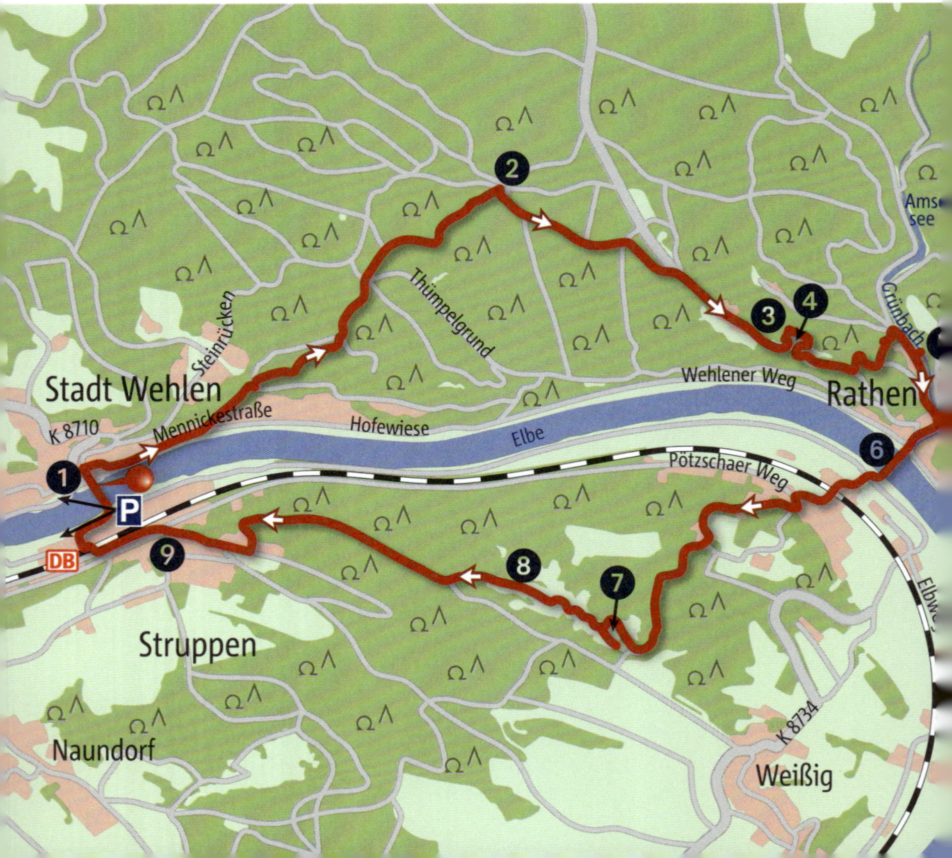

ALLES AUF EINEN BLICK

Entspannung 4/5
Abenteuer 3/5
Vielfalt 3/5

WIE & WANN

Meist einfache Waldwege, an der Bastei und innerorts befestigte Wege, in der Burg Neurathen und auf dem Rauenstein z. T. Leitern; beste Zeit von März bis November, an Wochenenden trubelig

HIN & WEG

Auto: Parkplätze rechtselbisch: am Elbufer, 01829 Stadt Wehlen, linkselbisch: Bahnhofstraße und Treidlerweg, 01829 Stadt Wehlen
ÖPNV: S-Bahnhof Stadt Wehlen, von dort etwa 350 Meter über Fährstraße und Treidlerweg zur Fährstelle

ESSEN & ENTSPANNEN

5 **Forellenräucherei Leuschke,** Amselgrund 6, 01824 Kurort Rathen, Tel. (01 62) 1 70 71 44
7 **Berggaststätte Fels Rauenstein,** 01796 Struppen, Tel. (03 50 21) 6 44 46, www.fels-rauenstein.de

ENTDECKEN & ERLEBEN

1 **Markt in Wehlen**
2 **Steinerner Tisch**
3 **Basteibrücke**
4 **Felsenburg Neurathen**
6 **Fähre Rathen** (fährt alle 15 Minuten)
8 **Rauenstein Grat**
9 **Wohnhaus von Robert Sterl und Museum,** Robert-Sterl-Straße 30, 01796 Struppen, Tel. (03 50 20) 7 02 16, www.robert-sterl-haus.de

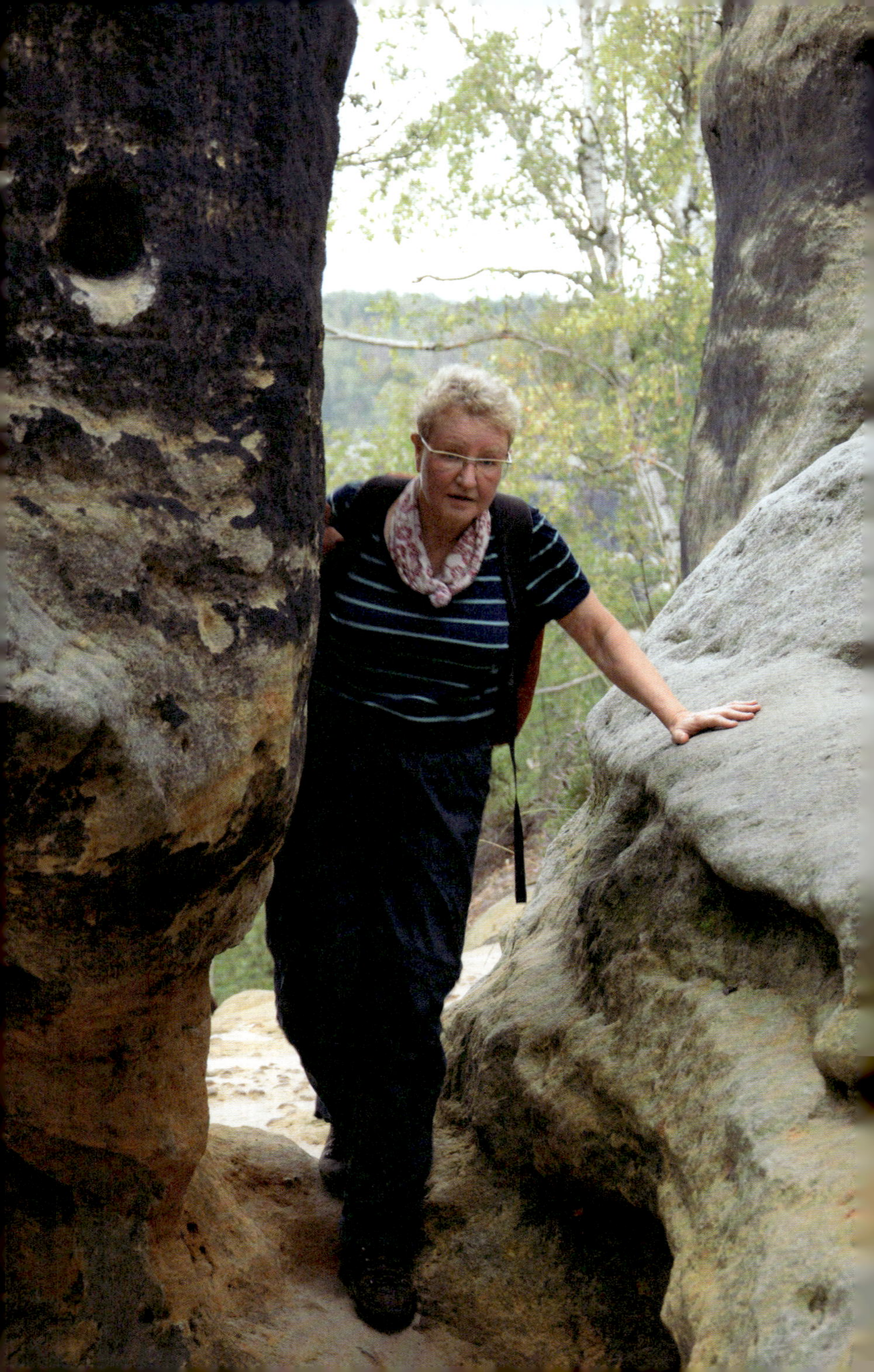

Kraxelschmaus

Großer Winterberg und Schmilka

Von der rechtselbischen Fährstelle in Schmilka überqueren wir zuerst die B172 und gehen durch das Dorf, in dem wir bald die Biobrauerei und die Mühlenbäckerei passieren. Ein Blick durch das Fenster der Bäckerei verheißt Leckereien. Am Ende der Wanderung werden wir uns daran gütlich tun. Etwas weiter oben im Dorf beim Biergarten Zur Alten Schule liegt die ❶ **Ilmenquelle.** Hier lohnt es sich, die Flaschen mit kühlem, erfrischendem Quellwasser zu füllen.

Aus der ***Ilmenquelle,*** *der stärksten Quelle der Sächsischen Schweiz, sprudelt erstklassiges Trinkwasser (6 l/s). Sie versorgte früher das gesamte Dorf und speist den Ilmenbach, der bis 1881 – und erneut seit 2012 – auch die Schmilk'sche Mühle antreibt.*

Mit frischem Wasser im Gepäck lassen wir das Dorf hinter uns und folgen der Asphaltstraße, die bald zu einem Forstweg wird, in Richtung „Heilige Stiege", bis der Zugang **zur Heiligen Stiege** rechts vom Hauptweg abzweigt. Wir bleiben auf dem Hauptweg, der nach 100 Metern eine Kehre macht. Hier nehmen wir den ersten Abzweig nach rechts, der mit einem grünen Pfeil Richtung ❷ **Rotkehlchenstiege** als Bergpfad markiert ist. Die Spitze des grünen Pfeils weist stets in die Richtung, in die zu gehen ist. Zunächst ist der Weg flach und führt teils über Holzbohlen, teils durch fast strandartig feinen Sand. Anschließend geht es an den Aufstieg, und es wird klar, warum dies „Stiege" heißt. Mehrfach passieren wir Stellen, an denen Tritthilfen in den Felsen geschlagen sind. Die Eisenklammern erweisen sich als notwendige Unterstützung. Auf Füßen, Knien und mit Händen muss man hier hinüberklettern. Die Abenteuerlust wird dabei allemal befriedigt. Bei all dem Spaß an der Kletterei lohnt es, sich hin und wieder umzudrehen und die ersten Ausblicke auf die ge-

Kilometer: 10,8

Höhenmeter: 620

Stunden: 4,5

RUNDWEG

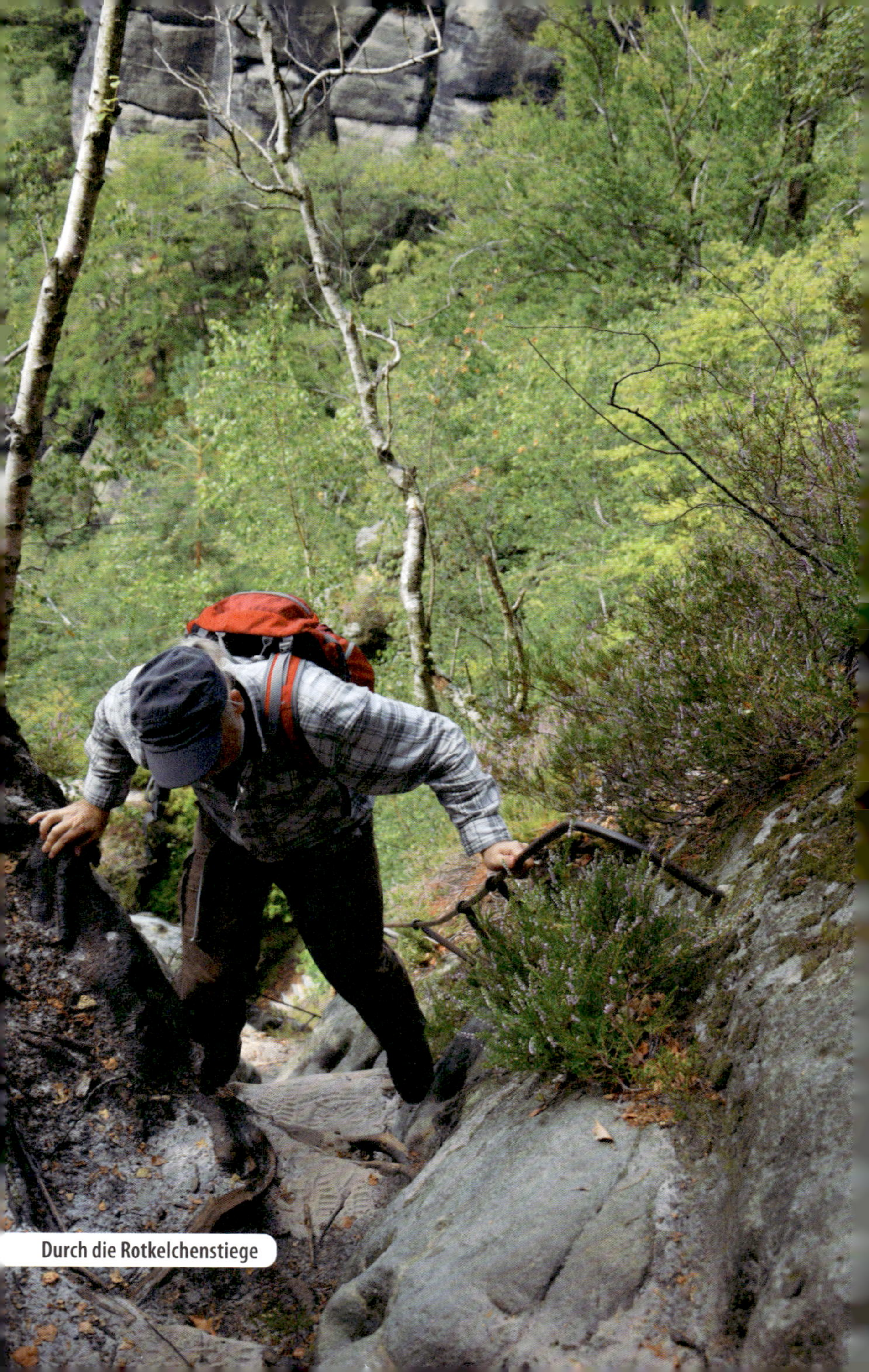

Durch die Rotkelchenstiege

genüberliegenden Felswände zu genießen. Oben gelangen wir an einen kleinen Aussichtspunkt, einen halb aufliegenden **Querstein,** von dem aus der Blick in die Ferne durch das Verborgene Horn links und den Großvaterstuhl rechts schweift. In der Felswand dahinter befindet sich die Zahl 274 in den Felsen geritzt. Kurz danach stoßen wir auf einen Weg, dem wir mit Weiß-Blau-Weiß nach rechts Richtung Großer Winterberg folgen. Noch ist die abenteuerliche Kletterei aber nicht zu Ende. Mal gilt es Leiterstiegen zu erklimmen, mal muss man sich durch enge Steinspalten zwängen, dann wieder bieten Eisenketten der Hand Sicherheit. Bald erreichen wir das **obere Ende der Heiligen Stiege.** Damit ist ein Großteil der Kletterei ge-

Für die Seele

Nach Felsenstiegen und schwindelerregenden Abhängen stärkt uns Getreide in fester und flüssiger Form.

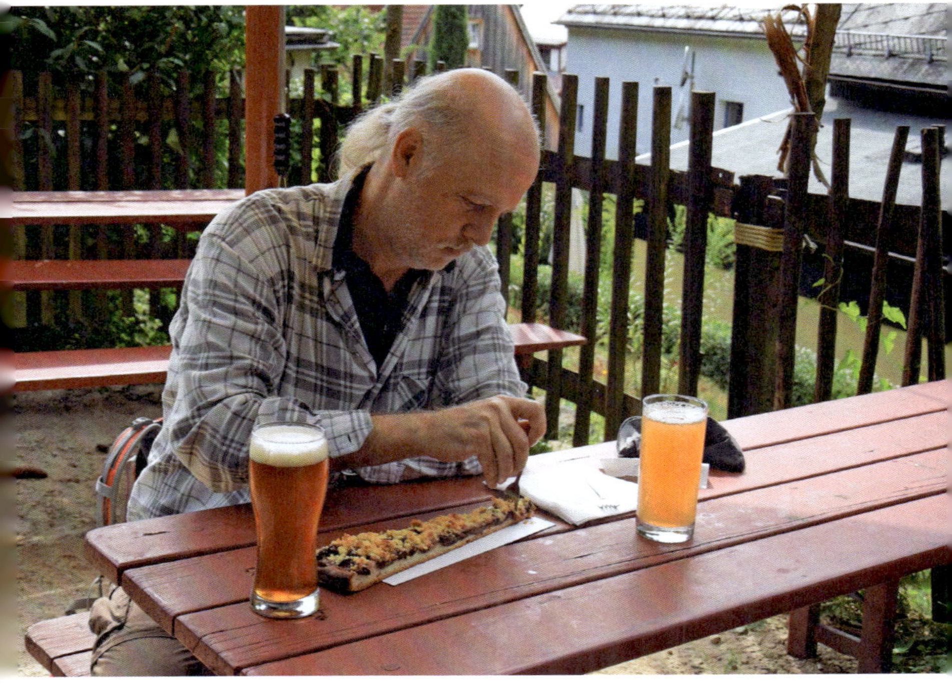

Der 556 Meter hohe **Große Winterberg** ist der zweithöchste Berg der Sächsischen Schweiz. Bereits seit 1819 touristisch genutzt, bietet er neben der leiblichen Stärkung einen 15,5 Meter hohen Aussichtsturm und die Infostelle des Nationalparks.

schafft. Wer sich diese Kletterei nicht zutraut, nimmt unten den Weg über die **Heilige Stiege,** die zwar auch steil über Treppen und Leitern führt und ziemlich anstrengend ist, aber ohne Kraxelei auskommt. Nun haben wir für längere Zeit die Wanderhöhe erreicht und folgen Weiß-Blau-Weiß Richtung Großer Winterberg und Frienstein, unserem nächsten Ziel. Wir passieren ein Felsplateau mit exzellenter Aussicht und biegen kurz danach links Richtung Frienstein ab. Ein wenig steigen wir hinunter und folgen den Auszeichnungen Kleiner Winterberg und **3 Idagrotte** (siehe S. 28). Zu Letzterer machen wir einen Abstecher und genießen bei einer Rast ihre spektakuläre Aussicht. Einfach auf einem Stein sitzen, den Rücken an den Felsen gelehnt, ein Stück Brot, etwas Käse, Obst, das immer noch kühle Quellwasser und in eine überwältigende Welt blicken – da fällt der Aufbruch schwer.

Zurück von der Grotte nehmen wir Weiß-Grün-Weiß Richtung Kleiner Winterberg. Der bequeme Waldweg zieht sich, die Höhe mehr oder weniger hal-

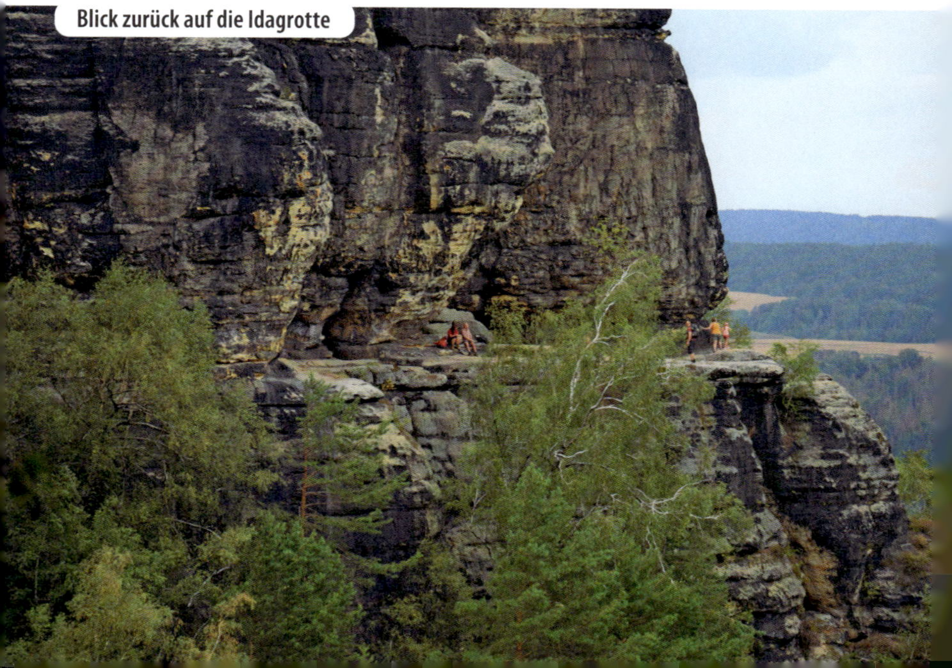

Blick zurück auf die Idagrotte

tend, dahin. Ende Juli und im August blüht die Heide, Hummeln wimmeln darin, Blaubeerbüsche finden sich, alles garniert mit Blicken, die zunächst zurück zur Idagrotte gehen und dann über das Kirnitzschtal hinweg nach Lichtenhain reichen. Ohne es deutlich zu merken, umrunden wir jetzt den **Kleinen Winterberg,** dessen etwas unscheinbarer Gipfel immer rechter Hand liegt. Hinter einer Felsformation geht es ein Stück über Holzbohlen abwärts, und wir stoßen auf die Markierung roter Punkt, der wir in Richtung Großer Winterberg folgen. An einem Aussichtsplateau linker Hand lässt sich gegenüber eine seltsam gefurchte Felswand bestaunen, die wirkt, als sei sie aus einem Setzkasten zusammengepuzzelt. Unterwegs verwundert eine kuriose Flechtensiedlung an einem Felsblock direkt neben dem Weg. Oder war doch ein Außerirdischer hier?

Kurz darauf stoßen wir auf die Zeugnisse der frühen Nutzung des Großen Winterbergs: Der Weg hat eine Zeit lang eine grobe Steinpflasterung und mutet an wie eine alte Römerstraße. Es folgen einige Kreuzungen, oft mit alten und neuen Wegsteinen, die uns mit rotem Punkt auf breiten Forstwegen bis zum Großen Winterberg führen. Kurz vor dem Gipfel gilt es, noch eine moderate Steigung zu bewältigen, dann können wir die Gaststätte durch das Gebüsch sehen und erreichen die höchste Stelle der Wanderung, den **4 Großen Winterberg.** Die traditionelle Gaststätte **5 Wanderrast Großer Winterberg** soll bald wieder öffnen; bis dahin versorgt ein Imbiss recht gut. Die Ausstellung zur Geschichte des Großen Winterbergs und zur Ökologie des Waldes im ehemaligen **Eishaus** ist sehenswert.

Zum Abstieg folgen wir zunächst ein Stück der asphaltierten, dann geschotterten Winterbergstraße, biegen aber nach etwa 500 Metern rechts auf den schmalen, weiß-grün-weiß markierten **Bergsteig** ab. Wer auf dem Berg eine längere Pause eingelegt hat, ist nun im Vorteil. Der Abstieg ist steil und lang – ein „Knochen-

*In der **Mühlenbäckerei** gibt es Brot und Kuchen aus dem Holzbackofen, vornehmlich aus Bio-Dinkel, aus der Bio-Brauerei nebenan kommt würziges Bier. Beides zusammen lässt sich im Mühlenbiergarten gegenüber oder bei schlechterem Wetter im Gasthof zur Mühle genießen.*

fresser", aber immer noch besser als die mehr als doppelt so lange Schotterstraße, die wir zwischendurch einmal queren. Gut, dass wir hier nicht hoch mussten! Es ist eine gute Idee, ab und an innezuhalten und den Knien etwas Entspannung zu gönnen. Dafür kommen wir nach einer letzten Treppe direkt von oben nach Schmilka hinein und passieren als Erstes wieder die Ilmenquelle, deren Wasser auch zu Hause gut schmeckt. Zum Abschluss dieser anstrengenden Tour haben wir uns das Verwöhnen in der 6 **Schmilk'schen Mühle** redlich verdient. Ein naturtrübes Bier und eine Stulle versöhnen mit dem beschwerlichen Abstieg. Danach sind es nur noch wenige Meter zurück zur Elbe, zum Anfangspunkt der Wanderung.

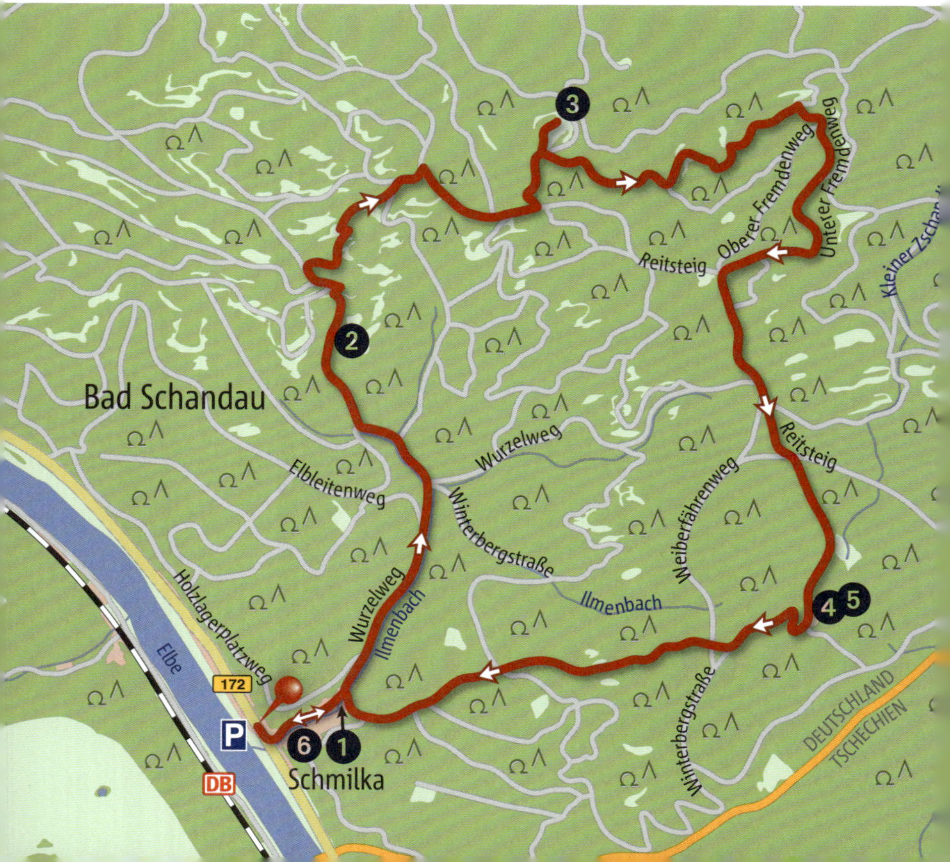

ALLES AUF EINEN BLICK

Entspannung 2/5
Abenteuer 5/5
Vielfalt 4/5

WIE & WANN

Meist Bergpfade, teils mit Stufen, Leitern und Tritthilfen, im Dorf und auf dem Großen Winterberg kurze Asphaltstrecken, dieser Weg erfordert zwingend Trittsicherheit, Schwindelfreiheit und gute Kondition; beste Zeit von April bis Oktober

HIN & WEG

Auto: Parkplatz an der B172 vor dem Fähranleger, 01814 Bad Schandau-Schmilka
ÖPNV: S-Bahnhof Schmilka-Hirschmühle, von dort mit der Fähre zum rechtselbischen Anleger

ESSEN & ENTSPANNEN

5 **Wanderrast Großer Winterberg,** Auf dem Großen Winterberg 1, 01814 Bad Schandau/OT Schmilka, Tel. (01 78) 7 28 32 97

6 **Mühlenbiergarten und Gasthof zur Mühle,** Schmilka 36, 01814 Bad Schandau/OT Schmilka, Tel. (03 50 22) 91 30, www.schmilka.de/gasthof-zur-muehle

ENTDECKEN & ERLEBEN

1 **Ilmenquelle,** Schmilka 51, 01814 Bad Schandau/OT Schmilka
2 **Rotkehlchenstiege**
3 **Idagrotte**
4 **Großer Winterberg**

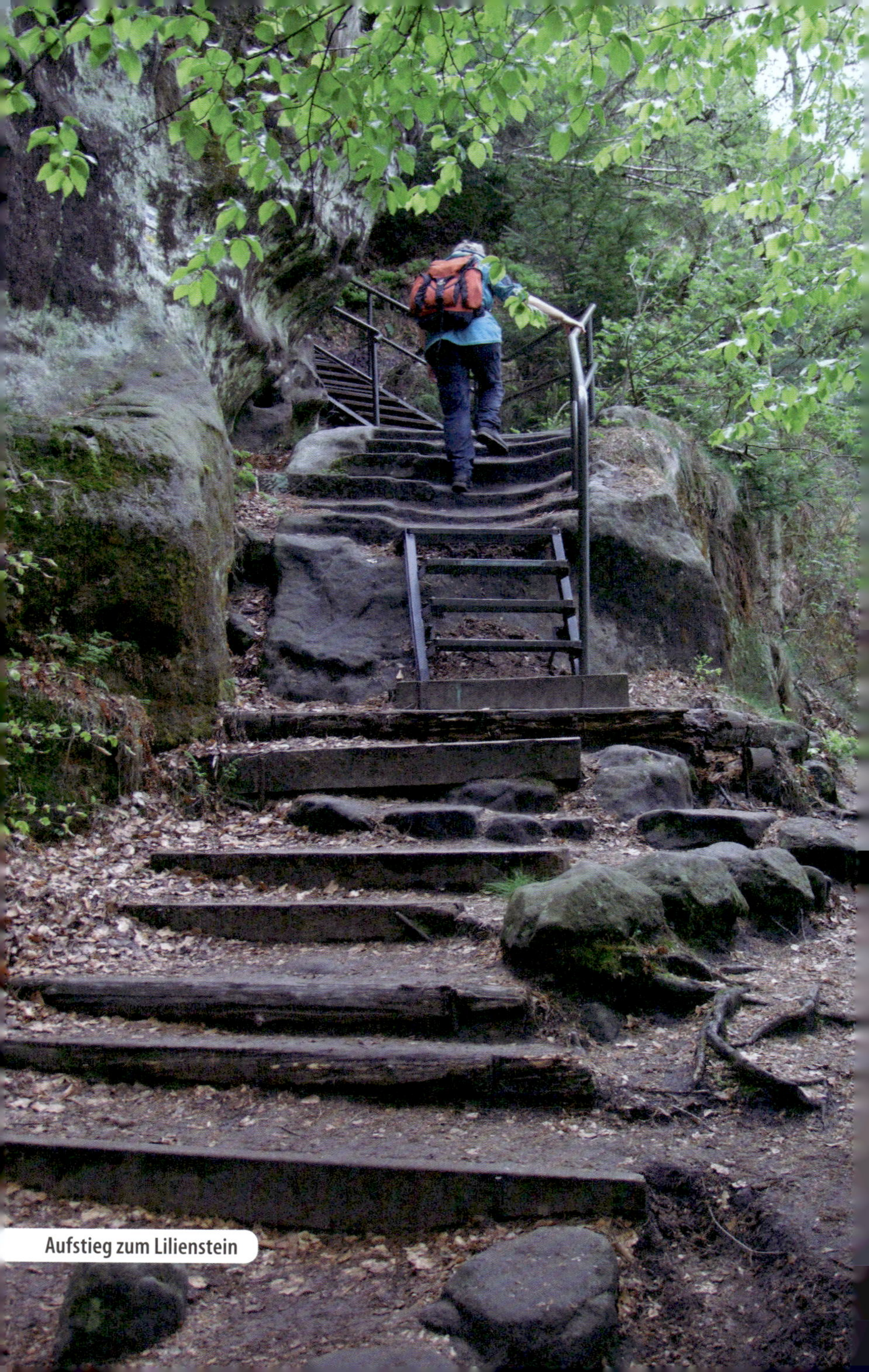

Aufstieg zum Lilienstein

Mal halblang

Über den Lilienstein

Die Tour beginnt entspannend mit einer Fährfahrt, die uns auf die andere Seite der Elbe bringt. Vom unteren Parkplatz ist die Fährstelle in Sichtweite, vom Bahnhof geht man etwa 100 Meter zum Fluss hinunter zur ① **Fähre Rathen.** Leider gehört die Fähre nicht zum Verkehrsverbund, und wir müssen extra Tickets erwerben; dafür pendeln wir absolut umweltfreundlich mit dem denkmalgeschützten Katamaran hinüber. Gegenüber ragen links vom Dorf die imposanten Felsen der Bastei auf.

*Die **Fähre** bedient sich der Gierseiltechnik und nutzt zur Querung allein die Strömung der Elbe. Die Fähre hängt an einem oberhalb der Fährstelle verankerten Seil. Durch Veränderung des Winkels der Fähre zur Strömung pendelt sie von Ufer zu Ufer.*

Am rechten Ufer angekommen, wählen wir den gepflasterten **Kotte-Steig,** der uns zunächst entlang schmucker Pensionen und Hotels am Ufer elbaufwärts führt. Kaum sind wir an den Häusern vorbei, wird die Strecke zu einem Waldweg, der angenehm zu gehen ist. Ab hier ist für heute Weiß-Blau-Weiß unser Wanderzeichen. Die Route führt eine ganze Zeit lang gemütlich an der Elbe aufwärts; links bleibt das Auge an urigen, knotigen Wurzeln hängen, rechts zeigt die Elbe ihr Gesicht als Freizeitfluss: Schlauchboote mit juchzenden Paddlern treiben vorbei und mit Glück ein Segler. Nach rund 1 Kilometer passieren wir eine Baude, die wir auf der Flussseite umgehen. Bald wird der Lottersteig in Richtung Lilienstein angezeigt, der in den bewaldeten Hang hineinführt. Nach kurzer Zeit passieren wir das Gasthaus **Zum Alten Hansjörg** und überqueren eine Straße. Nun führt der Weg aus dem Wald heraus, und vor unseren Augen breiten sich offene Felder aus, auf denen einzelne Haine malerisch hinge-

Kilometer: 6,5
Höhenmeter: 300
Stunden: 2,5
STRECKE

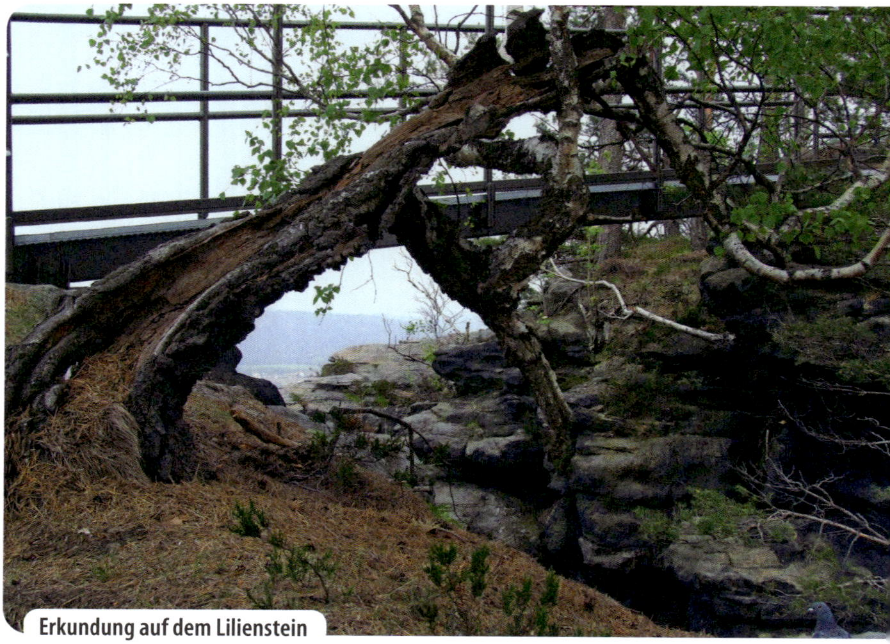

Erkundung auf dem Lilienstein

Das **Lager Lilienstein** wurde Ende 1944 als Arbeitslager für KZ-Häftlinge errichtet und diente bis Mai 1945 auch als Lager für alliierte Kriegsgefangene. Ab Kriegsende bis Mitte 1946 wurden dann Vertriebene aus Böhmen und dem Sudetenland untergebracht.

tupft sind. Nach etwa 300 Metern wenden wir uns nach rechts auf den **Kirchweg,** der sich bald am Waldrand hinzieht und allmählich den Blick auf den Lilienstein freigibt. Schon von Weitem sehen wir links zwei Bänke, wie überhaupt unser Weg oftmals an Bänken vorbeiführt, die zum Verweilen einladen, egal ob sich der Blick dabei in die Landschaft oder nach innen richtet. Diese Bänke allerdings stehen am Eingang zum **2 Waldfriedhof,** der an die Opfer des **Lagers Lilienstein** erinnert.

Der Kirchweg führt uns weiter auf den Lilienstein zu, der sich mittlerweile direkt vor uns erhebt. Ein paar Bäume trotzen mitten auf dem Feld dem Wind und öffnen die Sinne nach dem Ausflug in die jüngere Geschichte wieder für die unmittelbaren Eindrücke und Genüsse. Wir gehen links um den Fuß des Liliensteins in den Wald hinein. Kurz darauf erreichen wir den **Nordaufstieg,** der uns in 20 Minuten rund 150 Meter höher bringt. Am oberen Ende hält der Aufstieg ein paar Felstreppen und Stahlleitern bereit, die uns durch abenteuerliche Stein- und Felsgebilde leiten und zu wilden Assoziationen verführen: eine knieende Gestalt, ein Gesicht mit Knollennase, ein Raumschiff, ein Kamel … Immer weiter öffnet sich derweil nach rechts der Blick über das Land. Auf dem Gipfelplateau angekommen, erreichen wir nach wenigen Metern die von Rhododendren umstandene ③ **Felsbaude Lilienstein,** auf deren Terrasse wir uns verwöhnen lassen können. Wer mehr Zeit mitbringt, kann an sonnigen Tagen auf der Liegewiese einen Liegestuhl mieten und in den Tag dösen.

Für die Seele

Gemütlich stromern wir am Elbufer, schweifen durch weite Felder und wandeln auf den Spuren der Wettiner.

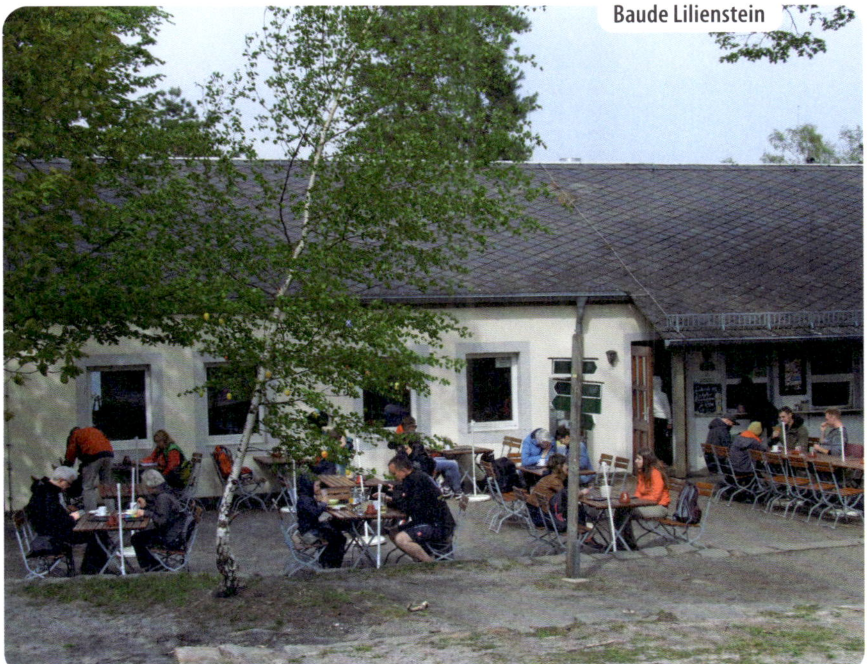

Baude Lilienstein

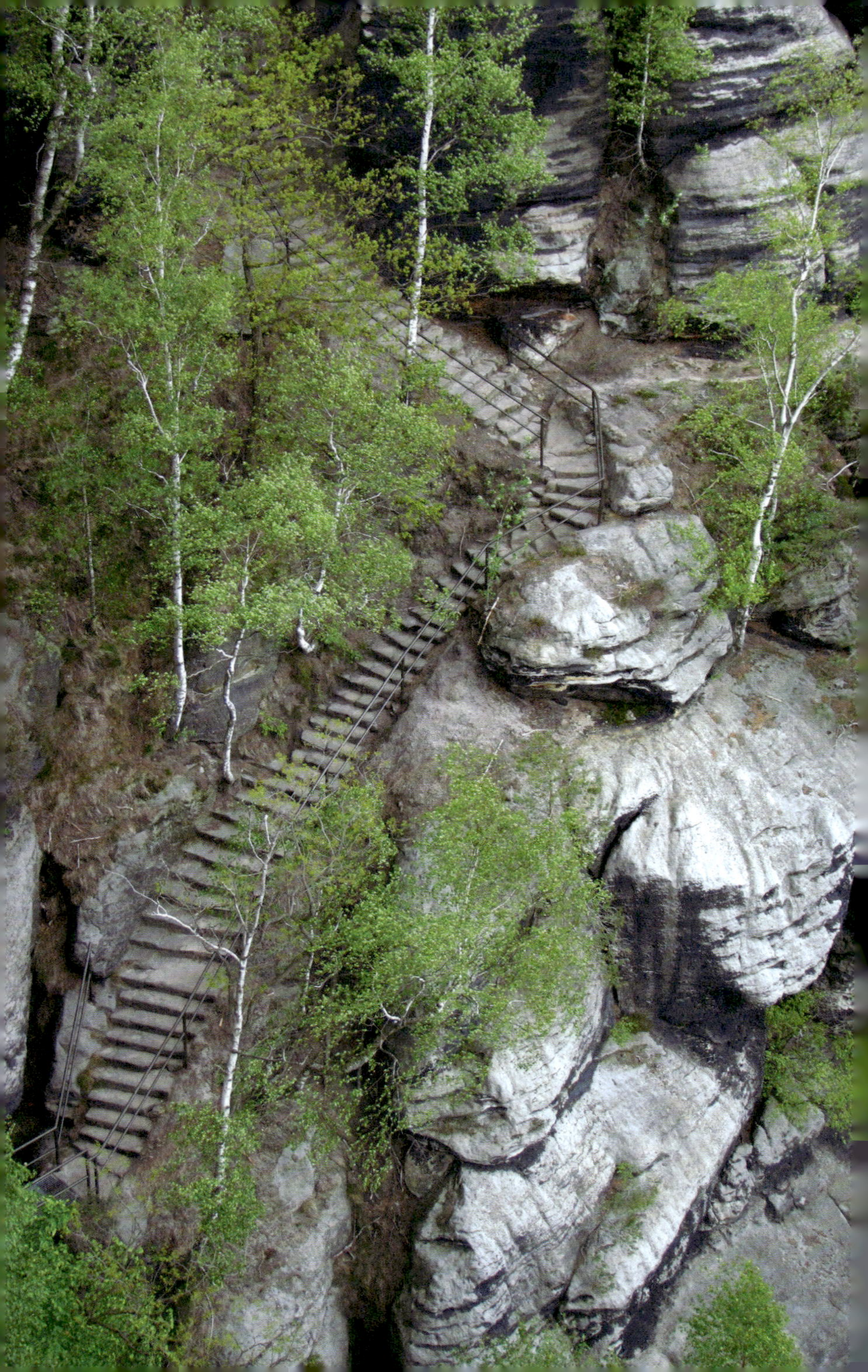

Bevor wir uns wieder an den Abstieg machen, gilt es noch, das Plateau zu erkunden. Von der Terrasse der Baude aus sehen wir schon den 4 **Wettin-Obelisken,** der 1889 aus Anlass der 800-jährigen Herrschaft des Hauses Wettin errichtet wurde. Vorne auf dem Plateau befindet sich ein weiterer Obelisk, der ursprünglich 1708 anlässlich eines Besuches von August dem Starken erbaut wurde. Zeitgleich wurde der aufwendige Südaufstieg angelegt, über den wir den Lilienstein später wieder verlassen werden. Auf dem Weg dahin passieren wir die **Ruine** der ehemaligen Burg Lilienstein, die besonders für die Jüngeren Gelegenheit zum Erkunden und Verstecken bietet. Für Schwindelfreie sei der Abstecher zum Grundstein der Gradmessungssäule mit der dortigen Aussicht empfohlen. Über Leitern, schmale Brücken und enge Überhänge führt der kurze Weg, der aber dennoch gut abgesichert ist, und am Ende mit einem 180-Grad-Blick belohnt, u. a. auf die am Anfang der Wanderung in Rathen noch so eindrucksvoll aufragende Bastei, die von hier wie ein ganz normaler Felsabhang wirkt. Abstand verrückt die Dimensionen.

*Am **Lilienstein** wurden von 1989 bis 1996 über 70 Wanderfalken ausgewildert. Mittlerweile ist es gelungen, wieder eine stabile Population in der Sächsischen Schweiz anzusiedeln, die derzeit rund 30 Paare umfasst. Mit etwas Glück lässt sich einer beobachten.*

Nun geht es an den Abstieg, und man bekommt schnell eine Ahnung davon, wie beschwerlich die Arbeit an der Anlage der Stein- und Felstreppen 1708 gewesen sein muss. Wir erfreuen uns am gut gepflegten Weg, der uns problemlos zum Fuß des Liliensteins hinunterbringt. Auf einem **Schotterweg** gehen wir geradewegs vom Lilienstein weg, die Festung Königstein immer im Blick. Trotz berechtigter Kritik an Monokulturen; am gelben Überfluss der blühenden Rapsfelder vor einzelnen Gehöften kann man sich kaum sattsehen. Man mag das kitschig finden oder aber sich an Gemälde der Provence im Stile van Goghs erinnert fühlen: Das satte Gelb berauscht.

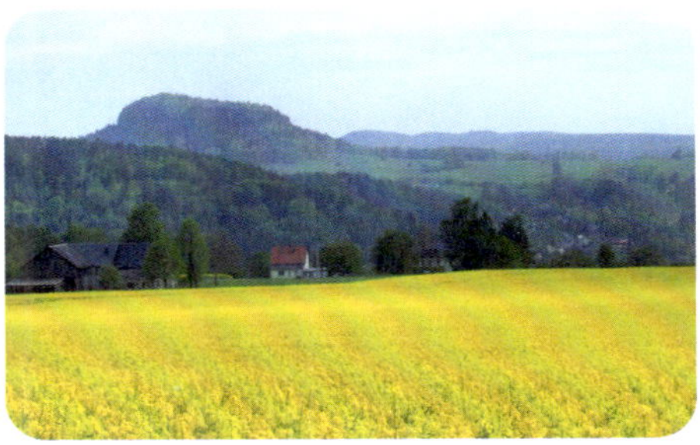

Zügig erreichen wir die Ausläufer von Königstein

und wenden uns erst links, dann wieder rechts und folgen den Hinweisen „Stadt Königstein" und „Fähre Halbestadt". Wir genießen die letzten Ausblicke auf die Tafelberge, die auf der anderen Elbseite aufragen: den Königstein, den Pfaffenstein und den Gohrischstein. Zwischen den ersten Häusern verliert der nun grobe Asphaltweg schnell an Höhe und gelangt zwischen zwei Gasthäusern an die Elbe. Jetzt müssen wir uns nur noch entscheiden: Leckeres aus lokaler Hofproduktion im 5 **Steingut** rechts oder die Terrassenaussicht in der 6 **Landpension Sonnenseite** links. Die 7 **Fähre Königstein** bringt uns zurück auf die andere Seite, an der wir nach links zum hinteren Eingang des Bahnhofs Königstein gelangen.

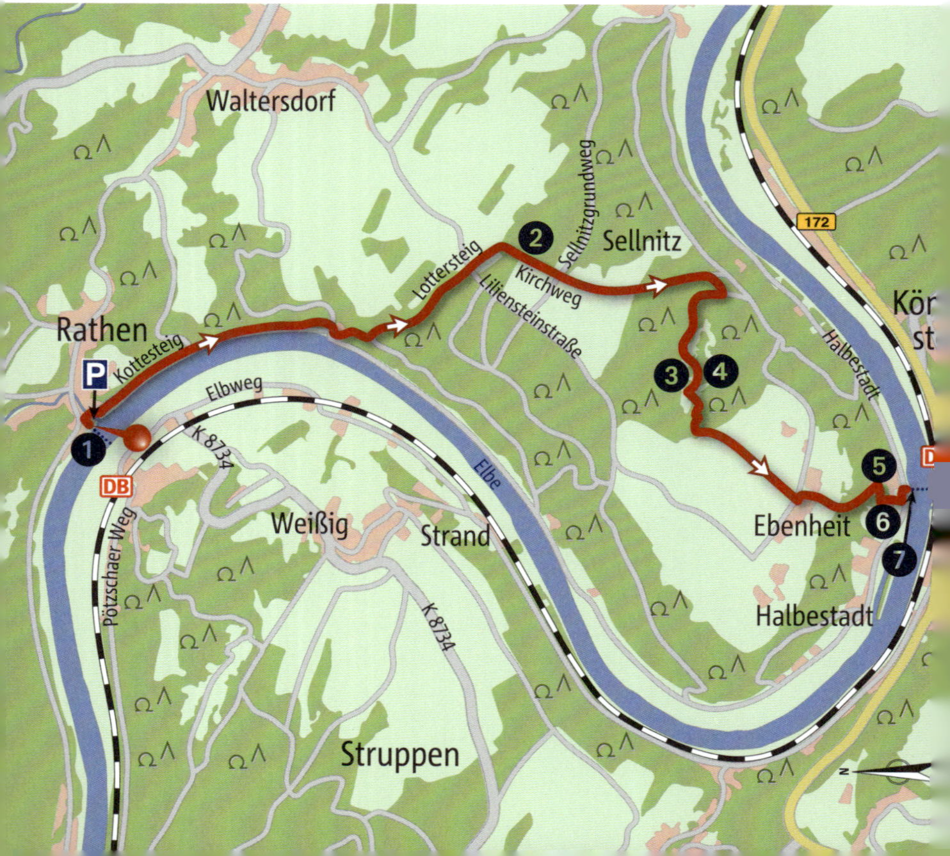

ALLES AUF EINEN BLICK

Entspannung 5/5
Abenteuer 2/5
Vielfalt 4/5

WIE & WANN

Größtenteils Waldpfade, zum Teil Schotterwege, im Auf- und Abstieg am Lilienstein ein paar Felsstufen und Leitern; am besten von Ende März bis Oktober

HIN & WEG

Auto: Parkplatz Elbeweg 13-15, 01824 Oberrathen, und Elbeweg 41, 01824 Rathen
ÖPNV: S-Bahnhof Kurort Rathen; Rückkehr zum Ausgangspunkt: ab S-Bahnhof Königsstein

ESSEN & ENTSPANNEN

③ **Felsbaude Lilienstein,** 01814 Porschdorf, Tel. (03 50 22) 4 09 43 www.hotel-lilienstein.de/felsbaude-saechsische-schweiz/
⑤ **Das Steingut,** Halbestadt 25, 01824 Königstein, Tel. (01 73) 9 11 90 36 www.dassteingut.de
⑥ **Landpension Sonnenseite,** Halbestadt 17, 01824 Königstein, Tel. (01 73) 3 83 17 63, www.landpension-sonnenseite.de/

ENTDECKEN & ERLEBEN

① **Fähre Rathen** (fährt alle 15 Minuten)
② **Waldfriedhof/Lager Lilienstein**
④ **Wettin-Obelisk**
⑦ **Fähre Königstein** (fährt alle 10 Minuten)

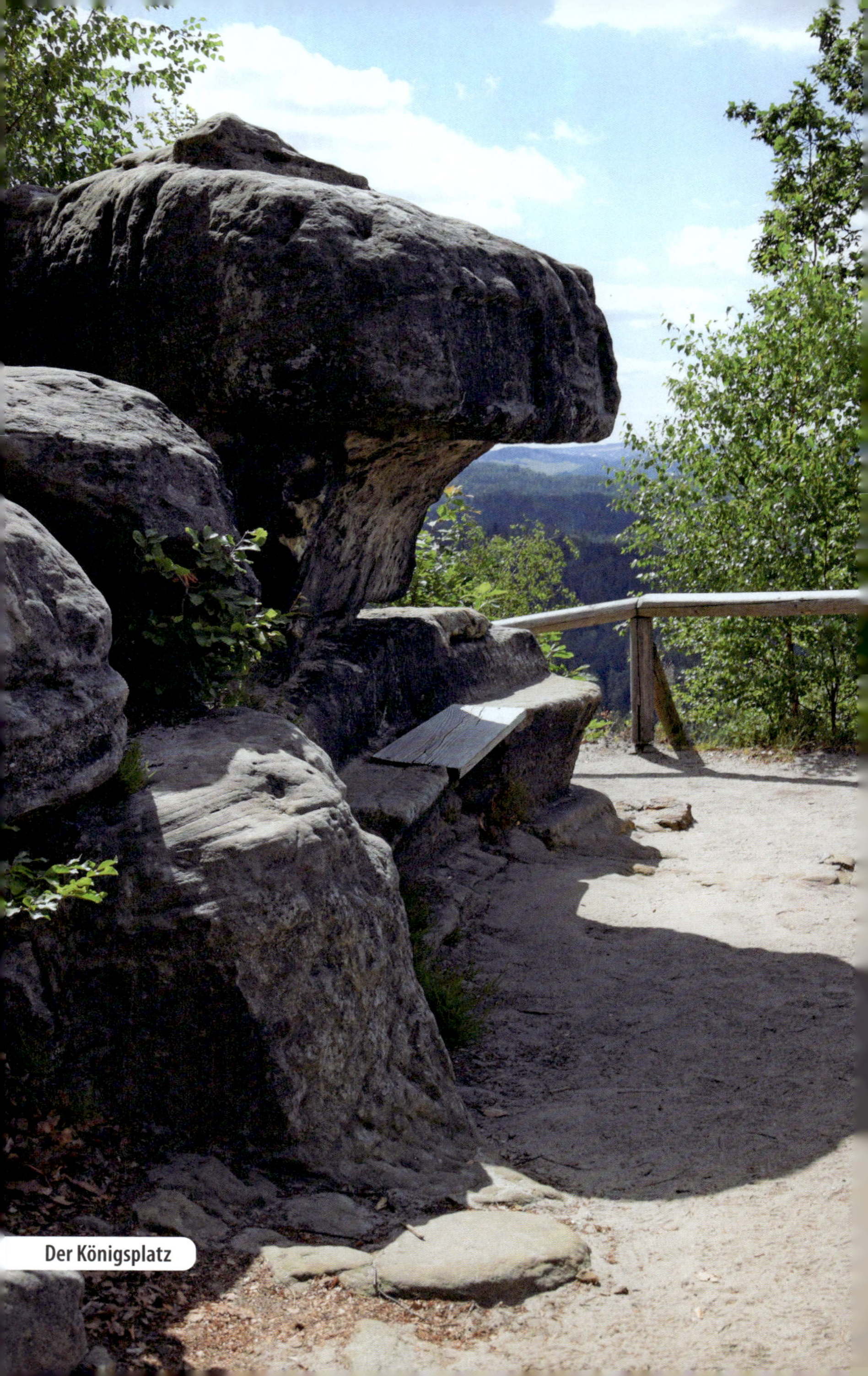

Der Königsplatz

Von Bank zu Bank

Rund um Hinterhermsdorf

Vom Parkplatz gehen wir die Straße ins Dorf zurück, biegen in der Dorfmitte in die Buchenstraße ein und treffen bald auf ein weiß-rot-weißes Wanderzeichen, dem wir auf dem größten Teil der Wanderung folgen. Durch die Ausläufer des Dorfes führt uns der Weg zunächst zu weiteren Parkplätzen. Wer sich umdreht, kann nicht nur schöne Blicke auf das Dorf werfen, sondern erspäht im Norden hinter dem Dorf den Aussichtsturm auf dem Weifberg, den wir am Ende der Wanderung besteigen werden. Unser erstes Etappenziel ist aber der Königsplatz. Unmittelbar vor den Parkplätzen steht linker Hand an einem Weg zur Kleingartenkolonie die **1 längste Bank Sachsens.**

*Die **längste Bank Sachsens** wurde 2014 von der Jugendfeuerwehr gebaut. Sie ist mit 39,90 Metern exakt so lang, wie der Weifbergturm hoch ist. Sitzbank und Lehne wurden aus einem Fichtenstamm in je einem Stück in kompletter Länge gesägt.*

Am Parkplatz führt der Weg nach links und kurz darauf im Wald nach rechts auf einen schmaleren Waldweg. Da die meisten Wanderer direkt die Obere Schleuse ansteuern, wird es auch an Wochenenden nun ruhiger, und wir können uns den Lichtbrechungen durch das Blätterdach, dem Geruch von warmem Waldboden und dem Gezwitscher der Vögel überlas-

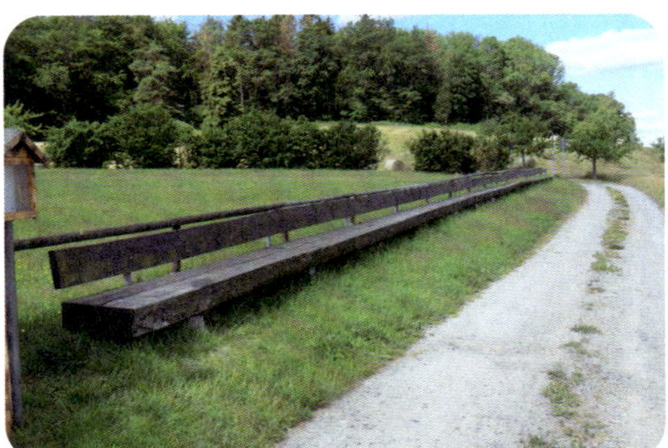

Kilometer: 13,6

Höhenmeter: 383

Stunden: 4,5

RUNDWEG

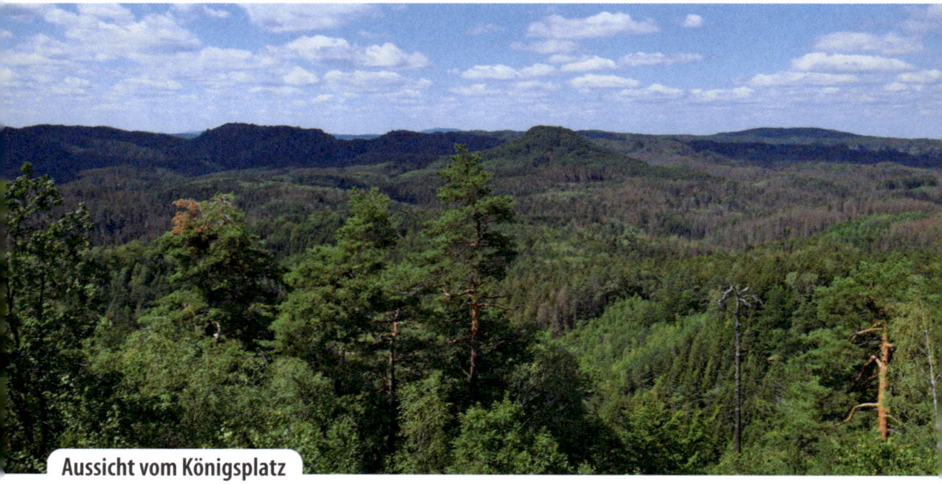

Aussicht vom Königsplatz

*Aus Anlass des 800-jährigen Herrschaftsjubiläums des Hauses **Wettin** wurde vom Vaterländischen Gebirgsverein Saxonia ein nordischer Granitstein errichtet. Er zeigt den Leitspruch der Wettiner „Providentiae Memor 1089–1889" (Der Vorsehung Eingedenk).*

sen. Nach einer knappen halben Stunde erreichen wir den Abstecher zum ❷ **Königsplatz,** der mit grandiosen Ausblicken nach Süden auf Teile der Sächsischen und Böhmischen Schweiz lockt. Tafeln zeichnen die Berge und Felsformationen aus. Eine vom Felsen überdachte Bank lädt zum Verweilen ein. Hier hat bestimmt auch König Friedrich August II. (1797–1854), nach dem dieser Platz benannt ist, des Öfteren gesessen. Links hinter einer Holzhütte öffnet sich ein Pfad zu den dahinterliegenden Felsblöcken, die alle über ausgetretene Stufen erklettert werden können: ein Spaß für Jung und Alt – und möglicherweise auch einst für die Hofgesellschaft.

Zurück auf dem Weg, geht es nun steil hinunter ins Tal der **Kirnitzsch.** Teils über Serpentinen führt der Weg vorbei an Abhängen, bemoosten Felswänden oder pilzbewachsenem Altholz und trifft bald auf den **Tunnel,** den wir wenige Meter durch den Felsen queren – unter bedrohlich über den Köpfen dräuenden Felsblöcken. Auf weichen Nadeln führt der Weg immer weiter hinunter. Eine Abzweigung nach links ignorieren wir und gelangen nach einem weiteren kurzen Abstieg auf einen Querweg. Hier biegen wir nach rechts, trotz des Wanderzeichens, das wir links erblicken können, und treffen nach etwa 30 oder 40 Metern auf eine breite **Forststraße** mit vielen Wanderschildern. Nun geht es nach links Richtung „Obere Schleuse" auf dem bequemen Weg, der zugleich auch die Fahrradroute ist. Nach etwa 700 Metern biegt der Wanderweg rechts ab und steigt auf einem den Wanderern vorbehaltenen, schmalen Waldweg an. An seinem oberen Ende treffen wir wieder auf die breite Forststraße, wenden uns nach rechts und gelangen nach wenigen weiteren Metern an den **3 Wettinplatz.**

Für die Seele

Immer wieder finden wir schattige Plätzchen zum Verweilen und können unseren Gedanken nachhängen.

Hier verlassen wir kurz die weiß-rot-weiße Markierung und folgen dem Hinweisschild „Bootsstation Obere Schleuse", die wir auf weiterhin bequemem Forstweg nach 1,2 Kilometern erreichen. An der **4 Oberen Schleuse** haben wir Zeit für ein erfrischendes Getränk und einen Imbiss. Die Bratwürste stammen aus lokaler Produktion, und auch die Suppen sind empfehlenswert. An Wochenenden wird allerdings der Platz auf dem schmalen Stück zwischen hoch aufragender Felswand und Flüsschen schnell knapp.

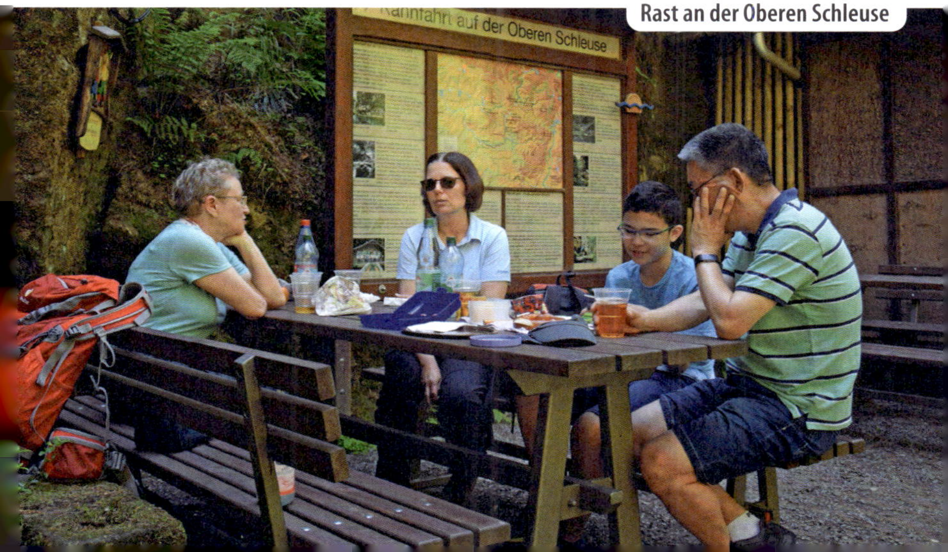

Rast an der Oberen Schleuse

Nach der Pause gehen wir ein Stückchen den Weg zurück bis zu einer Abzweigung, die uns nun wieder auf Weiß-Rot-Weiß in Richtung Schäferräumicht und Weifberg führt. Zunächst geht es überwiegend auf halber Höhe über der Kirnitzsch flussaufwärts, die sich weiter unten mit einigen idyllischen Ansichten präsentiert. Bald erreichen wir einen etwas breiteren Weg, auf dem wir uns nach rechts wenden. Kurz darauf passieren wir die etwas links hinter Gebüsch versteckte **Reißershöhle** und treffen dann bald auf die **Niedermühle.** Die Mühle ist zwar geschlossen, aber in sehr gutem Zustand. Einige Bänke laden zu einer Pause oder einem romantischen Picknick ein, falls die Obere Schleuse zu voll war. Auch einige alte Mühlwehre wecken unsere Neugier. An der Kirnitzsch sind wir in unmittelbarer Grenznähe und können vor der nächsten großen Abzweigung rechts im Unterholz einen neuen, weißen Grenzstein sehen, der mit „C" darauf hinweist, dass dort die Tschechische Republik beginnt. Wir ignorieren an der Abzweigung aber den rechten Weg Richtung Grenzübergang und gehen geradeaus, hier kurzfristig nur Weiß-Gelb-Weiß markiert. Nach rund 200 Metern wenden wir uns an der nächsten Abzweigung nach rechts auf vertrautes Weiß-Rot-Weiß. Direkt hinter der Abzweigung finden wir eine an der Felswand links angebrachte **Gedenktafel** für die Opfer des Faschismus und im Anschluss unter einem Felsvorsprung die zweite Bank auf dem heutigen Weg. Gemütliche und einladende Bänke säumen ab jetzt unsere Wanderung. Allerdings ist der Weg noch lang, und so sollten wir viel-

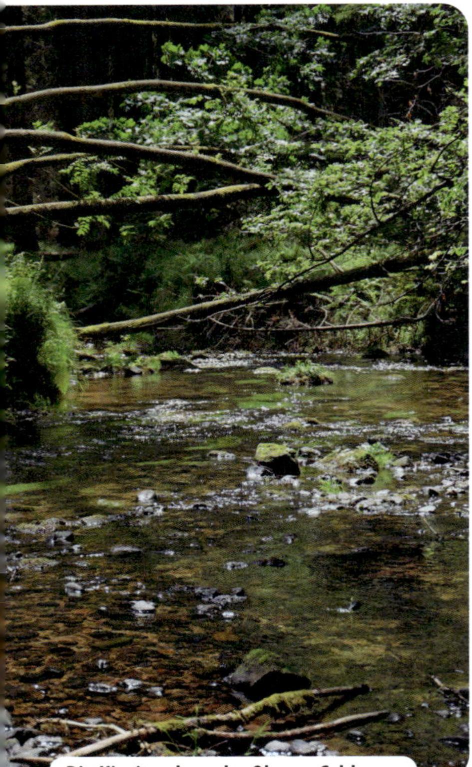

Die Kirnitzsch an der Oberen Schleuse

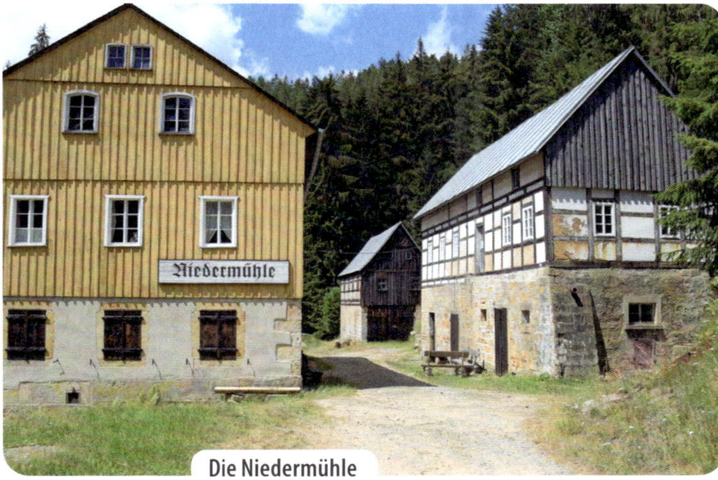

Die Niedermühle

leicht nicht jede Bank nutzen. Wieder verläuft die Fahrradroute parallel, aber an einem Sommerdienstag ist mir auf der gesamten Wanderung nur ein einziger Radler begegnet, der noch dazu am Anstieg mehr schnaufte als ich. Den Abzweiger zur Obermühle am Heidelbachweg ignorieren wir, nehmen dahinter an einer Gabelung den linken Weg und wandern etwas oberhalb an der **Obermühle** vorbei, sodass wir einen guten Blick auf das prächtig renovierte Gebäude mit seinen schmucken Fenstern werfen können. Nach etwa 800 Metern treffen wir an einer weiteren Picknickbank auf einen Weg, an dem wir nach links abbiegen. Bisher ging es verhalten, aber stetig aufwärts; nun wird es für kurze Zeit etwas steiler, ist aber immer noch auch für Radler zu bewältigen. Wir befinden uns bereits auf dem lang gezogenen Anstieg zum Weifberg, dem nächsten Etappenziel. Kurz darauf verlässt der Weg den Wald, und vor uns liegt eine Lichtung, die **Schäferräumicht,** die den Zäunen nach zu urteilen als Weide genutzt wird.

Der Schotterweg zieht sich nun zwischen den lieblich gewellten Weiden hindurch, bis wir am Übergang

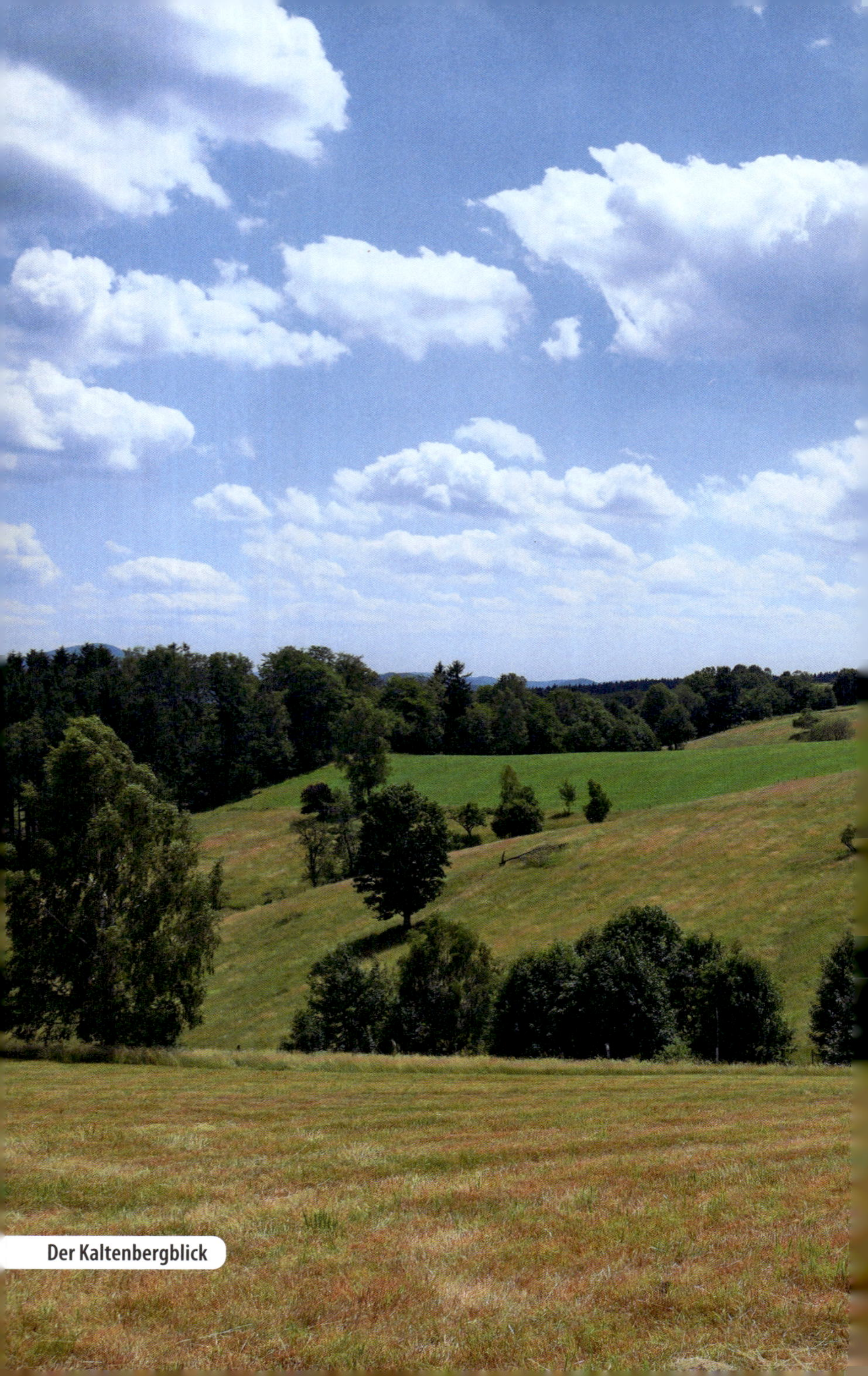

Der Kaltenbergblick

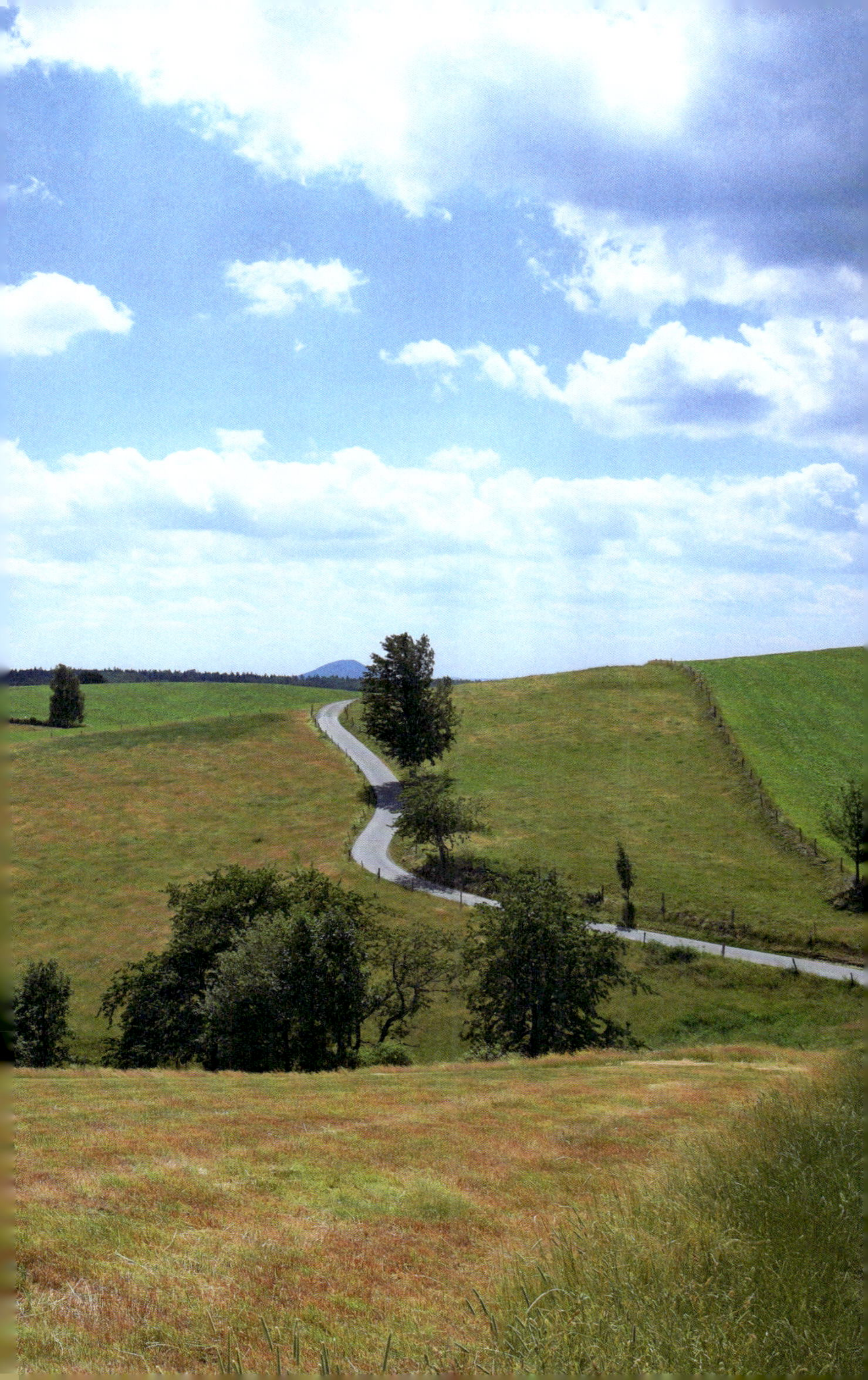

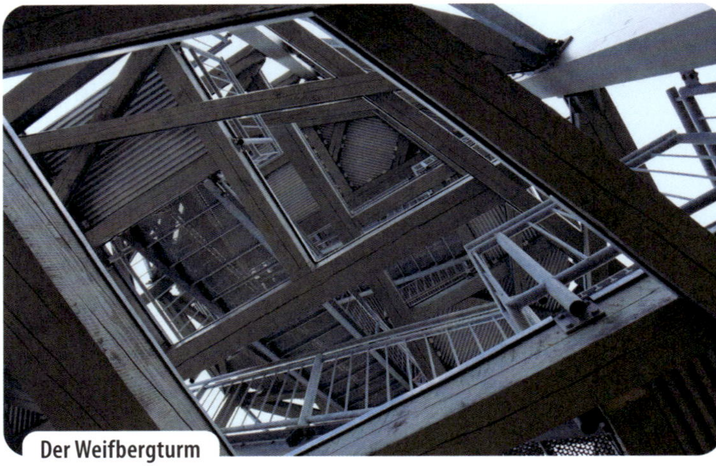

Der Weifbergturm

zum Asphalt auf eine Abzweigung nach rechts treffen, die über die Weide hinauf zum **Aussichtsturm** auf dem Weifberg führt. Wer schon erschöpft ist, kann den Turm auslassen, denn dies ist nur ein Abstecher, wenn auch ein lohnender. Auf halber Höhe lockt eine Bank unter einer veritablen Eiche mit schattiger Rast und einem guten Blick auf die Weiden. Allerdings ist der gesamte Anstieg nicht hoch; vom Abzweig bis zum Turm sind es nur 70 Höhenmeter. Hinter dem ersten Hain biegt der Pfad nach links; vor dem nächsten Hain bietet eine weitere Bank gute Fernsicht: den **Kaltenbergblick.** Irgendwo in diesem Hain muss der Aussichtsturm stehen, den wir am Beginn der Wanderung vom Dorf aus schon gesehen haben. Die hohen Bäume versperren jedoch die Sicht. Erst bei der gerodeten Lichtung erscheint das fast 40 Meter hohe Stahlgerüst plötzlich vor unseren Augen. Auch wenn unten nur ein laues Lüftchen weht, bläst es oben oft ordentlich. Die Spitze des ❺ **Weifbergturms** kann geringfügig schwanken – das ist nichts für Schwindelanfällige! Der Rundumblick aber ist grandios: vom Meißner Land über die Sächsische und Böhmische Schweiz bis in die Lausitz schweift der Blick über Dörfer, Wälder und Berge.

*Die Aussichtsplattform des **Weifbergturms** befindet sich in 32,4 Metern Höhe. Über 173 Stufen steigt man in zehn Abschnitten hinauf, die zudem kindgerecht über den Aufbau des Waldes von der Wurzelschicht bis in die Baumkrone unterrichten.*

Zurück vom Abstecher führt uns der Weg nun ein Stückchen über Asphalt und biegt dann nach links in den Panoramaweg ab, dem wir nach wenigen weiteren Metern, diesmal nach rechts, weiter folgen. Hinter dem nächsten Hügel schiebt sich eine merkwürdige, runde Anlage in den Blick. Der scheibenartige Rundbau in quadratischer Einzäunung wirkt wie ein futuristischer Fremdkörper mitten auf den Weiden – ein vergessenes Ufo aus bereits vergangenen Sci-fi-Tagen. Es handelt sich um eine **Flugsicherungsanlage,** die UKW Drehfunkfeuer sendet. Direkt dahinter finden wir die 6 **Emmabank,** die noch einmal eine hervorragende Aussicht bietet, die mit mehreren Tafeln erläutert ist. Wer den Weifbergturm ausgelassen hat, kommt hier doch noch auf seine Kosten. An der nächsten Gabelung halten wir uns rechts und sehen bald rechter Hand die Kirche von **Hinterhermsdorf** aus den Hügeln auftauchen. Auf der Wiese links von der Kirche sehen wir zwei Baumreihen; vor der zweiten läuft deutlich sichtbar ein Weg, den wir bald nehmen werden. An einer nahen Abzweigung finden wir eine Bank unter einer Birke, an der der Weg abbiegt und uns unterhalb der Kirche wieder ins Dorf zurück-

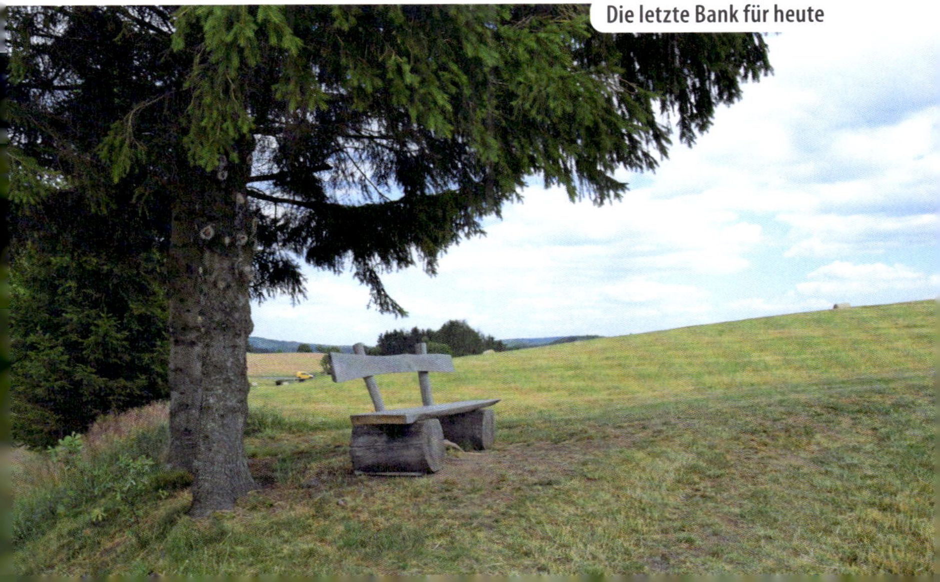
Die letzte Bank für heute

*Im **Umgebindehaus** sind die innere Blockstube und das Gerüst, das Obergeschoss und Dach trägt, baulich voneinander getrennt. Früher sah man den Grund für diesen Baustil in den Erschütterungen durch Webstühle, heute eher im unterschiedlichen Schwundmaß der Holzmasern.*

führt. An der Neudorfstraße wenden wir uns nach rechts und folgen dem uns schon bekannten Weg durch das Dorf zum Parkplatz.

Wer allerdings noch etwas Zeit hat, dem sei der Besuch der ❼ **Waldarbeiterstube** empfohlen, gleich dort, wo unser Weg im Dorf auf die Neudorfstraße trifft. Leider ist sie nur selten geöffnet, informiert aber ausführlich über das Leben der Waldarbeiter und ist zudem ein gutes Beispiel für die in dieser Gegend typischen **Umgebindehäuser.** Zu guter Letzt lockt das ❽ **Wanderstübel** mit lokalem, ungefiltertem Bier und allerlei herzhaften Stärkungen. Aufgrund der Parkplatzsituation im Dorf empfiehlt es sich, hier einzukehren, bevor man das Auto holt.

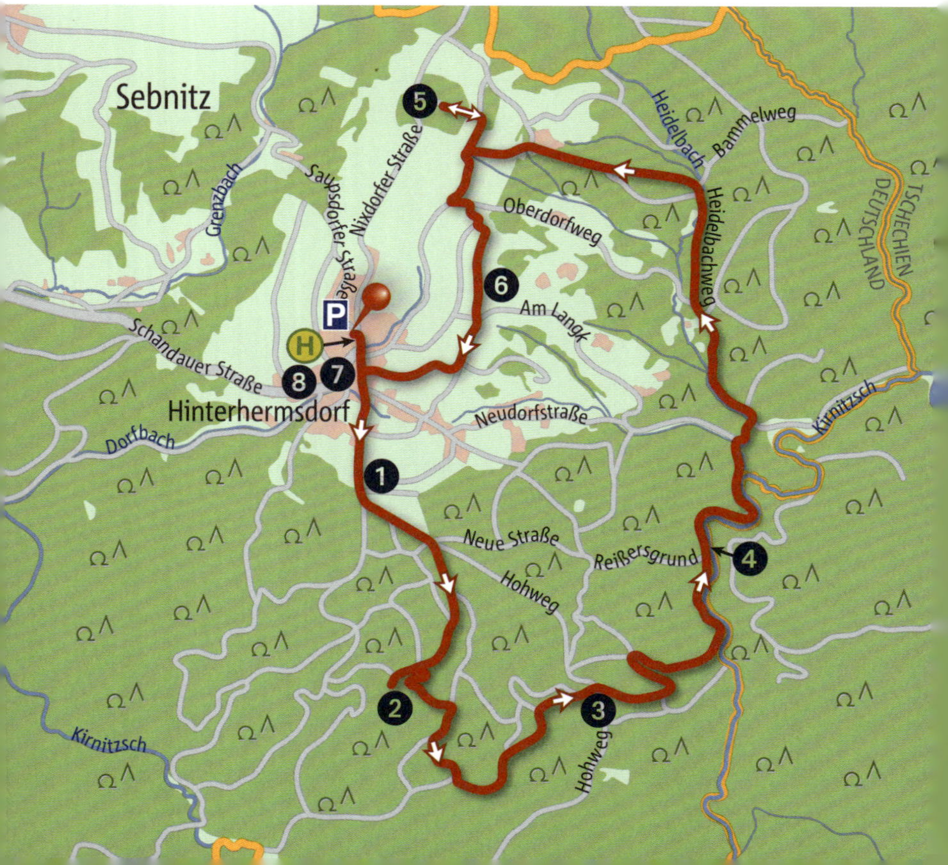

ALLES AUF EINEN BLICK

Entspannung 4/5
Abenteuer 3/5
Vielfalt 3/5

WIE & WANN

Zur Hälfte einfache Waldwege, ansonsten Forstwege, teils geschottert; ganzjährig, am besten von April bis Oktober

HIN & WEG

Auto: Parkplatz Saupsdorfer Straße, 01855 Sebnitz
ÖPNV: Bushaltestelle Hinterhermsdorf Erbgericht

ESSEN & ENTSPANNEN

4 **Obere Schleuse Bootsstation,** Obere Schleuse, 01855 Hinterhermsdorf, Tel. (03 59 74) 5 57 10

8 **Gaststätte Zum Wanderstübel,** Schandauer Straße 64, 01855 Hinterhermsdorf, Tel. (03 59 74) 5 05 70, www.wanderstuebel.de

ENTDECKEN & ERLEBEN

1 **Längste Bank Sachsens,** Buchenstraße, 01855 Sebnitz/OT Hinterhermsdorf
2 **Königsplatz**
3 **Wettinplatz**
5 **Weifbergturm**
6 **Emmabank**
7 **Waldarbeiterstube,** Neudorfstraße 6, 01855 Hinterhermsdorf

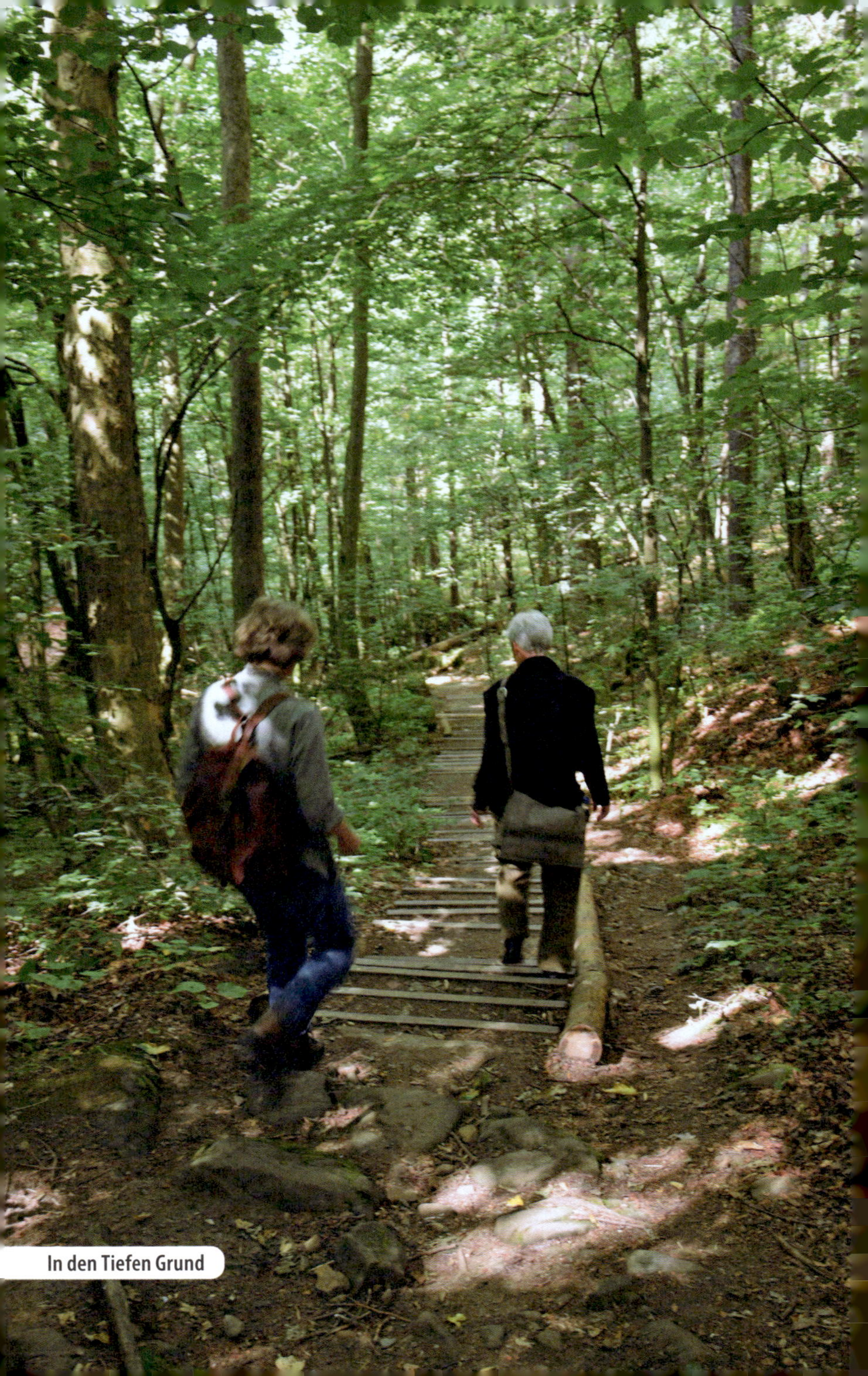

In den Tiefen Grund

Bummelpfade

Rund um Waitzdorf

Dies scheint das idyllische, vergessene Ende der Welt zu sein. Die einspurige, mit Ausweichbuchten versehene Straße hört hinter dem Dorf auf – ab hier geht es nur wieder zurück. Von der Bushaltestelle führt der Weg mit Weiß-Rot-Weiß Richtung „Tiefer Grund“ und „Brand“ zunächst über den **Dorfgrund** durch das romantisch hergerichtete Dorf. Das seit der Mitte des 15. Jahrhunderts beurkundete ❶ **Waldhufendorf** hat über die Jahrhunderte seine Form bewahrt und zählt heute wie damals um die 40 Einwohner. Im Dorf zweigen wir, der Ausschilderung folgend, links in ein kleines, abwärts führendes Gässchen ein, das uns an den letzten Häusern vorbei in den Wald führt und dann als schmaler Pfad über Bohlenstufen hurtig abfällt. Der Name „Tiefer Grund“ war kein Scherz! 100 Höhenmeter steigen wir auf dem 500 Meter langen Teilstück abwärts und können zwischendurch einen eindrucksvollen Blick auf die gegenüberliegenden Felsformationen erhaschen. Am Grund gelangen wir an die Straße von Hohnstein nach Porschdorf, die wenig befahren ist. Einen halben Kilometer folgen wir der Straße nach links weiter abwärts. Bereits nach rund 100 Metern passieren wir den Schauplatz eines spätmittelalterlichen Dramas. Ein deutlich sichtbares Felszeichen linker Hand zeigt eine **Armbrust** und links davon eine eingemeißelte ❷ **Sense.**

*Die genaue Bedeutung der **Armbrust** mit der Jahreszahl 1699 ist ungeklärt. Der Sage nach kämpften hier zwei Waitzdorfer Burschen mit Sensen um ein Mädchen. Der Sieger habe den Getöteten am Armbrustzeichen begraben und als Zeichen seiner Schuld die **Sense** eingemeißelt.*

Nach dem halben Kilometer führt die weiß-rot-weiße Markierung nach rechts. Wir aber folgen dem Hinweisschild **Ochelweg** nach links auf einen Forstweg, der zunächst ein

Kilometer: 6,8/8,7

Höhenmeter: 220/300

Stunden: 2,5/3

RUNDWEG

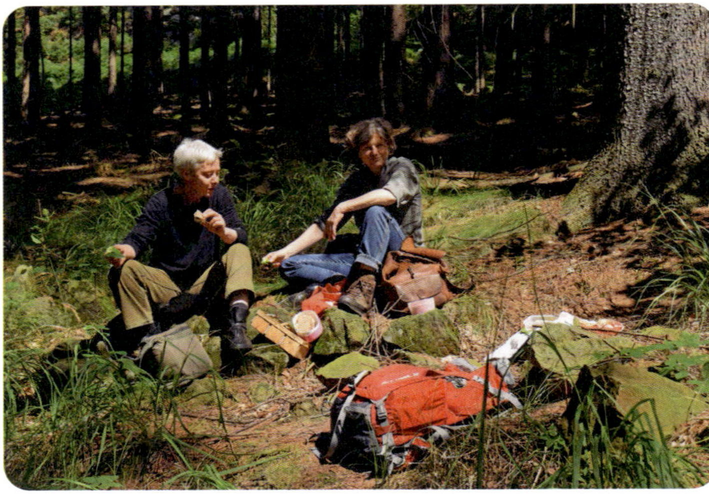

Stück über Schotter führt, sich aber bald in einen angenehmen **Waldweg** wandelt. Zunächst verlieren wir noch etwas an Höhe. Da aber die Straße rechts unter uns viel deutlicher abfällt, hat man den Eindruck, man würde völlig ohne Anstrengung an Höhe gewinnen. Tatsächlich erreichen wir erst nach weiteren 500 Metern den tiefsten Punkt, nach dem der Weg sehr gemächlich wieder zu steigen beginnt, oftmals aber kaum merklich. So folgen wir dem gemütlichen und bequemen Weg durch den schattigen Wald. Hier haben wir einmal die Gelegenheit, nebeneinander zu gehen, zu schwatzen und, während wir durch den Wald mäandern, vom Hölzchen aufs Stöckchen zu kommen. Im freien Fluss der Gedanken entpuppt sich dann eine Steinformation linker Hand ganz offensichtlich als riesiges, grinsendes Steingesicht.

Eine Reihe kleinerer Abzweigungen beachten wir nicht weiter und folgen stets dem offensichtlichen Hauptweg. Nachdem linker Hand durch den Wald immer mal wieder steile Felsen und Hinweise auf Klettersteige zu erkennen waren, umrunden wir nach gut 3 Kilometern auf dem **Ochelweg** die letzte Felszinne in einer langen Linkskurve. Der Weg windet sich dann erneut nach rechts, läuft ostwärts, und beginnt sich wieder ein wenig zu senken. Der Wald wird zeitweise lichter. Nach einer weiteren Rechtskurve gabelt sich der Weg in zwei annähernd gleich breite Pfade, und wir nehmen den oberen, der sich nach wenigen Metern nach links zieht. Weiter hinten können wir sehen, dass der untere sich etwas dahinter auch nach links krümmt. Nach kurzer Zeit erreichen wir ein Wegdreieck, an dem wir wieder Hinweisschilder finden. Hier folgen wir erneut Weiß-Rot-Weiß und dem **Malerweg** in Richtung Waitzdorf. Für den nächsten Kilometer geht es nun noch einmal etwas deutlicher aufwärts und wir passieren ein paar eindrucksvolle Felsen. Wir folgen dem Weg, der der alte Mühlweg ist, bis uns ein Schild nach links in Richtung Aussichtspunkt weist.

Für die Seele

Gemächlichen Schrittes träumen wir im Schatten der Bäume. Zum Abschluss lockt eine grandiose Aussicht.

Waitzdorfer Aussicht

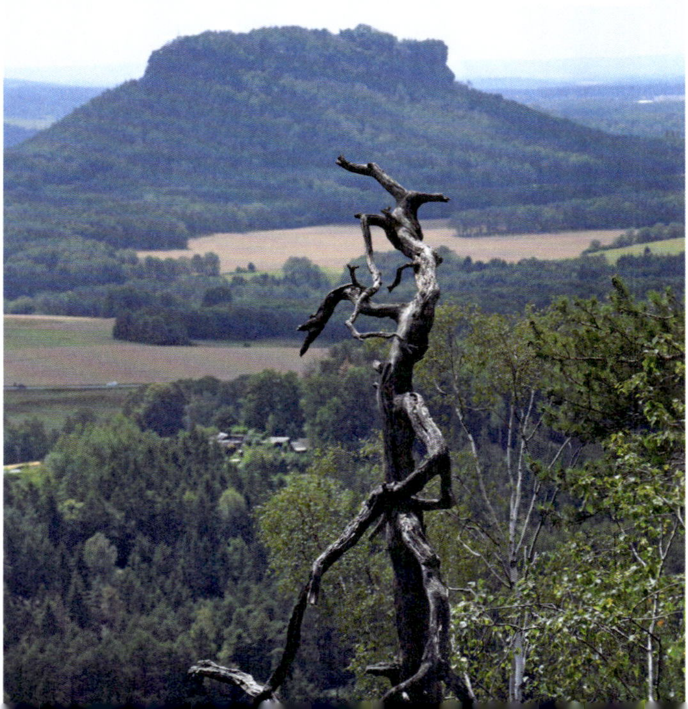

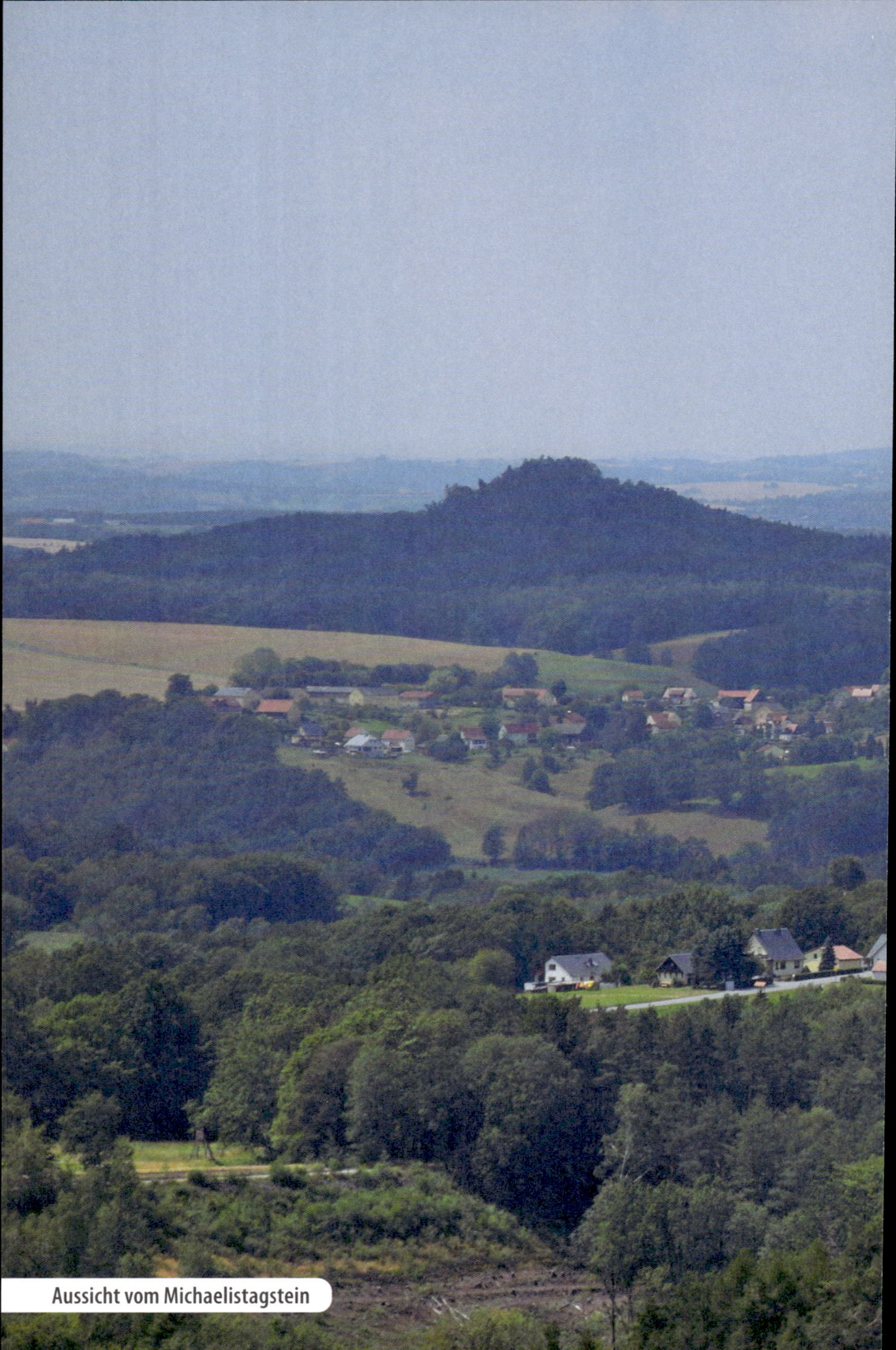

Aussicht vom Michaelistagstein

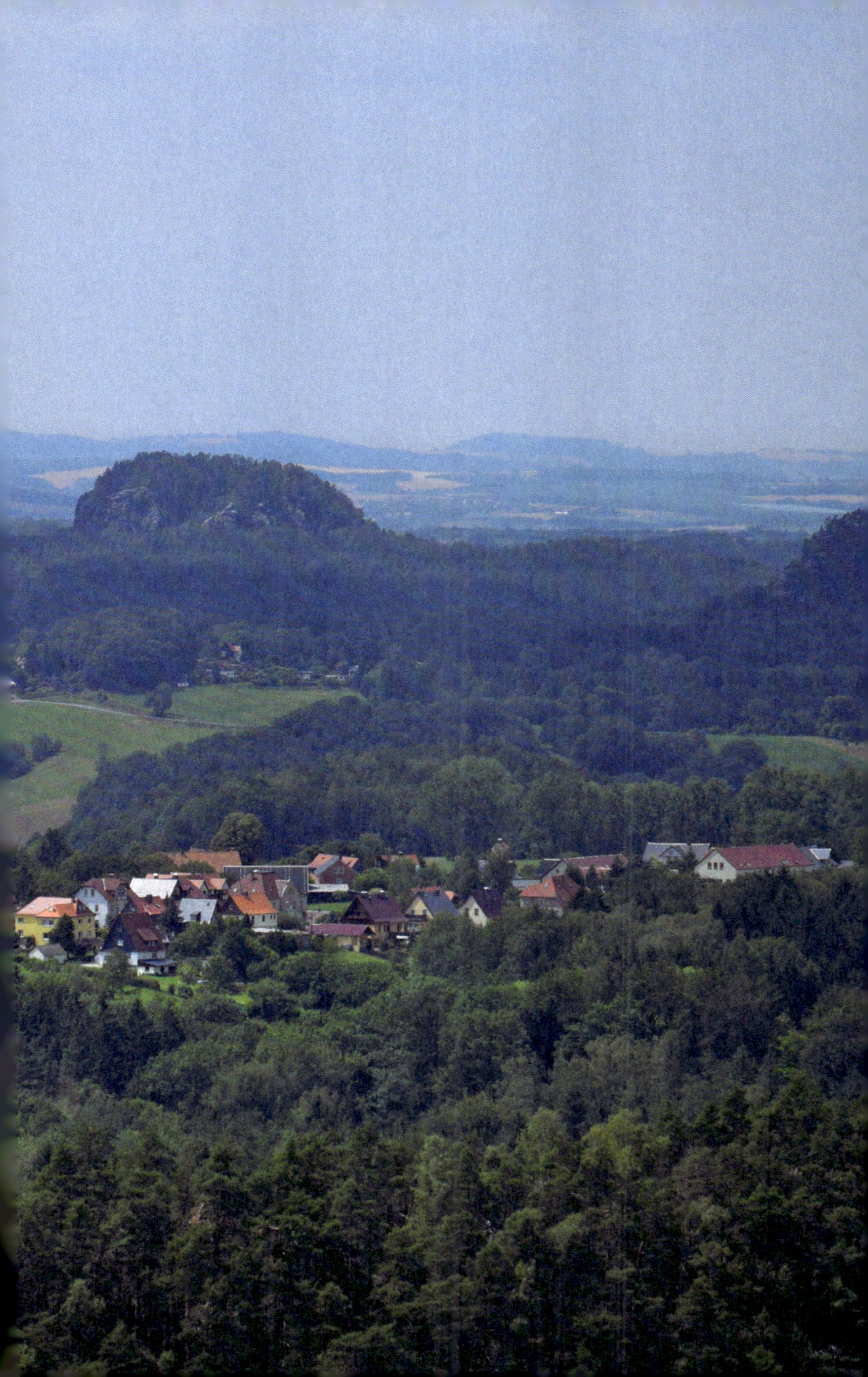

Auch der Malerweg nimmt diese Aussichtspunkte mit. Nach wenigen Metern gelangen wir an eine rechteckige Lichtung im Wald, an der uns eine Bank zum Verweilen einlädt. Über die Weide hinweg auf die Waldränder zu prangt eine Symphonie in Grün.

Hinter der Lichtung biegt der Weg nach rechts ab und führt entlang dreier, kurz nacheinander kommender Aussichtspunkte, die alle einen ähnlichen Blick bieten. Den Zugang zum ersten kann man nur erahnen. Zum zweiten weist ein Schild. An diesem **3 Michaelistagstein** lockt eine Bank, zu der ein paar Steinstufen emporführen. Vor uns entfaltet sich ein weiter Blick über Porschdorf hinweg zum sich markant erhebenden Lilienstein. Linker Hand lassen sich die linkselbischen Tafelberge von den Zschirnsteinen bis zum Pfaffenstein ausmachen. Dahinter ist der Schneeberg zu erkennen. Scharf rechts an der nächsten Höhe scheint die Brandbaude förmlich am Felsen zu kleben. Dazwischen geht es steil abwärts in den Tiefen Grund und das Polenztal hinein. Rechts am Felsen er-

Am Michaelistagstein

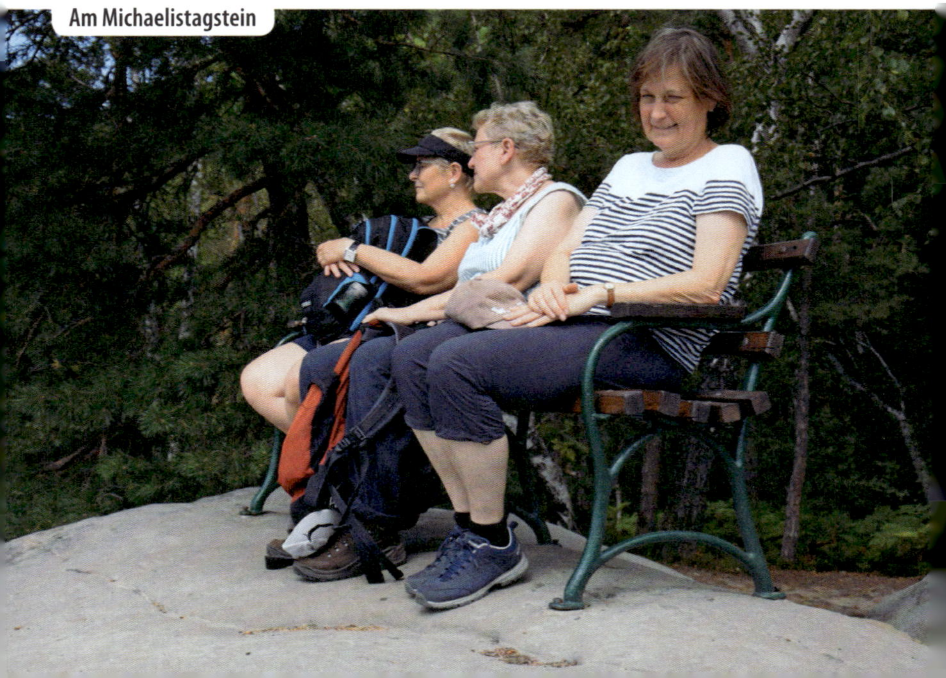

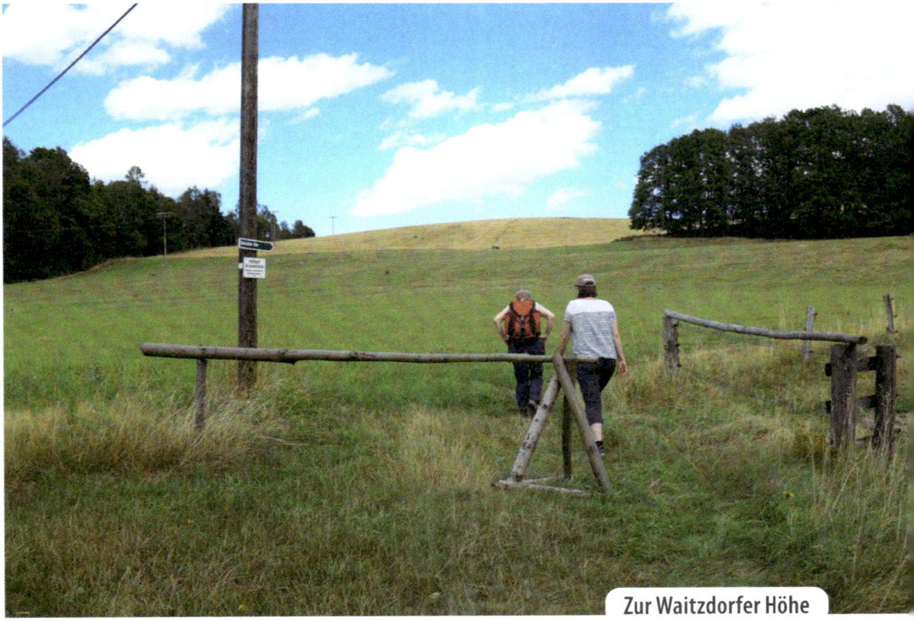

Zur Waitzdorfer Höhe

innert ein Kreuz an den tragischen Selbstmord einer Schülerin. Zurück auf dem Weg führt schon nach 200 Metern erneut ein Pfad nach links zur dritten Aussicht, an der noch mal zwei Bänke zum Verweilen verführen. Die 4 **Waitzdorfer Aussicht** ist im Wesentlichen die gleiche, aber eben auch nicht weniger eindrucksvoll. Hier kann man die Gedanken schweifen lassen. Weiter geht es auf dem Malerweg, der uns nach rund 300 Metern wieder zum Parkplatz bringt.

Wer noch Lust und Energie hat, dem bietet die Waitzdorfer Höhe ein kleines Juwel. Oder doch erst in die Schänke und dann auf die Höhe oder zu den Rindern? Über den **Holländerweg** gelangen wir mitten in die Weidelandschaft hinein. Den ersten Abzweig nach rechts ignorieren wir und biegen nach etwa 200 Metern rechts auf einen Pfad durch die Weide ab, der am Weidezaun entlang nach oben auf eine Ecke des Waldrandes zuführt. Wir gehen ein Stück links am Wald-

*Die maximal 45 robusten **Galloways** stehen ganzjährig in Mutterkuhhaltung auf der Weide. Auch der Bulle ist ganzjährig bei der Herde. Alle heutigen Tiere sind in Waitzdorf geboren. Zugefüttert wird nur im Winter mit Heu von angrenzenden Mähflächen.*

rand vorbei und kurz darauf nach links, wo wir in weniger als 100 Metern die Picknickbank der ⑤ **Waitzdorfer Höhe** finden und erneut einen herrlichen Weitblick über die Tafelberge der Sächsischen Schweiz genießen können. Die zusätzliche Höhe bringt Übersicht. Nach dem Abstecher geht es auf demselben Weg wieder zurück. Wir haben gute Chancen, einen Blick auf die Rinder zu werfen, ursprünglich schottische **Galloways,** die bewusst zur Landschaftspflege eingesetzt werden. Wieder am Parkplatz lockt nun endgültig die ⑥ **Waitzdorfer Schänke** mit leiblicher Stärkung. Die Rindfleischgerichte werden ausnahmslos mit dem biozertifizierten Fleisch der hiesigen Galloways zubereitet.

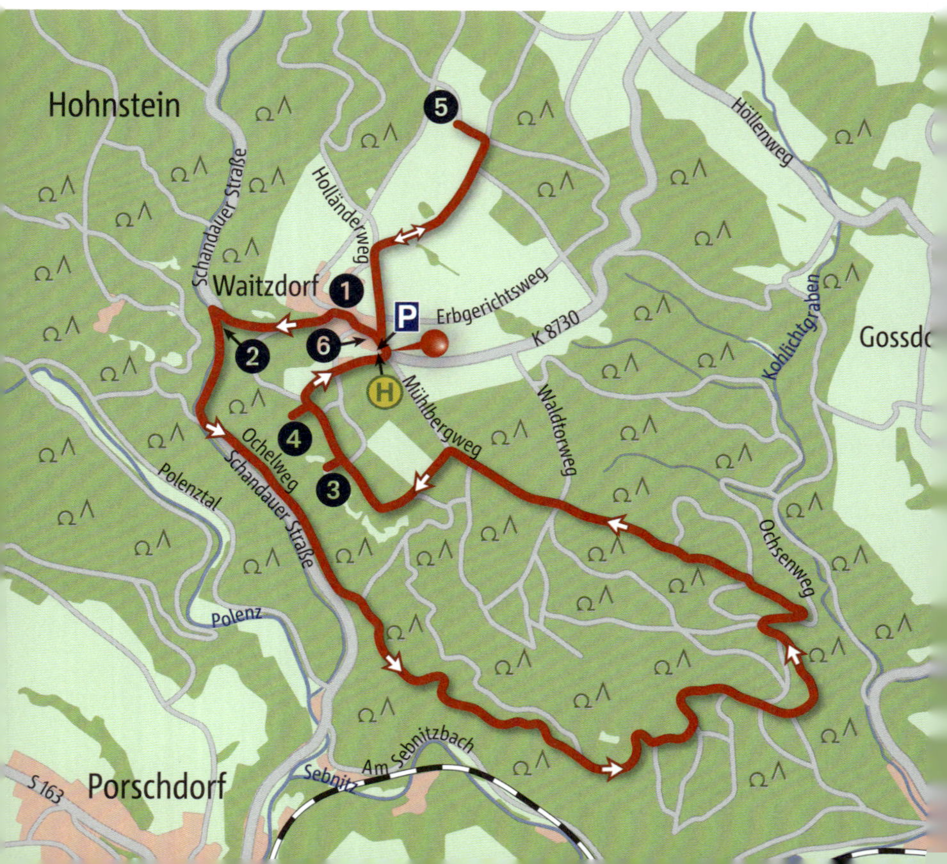

ALLES AUF EINEN BLICK

Entspannung 4/5
Abenteuer 2/5
Vielfalt 3/5

WIE & WANN

Einfache Wald- und Forstwege, zu Beginn ein steileres Stück mit Treppenbohlen, insgesamt rund 800 Meter Straße; ganzjährig

HIN & WEG

Auto: Parkplatz Ortseingang Waitzdorf, Zum Dorfgrund, 01848 Hohnstein/OT Waitzdorf
ÖPNV: Keine direkte Anbindung an die Strecke

ESSEN & ENTSPANNEN

6 **Waitzdorfer Schänke,** Zum Dorfgrund 1, 01848 Waitzdorf, Tel. (03 59 75) 8 13 12, www.schaenke-waitzdorf.de

ENTDECKEN & ERLEBEN

1 **Waldhufendorf,** 01848 Hohnstein/OT Waitzdorf
2 **Armbrust und Sense**
3 **Michaelistagstein Aussicht**
4 **Waitzdorfer Aussicht**
5 **Waitzdorfer Höhe**

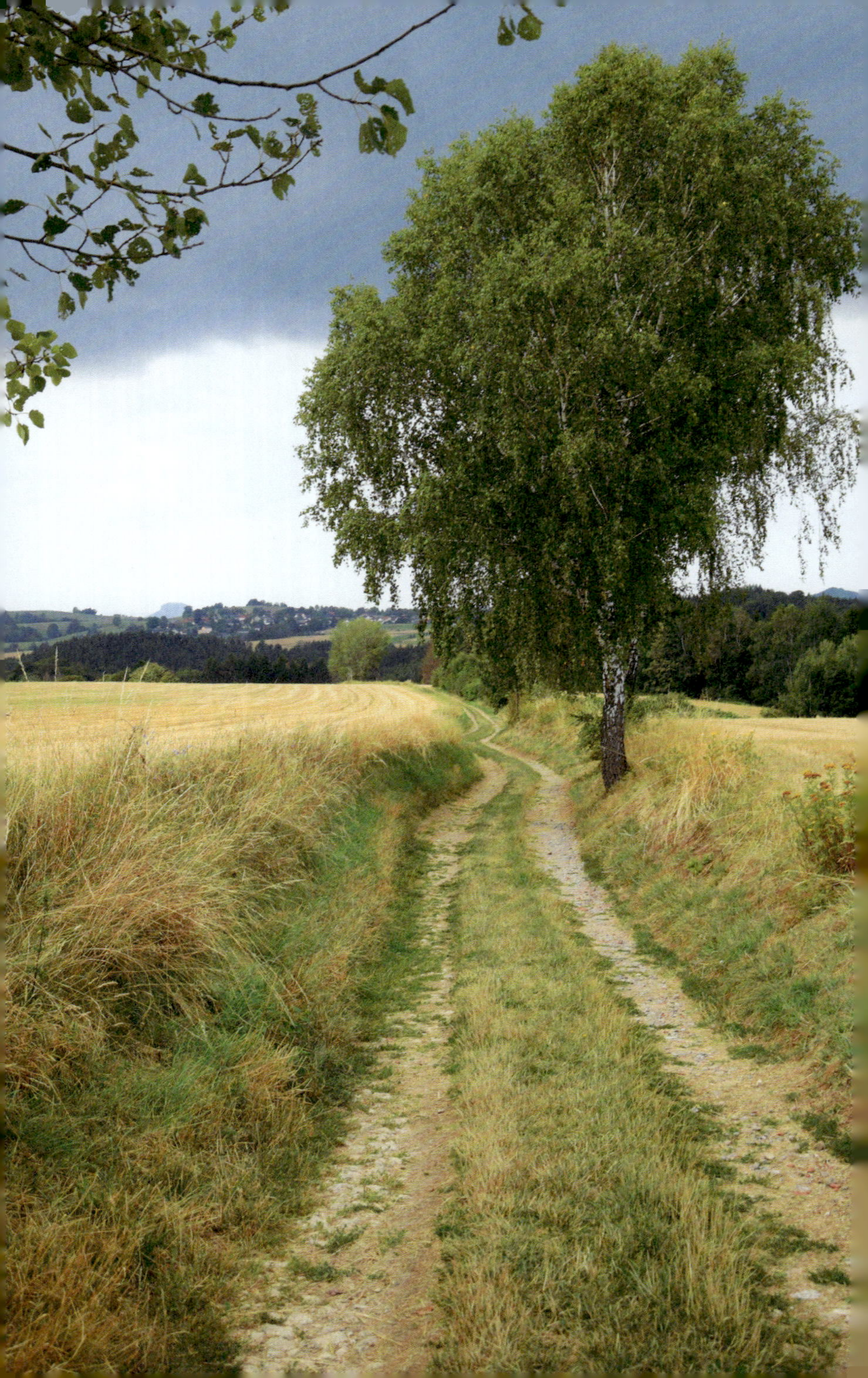

„Schlendrian“

Durch Lichtenhain und Ottendorf

Vom Parkplatz führt der Weg zunächst durch das Dorf, in dem wir als Erstes am Ballsaal des Berghofes vorbeikommen, den wir am Ende der Wanderung aufsuchen werden. Gleich daneben erhebt sich die alte, sehenswerte ❶ **Kirche Lichtenhain.**

Der Weg führt durch das ganze Dorf, immer entlang der Hauptstraße. Am Dorfausgang, wo die Hauptstraße auf die Fernstraße stößt, folgen wir dem gelb gepunkteten **Panoramaweg** nach rechts auf einen geschotterten Feldweg und passieren die von Holzkatzen flankierte Bank eines nicht näher bezeichneten Nagelstudios. Der Blick schweift über das lieblich eingebettete Dorf mit seinem Kirchturm hinweg auf die steilen Abhänge der Affensteine. Kurz darauf weist uns der gelbe Punkt, der für knapp die Hälfte der Wanderung unser Zeichen bleibt, links auf einen Wiesenweg. Von geradeaus her werden wir gegen Ende der Wanderung hier wieder vorbeikommen. Sommers verströmt der Boden seine Hitze, die mehr aus den Feldern aufsteigt, als von der Sonne herunterzuscheinen. Mit etwas Glück lässt sich ein Falke oder Habicht beobachten, der die Aufwinde nutzt. Etwas später biegen wir rechts auf die **Hohe Straße** ein und folgen damit dem alten Handelsweg, der Meißen mit den Handelsplätzen in Böhmen und in der Lausitz verband. Von der Bank am Waldrand, der ❷ **Aussicht von der Hochbuschkuppe,** können wir die Festung Königstein, den Lilienstein und weiter links den Pfaffenstein ausmachen. Nun geht es hinein in den angenehm schattigen Buchen- und Eichen-

*Die schon 1346 nachgewiesene **Kirche** erhielt ihre heutige Form 1696/97. Zu **Lichtenhain** waren lange Zeit die Nachbardörfer bis hinunter nach Schandau eingepfarrt. Aus Schmilka überquerten Gläubige das Winterbergmassiv über die gefährliche Heilige Stiege.*

Kilometer: 12,5
Höhenmeter: 250
Stunden: 3,5
RUNDWEG

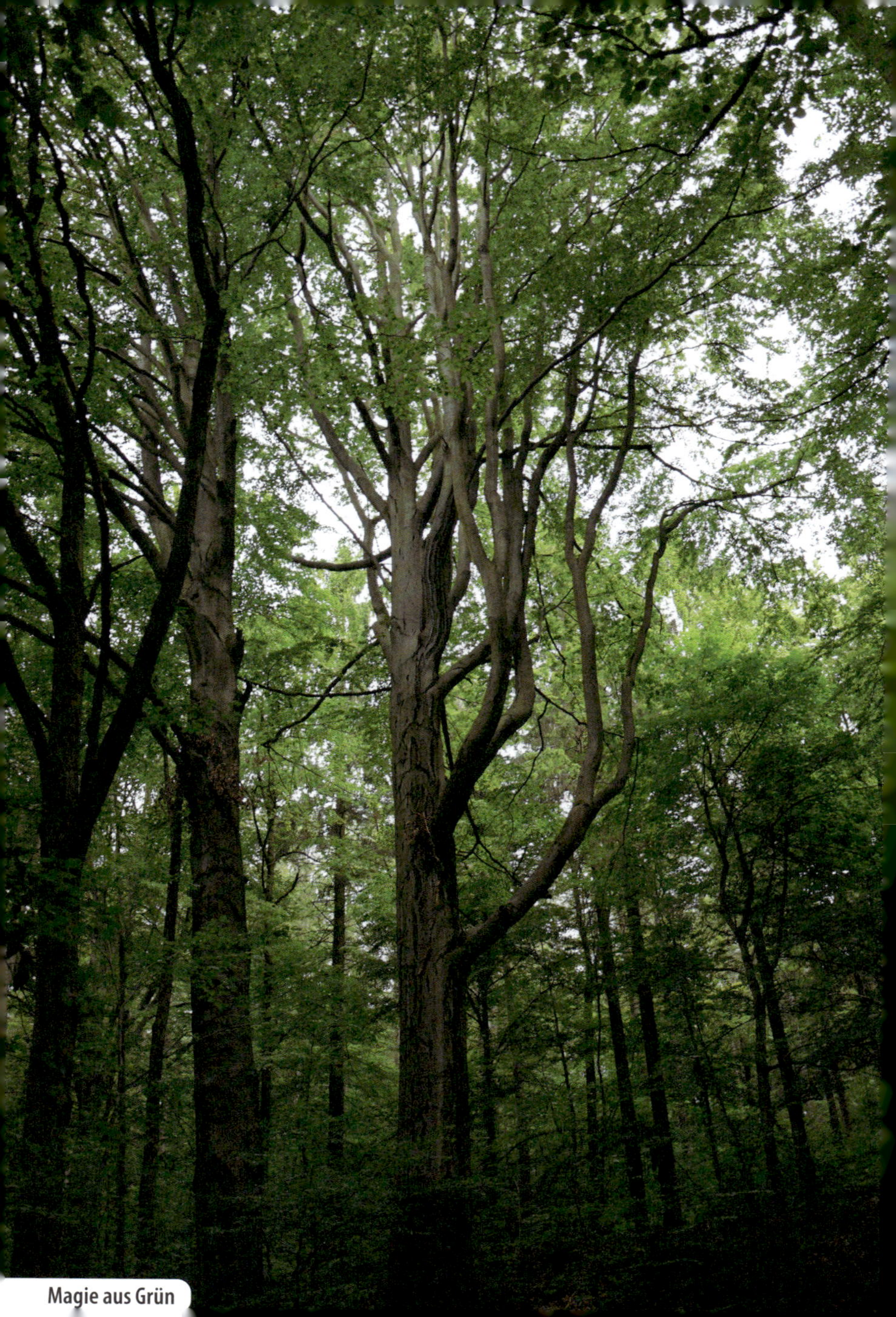

Magie aus Grün

wald. Der Blick bleibt an kunstvoll verästelten **Baumriesen** hängen, während wir leichten Schrittes vorankommen. Da der Weg einfach ist, bleibt umso mehr Aufmerksamkeit für Dinge am Wegesrand.

Dank intensiver Holzwirtschaft kommen wir häufig an riesigen Stapeln aufgeschichteter Stämme vorbei, die nicht nur angenehmen Harzduft verströmen. In ihrer Nähe wachsen zum Teil riesige Pilze, so zum Beispiel Riesenporlinge oder Trameten mit ihren Ringstrukturen. Nach gut 1,5 Kilometern treten wir wieder aus dem Wald heraus, kurz nachdem wir an einem weiteren Aussichtspunkt von der dortigen Bank die ersten Blicke auf **Ottendorf** mit der Böhmischen Schweiz im Hintergrund werfen konnten; eine liebliche Landschaft. „Werd ich zum Augenblicke sagen: Verweile doch! Du bist so schön!“, lässt Goethe Faust sagen. Nun ist für Faust das Verweilen eine teuflische Sache, eine Versuchung, die einen von der eigenen

Für die Seele

Probier's mal mit Gemütlichkeit … Viele Bänke laden zum Pausieren in der lieblichen Landschaft ein.

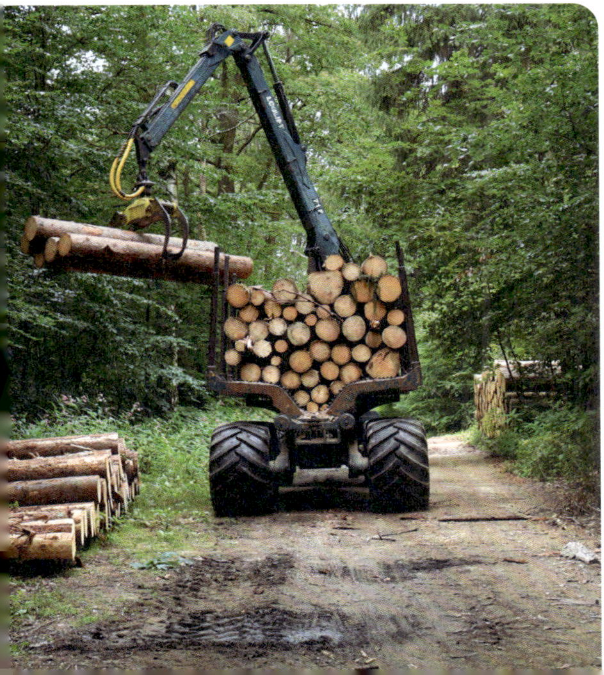

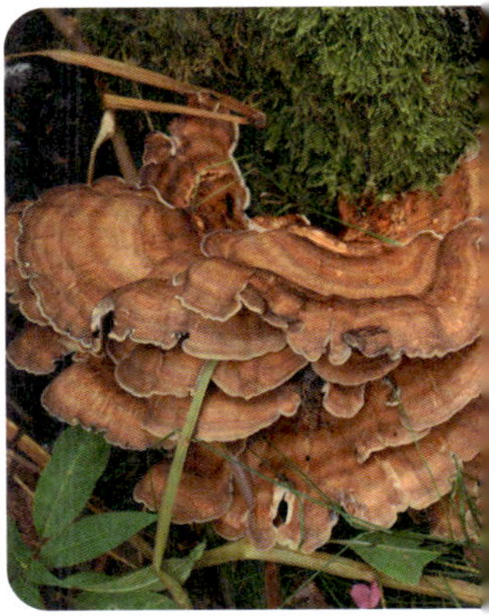

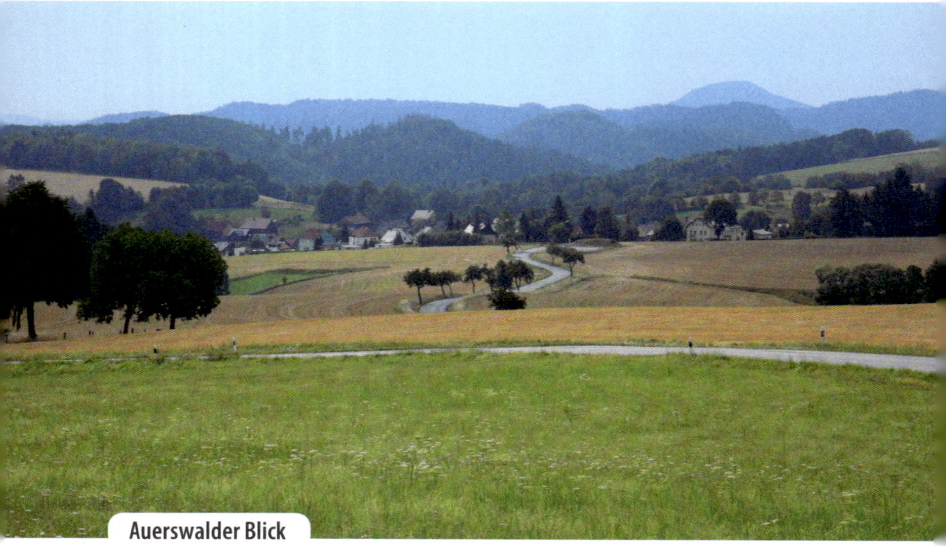

Auerswalder Blick

Vervollkommnung abbringt … und dennoch: Dasitzen und die Hügellandschaft vors äußere Auge nehmen – und vors innere die Seelenlandschaft. Womöglich ist das Eintauchen in den Augenblick heutzutage ein Verweilen jenseits der Versuchung.

Nun wandern wir bei immer besserem Blick auf Ottendorf erneut durch Felder, bis der Feldweg auf die Straße von Hertigswalde nach Ottendorf trifft. Hier müssen wir rund 100 Meter nach rechts auf der Straße gehen, ehe der Weg hinter der wasserwirtschaftlichen Anlage halb links die Straße wieder verlässt. Bei der Schutzhütte lassen wir den ❸ **Auerwalder Blick** auf den Großen Winterberg auf uns wirken. Wir gehen weiter durch die Felder bis zu einem Hain, an dem uns ein Schild zu einer weiteren ❹ **Schutzhütte** weist. Dies ist ein Abstecher von wenigen Metern, aber unbedingt lohnend. Erstens aufgrund des Blickes über Ottendorf auf die Affensteine und den Winterberg. Zweitens, weil dies der beste Rastplatz ungefähr auf der Hälfte der Wanderung ist. Es empfiehlt sich, Proviant mitzubringen, denn um die Mittagszeit wird man derzeit unter der Woche in Ottendorf nirgends einkehren können. Drittens aber, war dies einmal eine **Filmkulisse.** Man soll ja in Reiseführern nichts beschreiben, was gar nicht zu sehen ist. Von den Filmkulissen ist denn auch nichts mehr übrig, trotzdem ist es lustig, sich beim Obst-, Wurst- und Käsekauen vorzustellen, wie die Filmcrew um die Stars herumwuselte.

Zurück auf dem Weg kommen wir schnell aus dem Hain heraus. Vor uns ist in der Ferne der Aussichtsturm bei Hinterhermsdorf auszumachen. Wir ignorieren eine Abzweigung nach links, nehmen stattdessen nach weiteren 50 Metern den Abzweig nach rechts und verlassen damit den gelben Punkt. Der Feldweg windet sich unterhalb der Schutzhütte durch die Felder. Ein paar Apfelbäume wachsen hier, sogar ein Birnbaum. Das Pflücken für den Spontanverbrauch ist erlaubt. Der Weg scheint Ottendorf links zu verfehlen, macht aber am Ende des Feldes eine Rechtskurve und führt am Waldrand durch einen Durchlass im Zaun auf eine **Weidelichtung.** Wir halten uns immer an deren oberer Baumreihe, überqueren so die ganze Wiese und

*Hier ist **Kopfkino** gefragt. Auf den Wiesen ringsum wurden die Anfangsszenen von Quentin Tarantinos „Inglourious Basterds" gedreht. Leicht nach rechts stand das Bauernhaus von Perrier LaPadite, das im Film in der Nähe von Nancy stehen soll.*

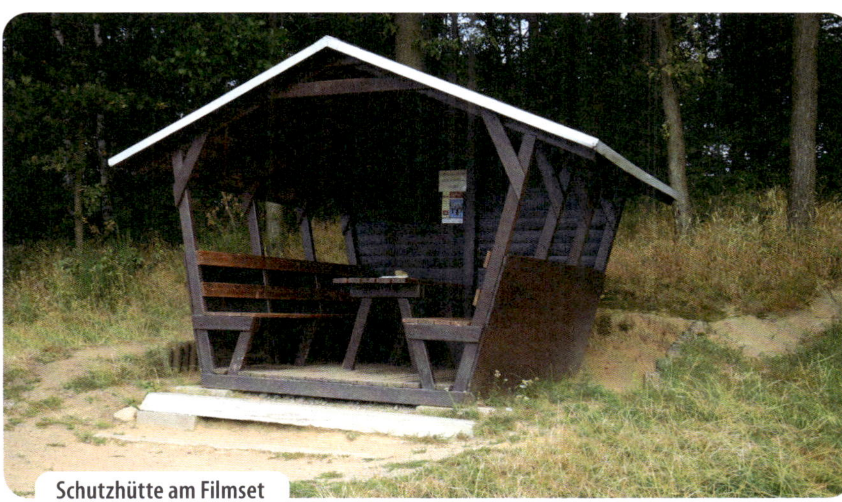

Schutzhütte am Filmset

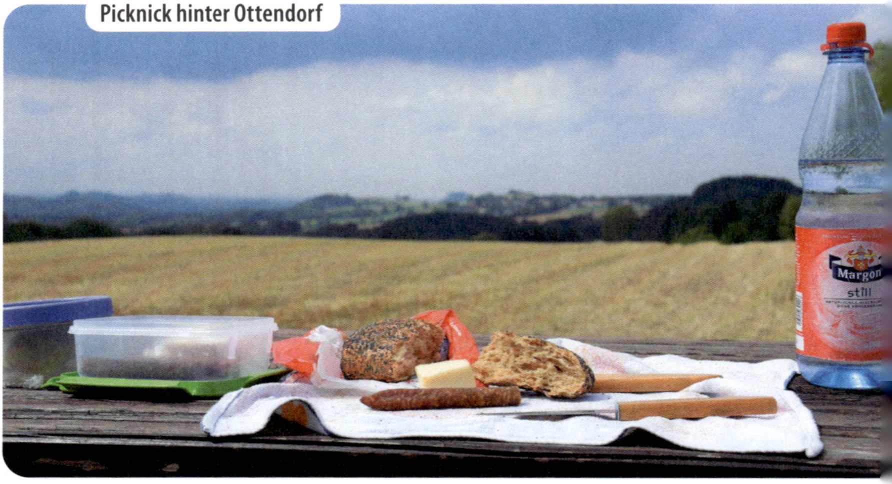

Picknick hinter Ottendorf

treffen am gegenüberliegenden Ende auf einen Pfad, der nach links schnurstracks ins Dorf hinunterführt. Ottendorf ist ein schnuckeliges Dörfchen, wie am Ende der Welt gelegen, was leider dazu führt, dass die Gaststätten erhebliche Probleme haben und erst gegen Abend öffnen, wenn wir längst wieder weg sind. Für größere Wandergruppen wird nach Absprache jedoch geöffnet.

Der Weg führt auf der Hauptstraße nach rechts hoch. Nach wenigen Metern nehmen wir die Auffahrt zur **Ottendorfer Hütte.** Auf der Hälfte der Auffahrt biegt unser Weg über ein paar Holzstufen nach links ab. Auf dem **Elster Rundgang** umgehen wir das Dorf, wenden uns bei den ersten Häusern nach rechts und erreichen nach wenigen Metern die Straße am Ortseingangsschild. Hier gehen wir links ins Dorf und biegen vor dem **Gasthof Zum Kirntizschtal** rechts in die kurze Sebnitzstraße ein. An der Bushaltestelle findet sich etwas versteckt auch ein Wanderschild Richtung Lichtenhain mit einem grünen Punkt, dem wir bis Lichtenhain folgen. Nach wenigen Metern wird diese Stichstraße zu einem Feldweg. Als ❺ **Ottendorfer Steig** führt er durch die Felder, vorbei an weiteren Bänken und einem Wegstein, garniert mit permanenter Aussicht auf die Sächsische Schweiz, bis wir erneut den Waldrand erreichen. Nun geht es abwärts in ein enges Tälchen, und bald können wir rechts einen Bach murmeln hören, der auch im Hochsommer noch Wasser führt. Wie zuvor die Hitze, steigt jetzt Feuchtigkeit von unten auf. Alles scheint hier eher aus dem Boden zu kommen als von oben. Beim Zusammenfluss zweier Bäche folgen wir der Ausschilderung nach rechts, überqueren einen Bach, steigen langsam wieder hoch und queren an der nächsten Abzweigung nach links auch den zweiten Bach. Kurz danach verlässt der Weg den Wald, und wir wandern wieder durch Felder. An der nächsten Abzweigung biegen wir nach rechts ab. Wir befinden uns nun auf dem Weg, der zum Ortseingang von **Lichtenhain** führt und auf dem wir zu Beginn der Wanderung bereits ein Stückchen gegangen sind.

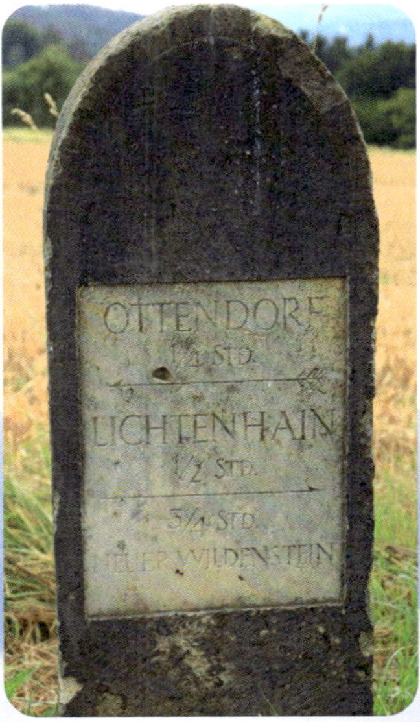

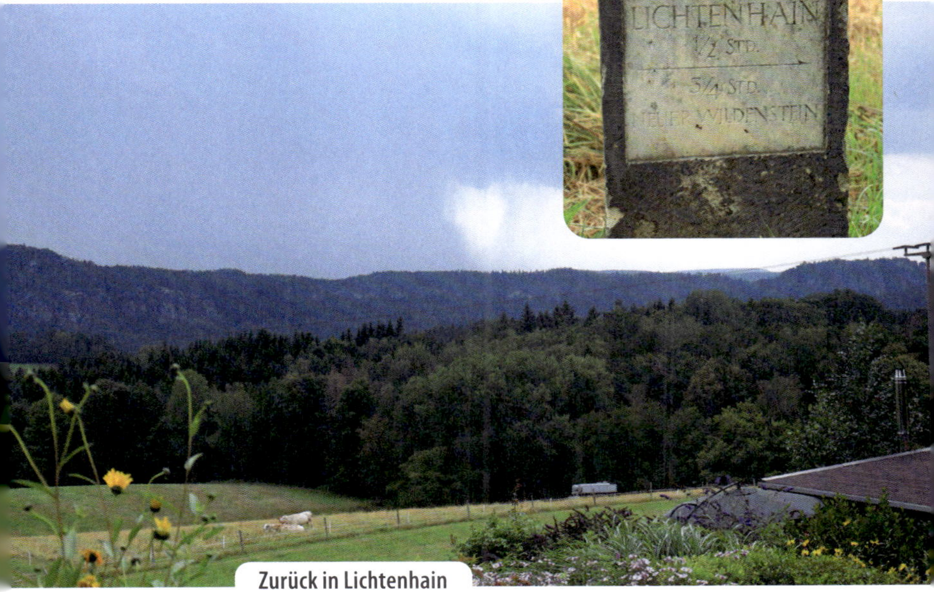

Zurück in Lichtenhain

Da die **Erblehnrichter** durch ihre Aufgaben im Dorf gebunden waren und ihre Felder nicht selbst bestellen konnten, wurde ihnen zumeist das Schankrecht zugesprochen. Daher kann man bis heute in der Gegend in so vielen Erblehngerichten gut schmausen.

Im Ort folgen wir erneut der Hauptstraße bis zum **6 Dorfladen Lichtenhain.** Links am imposanten **Erblehngericht** und Ballsaal finden wir über einem Tor das sächsische kurfürstliche Wappen. Dieses erinnert an das 17. Jahrhundert, als der Hof als kurfürstliche Wildmeisterei diente.

Bei einem Imbiss oder einem Getränk im danebenliegenden Dorfladen können wir den erlebnisreichen Tag Revue passieren lassen: Holzkatzen, kreisende Falken, blühender Sauerampfer, riesige Pilze, stöbernde Feldmäuse, huschende Eidechsen, jede Menge Schmetterlinge, wuselnde Käfer, Filmromantik und beeindruckende Aussichten. Bei alldem ließe sich doch ein wenig verweilen.

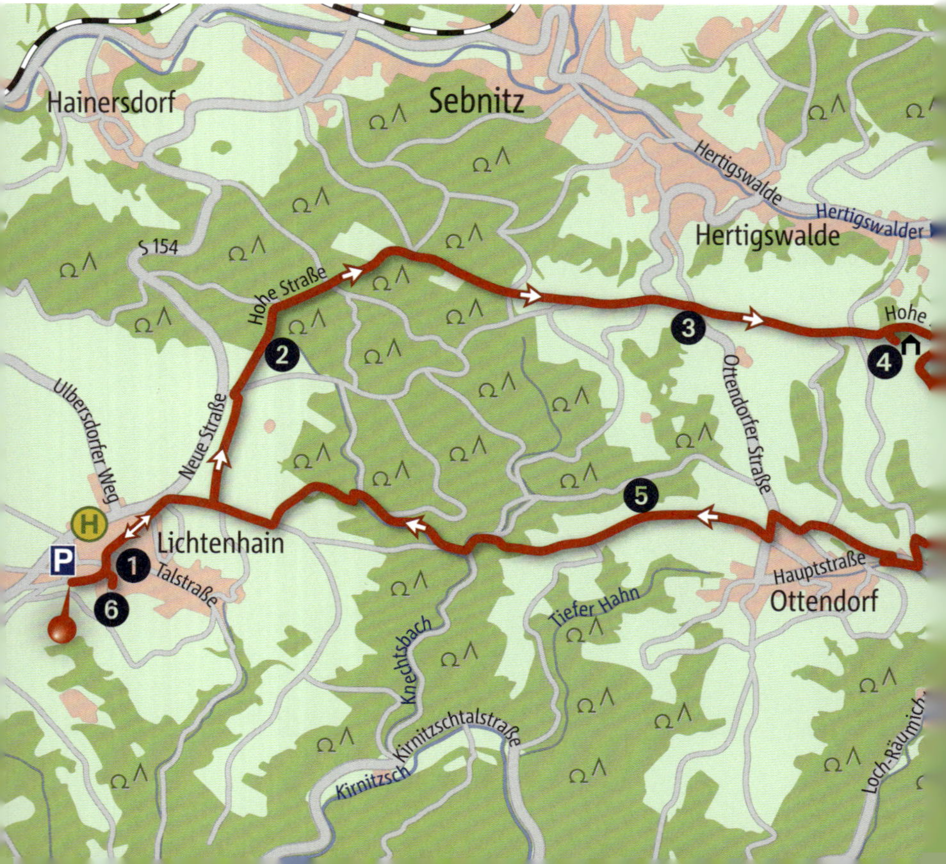

ALLES AUF EINEN BLICK

Entspannung 4/5
Abenteuer 4/5
Vielfalt 3/5

WIE & WANN

Jeweils zur Hälfte einfache Wald- und Forstwege sowie Feld- und Wiesenwege, im Ort Asphalt; ganzjährig möglich

HIN & WEG

Auto: Parkplatz Lichtenhain, Hauptstraße 19, 01855 Lichtenhain
ÖPNV: Bushaltestelle Lichtenhain b. Sebnitz, Fußweg 100 Meter östlich zur Kreuzung, rechts in die Neue Straße, nach 150 Metern links in die Hauptstraße

ESSEN & ENTSPANNEN

6 **Dorfladen Lichtenhain,** Erblehngericht, Am Anger 1, 01855 Lichtenhain, Tel. (03 59 71) 83 91 13, www.berghof.li/dorfladen.html

ENTDECKEN & ERLEBEN

1 **Kirche Lichtenhain,** Am Anger, 01855 Sebnitz/OT Lichtenhain
2 **Aussicht Hochbuschkuppe,** Hohe Straße, 01855 Sebnitz/OT Lichtenhain
3 **Auerwalder Blick**
4 **Schutzhütte**
5 **Ottendorfer Steig**

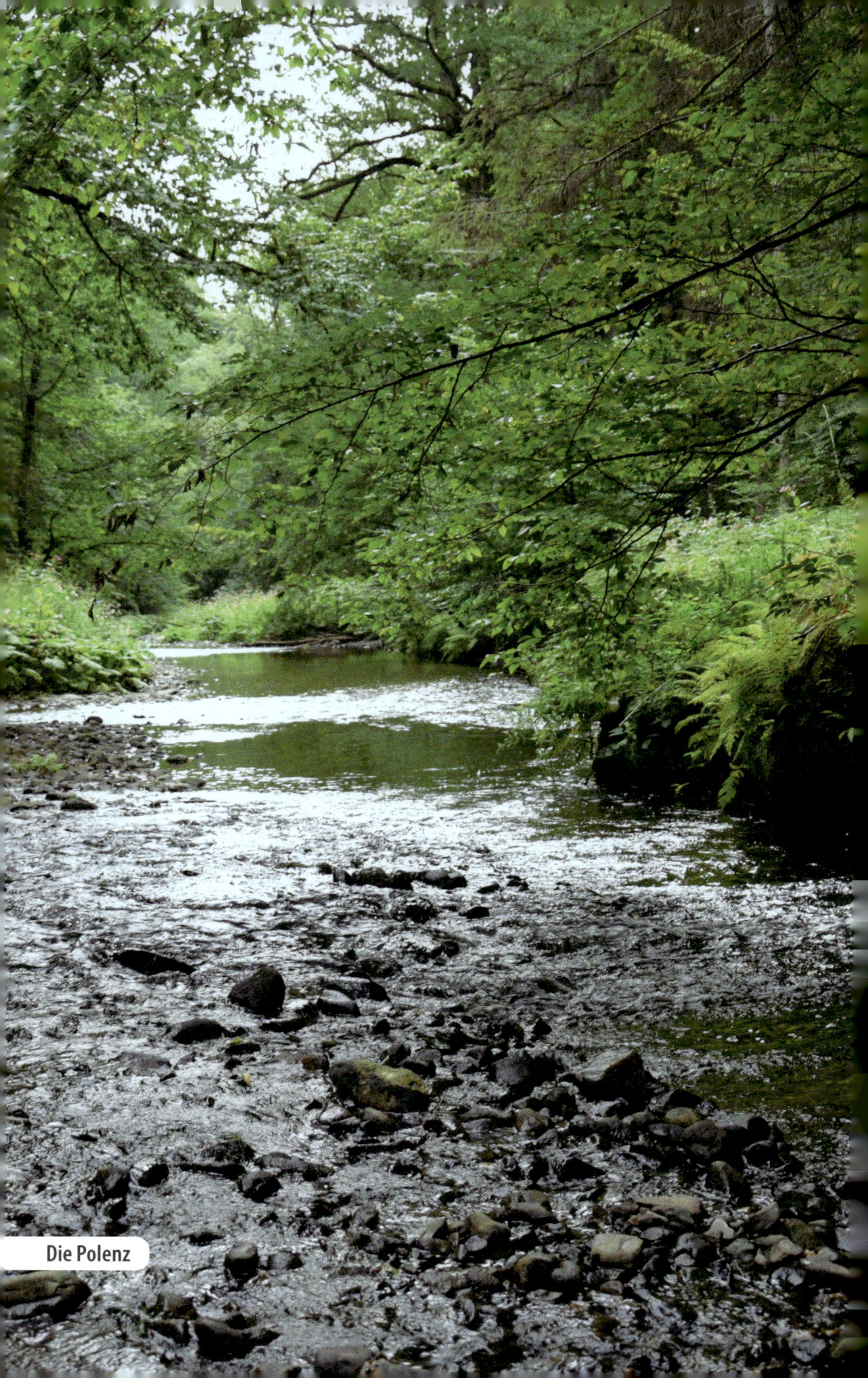
Die Polenz

Flussgemurmel

Hohnstein und die Polenz

Unser Weg durch das verträumte untere Polenztal beginnt am **Parkplatz P1** in Hohnstein. Zunächst gehen wir ein paar Schritte die Dresdner Straße bergauf und nach rechts hinunter zum Paul-Mai-Weg, der die Dresdner Straße mit einer Unterführung quert und uns mit Weiß-Grün-Weiß hinunter ins Tal der Polenz führt. Zweimal kreuzt der Weg, der zugleich ein Teil des Lehrpfades Hohnstein ist, die Autostraße, die sich in Serpentinen den Hang entlangwindet, während wir zügig bergab gehen und in der Talsohle oberhalb einer Ruine ein drittes Mal auf die Straße treffen. Rechter Hand führt ein gemauerter Wasserkanal talwärts. An der Ruine vorbei queren wir neben der Straße die **Brücke,** wenden uns dahinter nach links und folgen der Ausschilderung „Polenztalweg“ und „Waltersdorfer Mühle“ mit rotem Kreis. Bis zur Polenztalschänke ist der Weg asphaltiert. Wer im Anschluss an die Wanderung dort einkehren möchte, kommt also mit dem Auto bequem hin. Trotz der Zufahrtstraße deutet sich schnell der Charakter des Flusstales an: steile Hänge zu beiden Seiten, an denen sich grüner Mischwald hochzieht, verbunden durch breite Wiesen im Talgrund, gesprenkelt mit einzelnen Bäumen, und natürlich die uns begleitende Polenz selbst. Nach 400 Metern ist die einladende **1 Polenztalschänke** erreicht, aber für eine Pause ist es noch zu früh. (Gegebenenfalls kann auch am hiesigen Wanderparkplatz geparkt und die Wanderung von hier begonnen werden.)

Hinter der Schänke endet die Zufahrts-

Kilometer: 11,5
Höhenmeter: 250
Stunden: 4
RUNDWEG

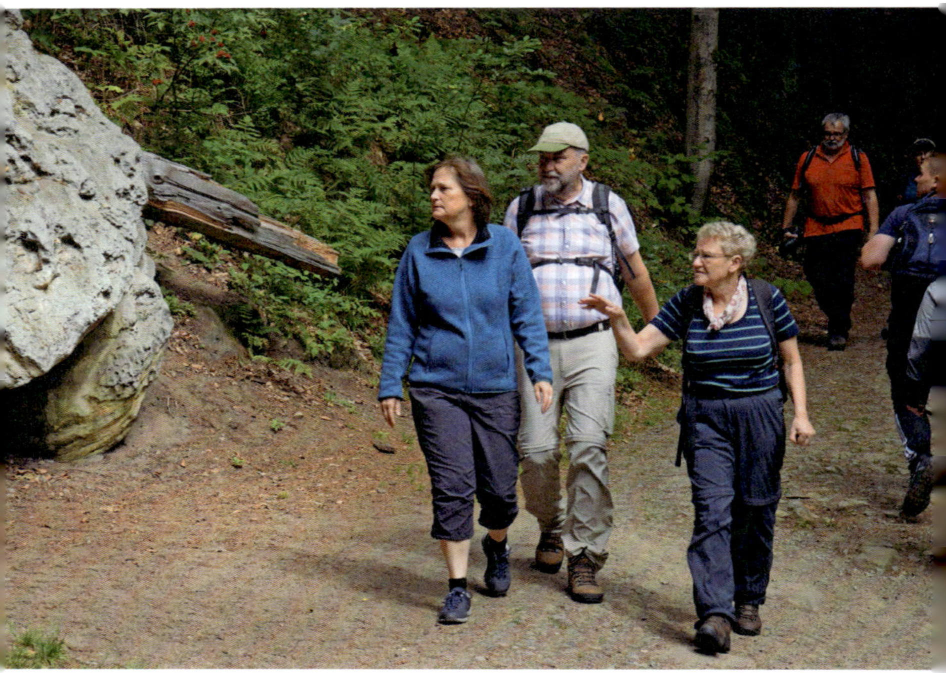

straße, und der Weg führt auf waldigem Boden immer am Fluss entlang, der sich mal vor Hindernissen staut, mal hurtig dahinfließt. Zu beiden Seiten ragen Felswände des hier tief eingeschnittenen **2 Polenztales** in die Höhe. Zum Glück ist das Tal aber breit genug, sodass in den besten Wanderstunden, zwischen zehn und bis sicherlich drei Uhr nachmittags, die Sonne hineinscheint und nicht nur den Weg wärmt. Jeder Schritt offeriert neue Eindrücke und Blicke auf den Fluss, der mal direkt unter bedrohlichen Felswänden gurgelt, mal verträumt hinter Bäumen plätschert. Im Sonnenspiel auf dem Wasser scheinen Silberinseln hintereinander aufgereiht; zuweilen wischt die Sonne die fraktalen Figuren eines Kaleidoskops über die Oberfläche. Auch wenn das längste Stück der Wanderung noch vor uns liegt: Zeit zum Verweilen ist allemal. Kurz vor der Waltersdorfer Mühle ragen links oben zwei Felsnadeln empor und künden das Ende der ersten Etappe an. Die 3 Kilometer von der Polenztalschänke bis zur ③ **Waltersdorfer Mühle** schmeicheln den Sinnen. Mehr als der Körper bräuchte das Auge eine Pause von der Märchenromantik, die sich hier bei jedem Schritt offenbart. Falls die Mühle geöffnet hat, könnte ein Getränk die Kehle ebenso erfrischen wie der bisherige Weg Sinne und Geist.

Für die Seele

Im Tal der Polenz fließen Schritte und Gedanken wie das Wasser dahin.

Hinter der Mühle haben wir den tiefsten Punkt der Wanderung erreicht, überqueren die Polenz auf einer Steinbrücke und wenden uns nach links, mit Weiß-Rot-Weiß in Richtung „Schulzengrund-Brand“. Kurze 200 Meter geht es nun die Polenz wieder aufwärts, ehe der Weg scharf rechts abbiegt und sich kontinuierlich am Hang hinaufzieht. Mit dem **Schulzengrund** haben wir nun den längsten Teil des insgesamt moderaten Aufstiegs vor uns; gute 160 Höhenmeter sind auf den nächsten 1,2 Kilometern zu bewältigen und bringen uns ins Schwitzen. Wer schon an der Waltersdorfer

*Die **Waltersdorfer** Mühle, betrieben mit dem Wasser der Polenz, diente noch bis Anfang der 1950er-Jahre als Sägemühle, später parallel als Getreidemühle. Gegen 1850 erwarb der Mühlenbesitzer auch das Schankrecht, zunächst für Milch, später auch für Bier.*

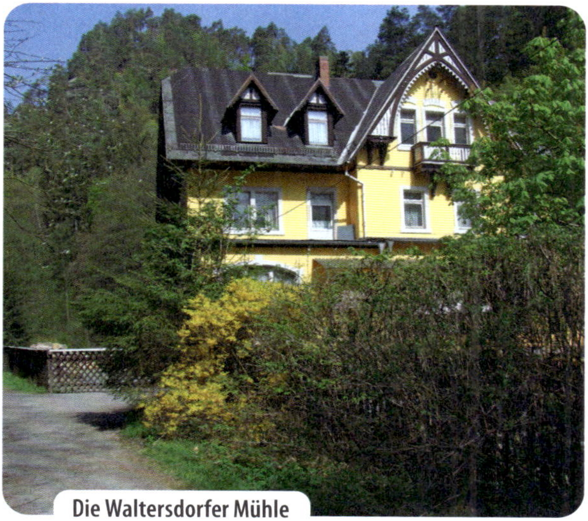
Die Waltersdorfer Mühle

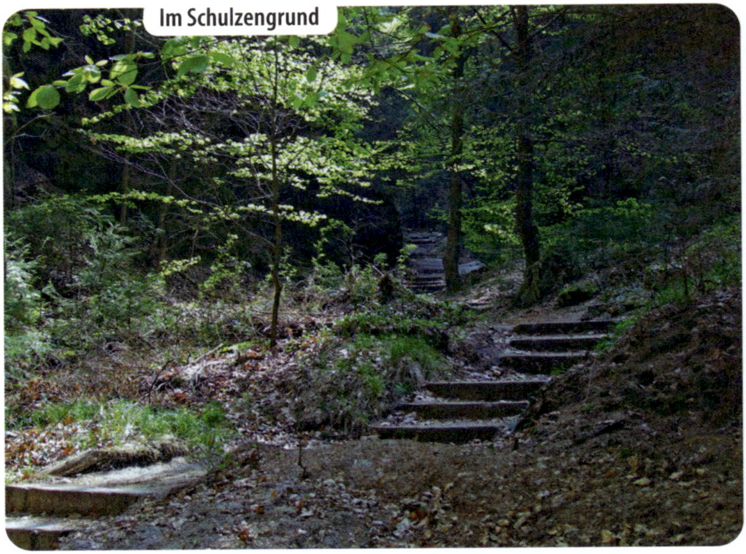

Im Schulzengrund

Mühle einen Imbiss zu sich genommen hat, hat nun mehr hinaufzutragen. Zum Glück ist der Schulzengrund ein enger Einschnitt mit dichtem Wald und kühlendem Schatten. Bemooste Felsen zeugen von Feuchtigkeit: „Felsen streicheln" – ergibt der Ausdruck Sinn? Ein Sinnenspaß ist es allemal. Nach rund einer Dreiviertelstunde ist der Aufstieg bewältigt. Hinter einer Serpentine erreichen wir einen breiten Forstweg, die **Brandstraße,** wenden uns nach links und folgen eine Weile der Auszeichnung **Malerweg.** Die nächsten 2,5 Kilometer verläuft der Weg nahezu eben, und wir können entspannt ausschreiten. Ungefähr nach den ersten 500 Metern, in einer lang gezogenen Linkskurve, steht aus unerfindlichen Gründen rechter Hand eine **Bank mitten im Wald,** die sich für eine Rast anbietet. Dahinter geht es steil ins nächste, dicht bewaldete Tal hinab. In der Nähe führt ein Stichweg zu einem ❹ **Aussichtspunkt,** der nicht gesichert ist, aber Schwindelfreien einen atemberaubenden Blick in den wild anmutenden Forstgrund erlaubt. Gut gestärkt

Auf insgesamt 112 km folgt der ***Malerweg*** *den Spuren der Romantiker durch die Sächsische Schweiz. Zunächst waren es die Maler der Dresdner Akademie wie Adrian Zingg und Anton Graff, später Casper David Friedrich oder Ludwig Richter, die hier Inspiration fanden.*

folgen wir weiter dem Malerweg, der nach weiteren 300 Metern den breiten Forstweg „Brandstraße“ nach links verlässt und nun zusammen mit Weiß-Grün-Weiß erneut über angenehmeren Waldboden in Richtung „Räumichtwiese“ führt.

Der Waldweg passiert einen Tümpel, an dessen einer Seite eine Bank vergeblich lockt. Zum einen ist die letzte Pause noch nicht lange her, zum anderen ist der Tümpel mit seinen aufschwimmenden, rottenden Schwebstoffen wenig einladend. Immerhin: Dies ist keine Verschmutzung, sondern ein natürlicher Prozess. An zwei Gabelungen folgen wir jeweils, erst links, dann rechts, dem weiß-grün-weißen Malerweg in Richtung **Räumichtwiese.** Nach einiger Zeit erreichen wir diese Wiese, die sich als große Lichtung nach rechts öffnet. Hier kann man sehen, mit welcher Kraft die Wildschweine im Boden wühlen. An vielen Stellen ist von der Wiese kaum mehr etwas zu erkennen, was leider dem Erscheinungsbild der Wiese schadet, die ansonsten wohl Potenzial zur Lieblichkeit hätte. Wir kürzen jetzt ab, folgen einem gut erkennbaren Pfad quer über die Wiese und treffen auf der gegenüberliegenden Seite ein Stück weit im Wald wieder auf den nun von links kommenden Wanderweg, der die Wiese

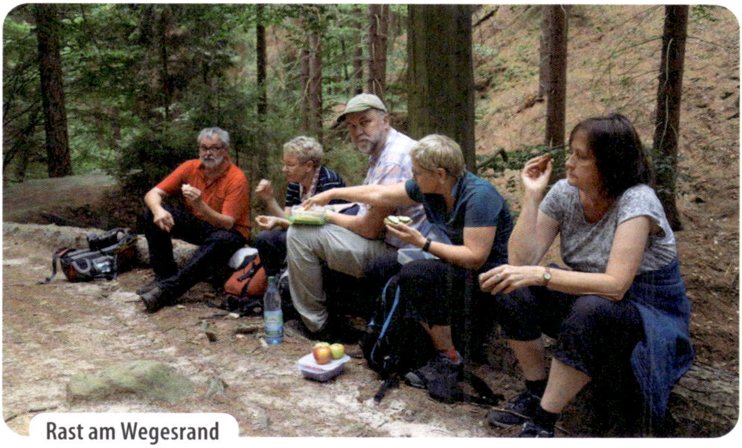

Rast am Wegesrand

*Die **Gautschgrotte** ist durch Auswaschung weicheren Gesteins entstanden, wodurch der überhängende Trichter geformt wurde. Bei ausreichend Regen fällt ein kleiner Wasserfall die rund 20 Meter hinab, der in kalten Wintern zu einer Eissäule gefrieren kann.*

umrundet hat. Für uns geht es zunächst ungefähr 100 Meter geradeaus weiter bis zur nächsten Wegkreuzung, an der wir nach links der Ausschilderung „Malerweg“ und „Halbenweg“ auf Weiß-Grün-Weiß folgen. Der **Halbenweg** führt uns hoch oberhalb der Polenzschlucht auf gewundenem Pfad zurück nach Hohnstein. Nach links geht es meist steil bergab. Allerdings ist das Polenztal so eng, dass wir das Flüsschen wie auch den Weg, den wir zuvor unten in entgegengesetzter Richtung gewandert sind, nur manchmal erahnen können. Rechts von uns erheben sich immer noch teils schroffe Felsen, die wir aber auf bequemem Pfad umrunden. Am Nachmittag spendet der Mischwald angenehmen Schatten. Die Sonne malt mäandernde Schattenbilder auf den Waldboden, die ein wenig dem Sonnenspiel auf der Polenz ähneln. Schmetterlinge tanzen, und zuweilen huscht ein Eichhörnchen durch das Geäst und erinnert uns daran, dass sie eigentlich Waldbewohner statt urbaner Parksiedler sind.

Nach etwa 2 Kilometern weist uns ein Schild nach rechts zur 5 **Gautschgrotte,** dem ersten von zwei kur-

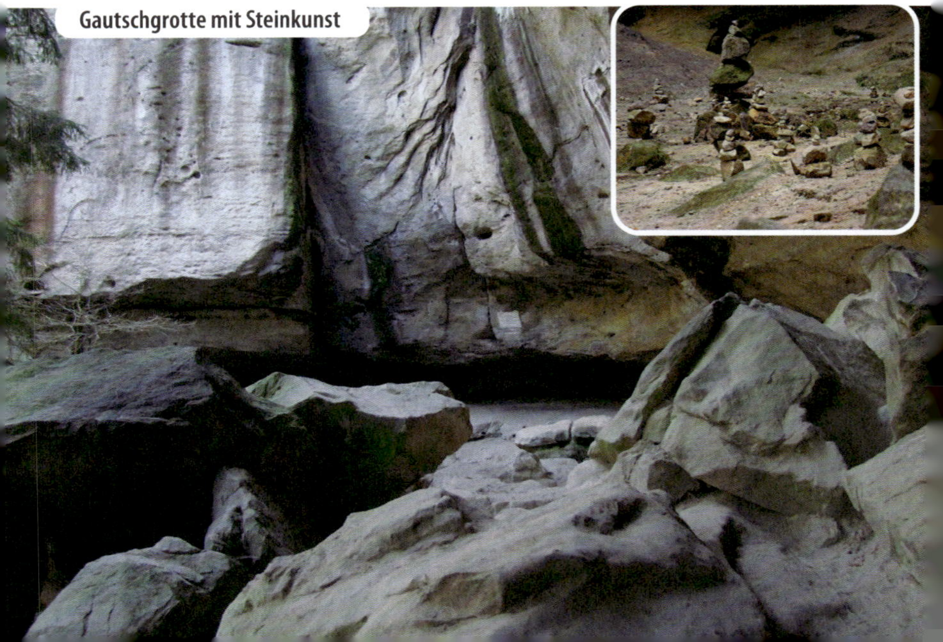

Gautschgrotte mit Steinkunst

zen Abstechern. Zwei, drei Schritte auf dem schmalen Weg, und schon spürt man die kühle Luft auf der Haut. Nach wenigen Schritten betritt man die Arena der Grotte. Auf drei Seiten ragt der Fels 20 Meter in die Höhe, und Feuchtigkeit umfängt den Wanderer. Über der oberen Höhlung findet sich die 2018 erneuerte **Gedenktafel** für den Namenspatron, den Dresdner Rechtsanwalt Karl Gautsch (1810–1879), dessen Heimatforschungen in der kurzlebigen, von ihm selbst herausgegebenen Zeitschrift „Archiv für sächsische Geschichte und Alterthumskunde“ (5 Bände, 1843) sowie postum in „Aelteste Geschichte der Sächsischen Schweiz, nebst den frühesten topographischen Nachrichten“ (Dresden 1880) publiziert wurden. Im März 1933 sollen hier Bezirksdelegierte der KPD Sachsen verdeckt über das Vorgehen gegen die NSDAP beraten haben.

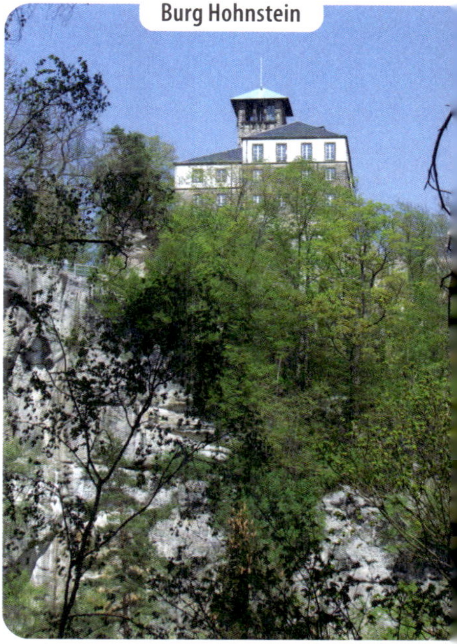
Burg Hohnstein

Wieder zurück auf dem Weg finden wir nach knappen 100 Metern den nächsten Abstecher, der uns nach links an den Steilhang führt und einen grandiosen **6 Blick** in das **Polenztal** gewährt. Ganz unten erhaschen wir einen Blick auf den Talweg, lassen aber das Auge eher über die bewaldeten Steilhänge und die daraus hervorlugenden Felsgebilde schweifen. Der Weg windet sich nun nach rechts hinein in den Taleinschnitt Bärengarten unter der **7 Burg Hohnstein.**

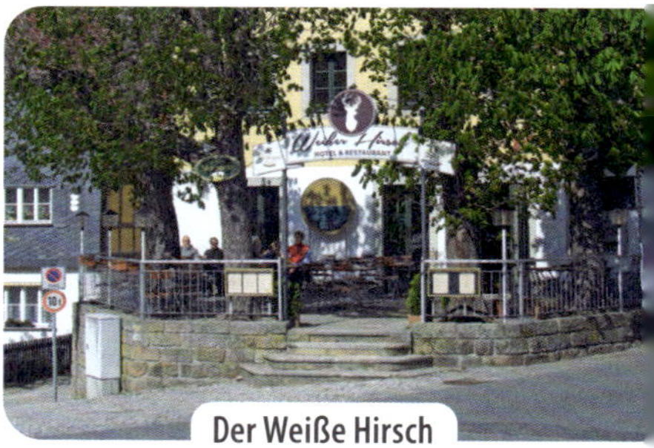
Der Weiße Hirsch

Gegenüber erhebt sich auf einem hohen Fels die Burg, die immer besser durch die Bäume auszumachen ist. Wir queren einen Bach über eine steinerne Brücke und beginnen sacht in Richtung Hohnstein aufzusteigen. Bald gelangen wir an eine zerfallene, teils wild überwucherte

*Die im 12. Jh. errichtete **Burg Hohnstein** fiel im 15. Jh. an Sachsen. Ab Mitte des 19 Jhs. diente sie wechselweise als gefürchtetes Gefängnis und als Jugendherberge. Heute ist sie in Teilen von Verfall bedroht, unterhält aber ein interessantes Museum.*

Mauer, die ehemals zur Burg gehörte. Hier verlassen wir den Malerweg und gehen in Richtung **Hohnstein.** (Wer an der Polenztalschänke geparkt hat, kann hier abkürzen und direkt dem Hinweisschild „Polenztal" folgen.) Kurz darauf kommen die ersten Häuser von Hohnstein in den Blick. Wir aber biegen unmittelbar vor dem ersten Haus nach links über eine kleine Brücke und folgen dem „Burgweg". Gewaltig ragt rechts der Fels empor, auf dem hoch über uns die Burg thront. Schnell ist das Burgmassiv umrundet, und wir gelangen oberhalb vom Parkplatz an unseren Ausgangspunkt zurück. Von hier lohnt ein Abstecher ins Dorf für ein erfrischendes Getränk im 8 **Weißen Hirsch** oder für einen Besuch der Burg.

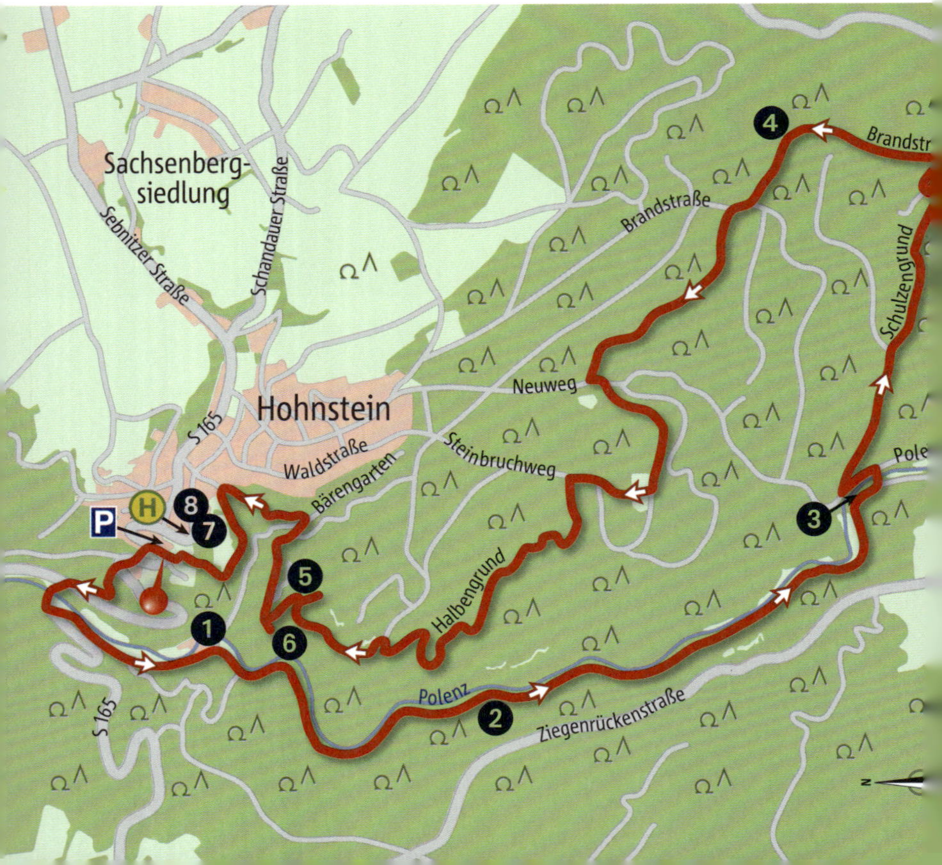

ALLES AUF EINEN BLICK

Entspannung
Abenteuer
Vielfalt

WIE & WANN

Meist Wald- und Forstwege, ein kurzes Stück Asphalt; ganzjährig möglich, am besten im späten Frühling

HIN & WEG

Auto: P1, Parkplatz am Klärwerk, Dresdner Straße am Ortseingang, oder Wanderparkplatz an der Polenztalschänke, 01848 Hohnstein
ÖPNV: Bushaltestelle Hohnstein Markt, Fußweg Gasse vor der Kirche links, Paul-Mai-Weg Richtung Polenztal bis zur Straßenunterführung

ESSEN & ENTSPANNEN

1. **Polenztalschänke,** Polenztal 2, 01848 Hohnstein, Tel. (03 59 75) 8 08 26, www.polenztal.de
3. **Waltersdorfer Mühle,** Neuweg, 01814 Porschdorf
8. **Weißer Hirsch Restaurant & Meister Bär Hotel,** Obere Straße 1, 01848 Hohnstein, Tel. (03 59 75) 86 30

ENTDECKEN & ERLEBEN

2. **Polenztal**
4. **Aussicht in den Forstgrund**
5. **Gautschgrotte**
6. **Polenztalblick**
7. **Burg Hohnstein,** Markt 1, 01848 Hohnstein, Tel. (03 59 75) 8 12 02, www.burg-hohnstein.info

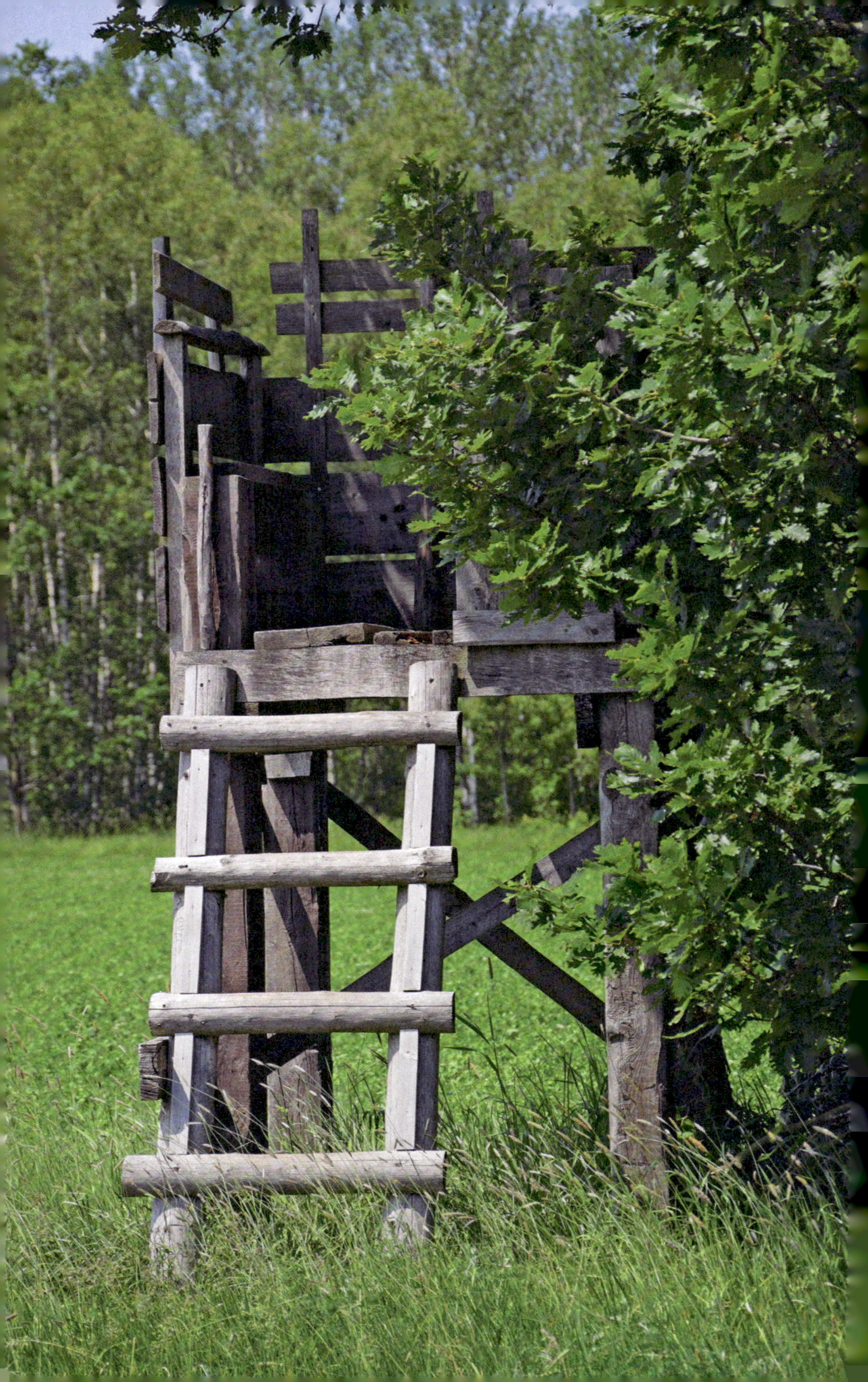

Weite Bachauen

Das obere Polenztal

Unsere gemütliche Wanderung beginnt auf dem Marktplatz in Heeselicht und führt auf dem gut ausgeschilderten **Märzenbecher Rundweg** durch das Tal der Polenz und fast über die Kuppe des Steinbergs wieder zurück. An der südöstlichen Ecke des Platzes finden wir das erste Hinweisschild, das uns von der geteerten Straße nach rechts auf einem Wiesenweg zwischen den Häusern und Gärten allmählich abwärts führt. Vorbei an einem Fachwerkhaus und saftigen Wiesen, auf denen mit etwas Glück Schafe und Kühe einträchtig mampfen, führt der Weg sofort aus dem Alltag heraus. An einem Wiesenstück mit Bänken nehmen wir den rechten Pfad hinunter zum Polenztal, der nach den letzten Häusern links abzweigt und nun in den Wald hineinführt. Linker Hand murmelt unten der Dorfbach auf seinem Weg zur Polenz. Das ist rekordverdächtig: Nach knapp 10 Minuten hat man den Kopf frei. Wir schreiten frohgemut ins Tal hinab und erblicken nach kurzer Zeit in der Talsohle die **Scheibenmühle.** Dies ist die erste von mehreren Mühlen: Ein deutli-

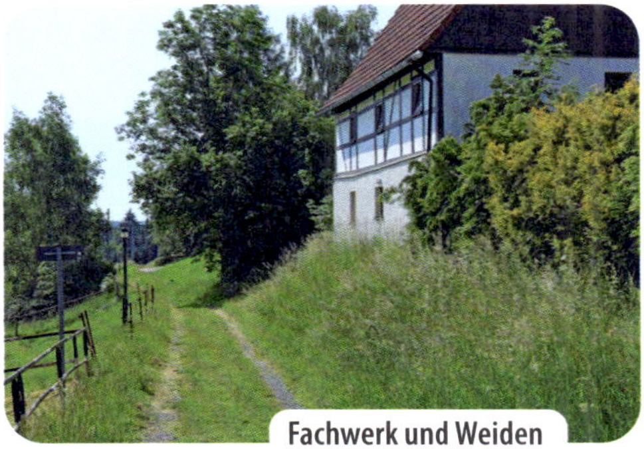

Fachwerk und Weiden

Kilometer: 10,6

Höhenmeter: 158

Stunden: 3,5

RUNDWEG

ches Zeichen dafür, dass die Polenz lange Zeit ein Wirtschaftsfluss war. Heute dienen sie als Gaststätten oder Herbergen, soweit sie denn Pächter finden. Hinter der Mühle queren wir die Polenz über die Brücke und wenden uns nach links, flussaufwärts.

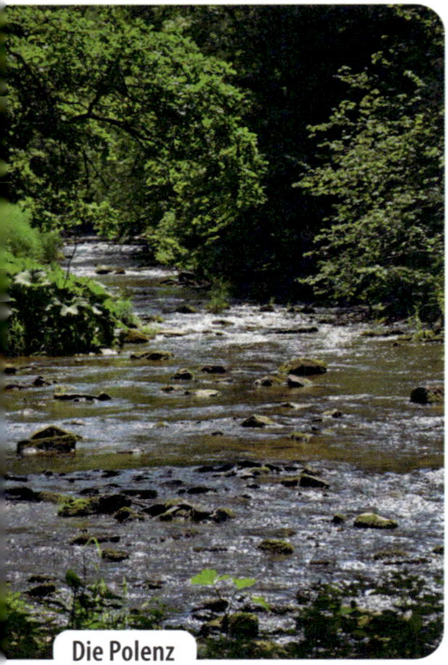
Die Polenz

Nun schlängelt sich der **Waldweg** ein Stück oberhalb, aber immer in Sichtweite des Flüsschens entlang. Wir bleiben die meiste Zeit im kühlenden Schatten. An warmen Tagen ist dies eine besondere Wohltat. Verheißungsvoll glitzert das Wasser durch die Bäume herauf; das Plätschern trägt die Gedanken fort. Bald weitet sich das Tal, und feuchte Auen säumen die Polenz. Manchmal flankieren mehr als mannshohe Felsabbrüche den Weg. Es sieht aus, als hätte sich hier ein Steinmetz in Kubismus geübt. Nach einigen Windungen, die immer neue Blicke auf die mäandernde **1 Polenz** und die lieblichen Wiesen eröffnen, senkt sich der Weg. Hin und wieder können wir über kleine, unscheinbare Pfade nach links direkt zum Ufer stapfen. Mal sind es kleine Wasserfälle, die uns mit ihrem Rauschen und dem Lichtspiel erfreuen, mal das sanfte Wiegen eines Hahnenfußes im dahingleitenden Wasser. An warmen Tagen erfrischt ein Fußbad. An einer Abzweigung im Wald folgen wir der vertrauten Ausschilderung auf den linken, abwärts führenden Pfad in Richtung **Bockmühle.** Hin und wieder sind Zunderschwämme an den Buchen zu bewundern, die wie eine Pilztreppe wirken, über die wir auf den Baum steigen könnten.

Bald läuft der Weg zunehmend eben neben der Polenz her, und wir finden uns Aug in Aug mit den Feuchtwiesen. Lauschig-romantische Blätterdächer über dem Flüsschen wechseln mit Flussschnellen, dann wieder schlängelt sich die Polenz gemächlich dahin. Die feuchten Wiesen und der nahe Wald bieten zahlreichen Vögeln und Insekten eine Heimat, und erfreuen uns mit ihrem Zwitschern und Summen. Ein kleines Arkadien. Hinter einer Brücke, die uns wieder auf die rechte Seite der Polenz bringt, häufen sich die Bänke, die zu kleineren Pausen verführen. Manche stehen im Schatten von Bäumen, ideal für die wärmeren Tage, andere auf der Wiese, wo man sich an kälteren Tagen in der Sonne wärmen kann. Dies sind die ② **Märzenbecherwiesen.** In der Saison, Ende Februar, Anfang März, erstrahlen die Wiesen in weißer Blütenpracht; ein herrliches Schauspiel, das regelmäßig viele Bewunderer anlockt.

Für die Seele

In den grünen Auen mäandern unsere Gedanken, sich selbst überlassen, durch die Landschaft.

Unsere Wanderung führt uns nun zur ③ **Bockmühle,** in der bereits 1877 eine Schankwirtschaft eingerichtet wurde. Sie erfreute sich offensichtlich schnell großer Beliebtheit, denn kurz darauf mussten die Märzenbecherwiesen zum Schutz eingezäunt werden. Schon 1928 erfolgte die Ausweisung als Schutzgebiet.

*Das ursprüngliche Verbreitungsgebiet des geschützten **Märzenbechers** sind Auenwälder. Das Polenztal hat eines der größten natürlichen Vorkommen Sachsens, das durch Bewässerung, die Sicherstellung der Nährstoffversorgung und regelmäßige Mahd gepflegt wird.*

Unser Weg aber führt noch zu einer dritten Mühle: die eine knappe Viertelstunde flussaufwärts gelegene ④ **Knochenmühle.** Dies ist ein Abstecher, denn wir kommen auf demselben Weg zur Bockmühle zurück. Wer sich also gleich in dem hübschen Gartenlokal aus-

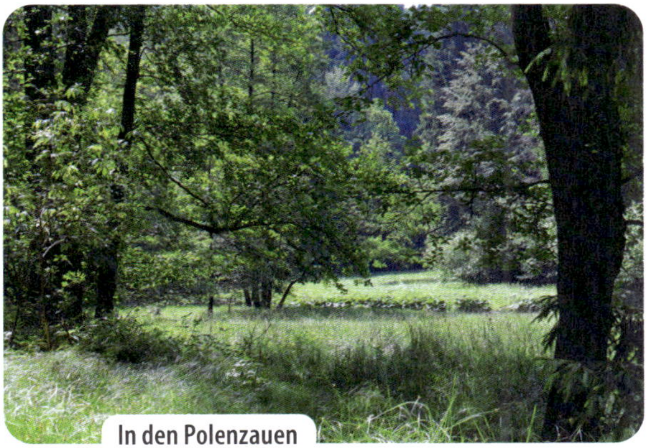

In den Polenzauen

Die Bockmühle

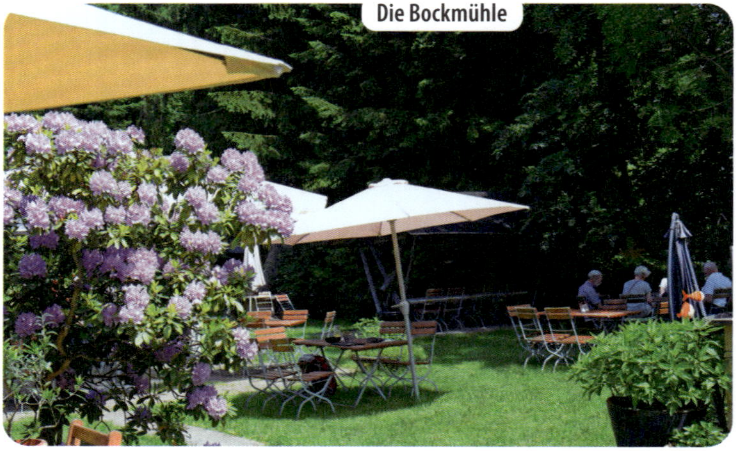

ruhen und stärken möchte, könnte den Abstecher auslassen. Für **Wildfeinschmecker** ist dies indes ein lohnender Weg. Dazu wenden wir uns ein paar Schritte hinter der Bockmühle links und folgen dem roten Punkt bis zur Mühle. Am Wegesrand stoßen wir auf Reste des ehemaligen Mühlgrabens und alte Wehre.

*Noch bis zum Ende des Zweiten Weltkriegs wurden in der **Knochenmühle** Knochen zu Düngemittel gemahlen und Rapsöl gepresst. Zuvor, seit etwa 1841, wurde sie als Walkmühle für das Walken von Leder genutzt, ehe ab 1885 auch eine Fleischerei und eine Gastwirtschaft betrieben wurden.*

Ein wenig wird mit der alten Funktion bis heute gespielt. Für Wildfreunde kommt nämlich selbst geschlachtetes und verarbeitetes Wild aus den umliegenden Wäldern auf den Tisch. Das Handwerk zahlt sich aus. Hausgemachte Wildschinken, -salami, -würste und -sülze werden am kleinen Tresen auch außer Haus verkauft. Ein kleiner Schinken für später passt schon noch in den Rucksack. Erinnerung geht schließlich auch über die Zunge.

Zurück zur Bockmühle, müssen wir nur einmal aufpassen, um den Abzweiger auf den kleinen Pfad mit dem hier ausgeblichenen roten Punkt nach rechts nicht zu verpassen. Ab der Bockmühle folgen wir erneut dem **Märzenbecher Rundweg,** der zunächst über die Brücke und dann für rund 700 Meter über die Straße aufwärts führt. Oben auf dem Plateau stoßen wir zwischen den Feldern auf den **Luschdorfhof,** der 1927 bis

1928 vom damaligen Besitzer der Bockmühle errichtet wurde. Luschdorf oder Wüst-Ludwigsdorf bezeichnet eine ehemalige Siedlung, die einst an einem nahen Bach, der Schwarzen Pfütze, lag. Die Siedlung wurde aus nicht bekannten Gründen bereits im Mittelalter aufgegeben, sodass schon die Soldaten während der Hussitenkriege um 1429 nur noch eine Wüstung vorfanden. Hinter dem Hof biegen wir links ab, zunächst am **Steinadler** neben dem Gehöft vorbei ins freie Feld. Mit einem einzigen Zickzack passieren wir einen kleinen Hochstand und schreiten auf den Waldrand zu. Noch im Feld nehmen wir an einer Gabelung den rechten Weg. Ein Schild weist nun auch auf ein Wildgehege hin. Eine Weile geht es wieder durch angenehm schattigen Mischwald, ehe wir auf Weiden treffen und schließlich vor dem privaten **5 Wildgehege** stehen. Eine Picknickbank am Waldrand lädt ebenso zum Verweilen ein wie eine so benannte Silberseehütte ein paar Meter weiter. Ein See ist jedoch weit und breit nicht zu sehen, allenfalls ein paar Tümpel, die aber auch nicht recht silbrig erscheinen wollen – vielleicht war der Namensgeber ein Karl-May-Fan. Von hier können wir mit Glück Rot-, Dam- oder Muffelwild erspähen. Wahrscheinlicher ist allerdings die ol-

Die Terrasse des Erbgerichts

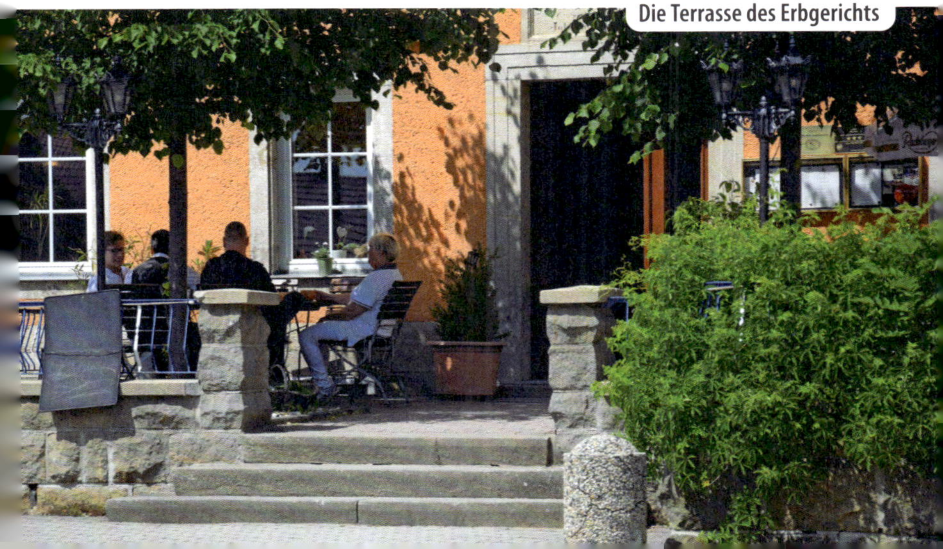

faktorische Begegnung mit dem Wild. Hinter dem Gehege treffen wir auf weitere Weiden, von denen uns Rinder wiederkäuend anstarren. Einmal zweigt unser Weg noch nach rechts ab und zieht sich über das Plateau des Steinbergs nach **Heeselicht** zurück. In praller Sonne erinnert dies an einen spanischen Pilgerweg nördlich der Picos de Europa, etwas steinig, sehr heiß, und dennoch grün eingerahmt. Die Dächer von Heeselicht tauchen aus der Senke auf und verheißen das Ende dieser Wanderung. Wir erreichen den Marktplatz, von Nordwesten kommend, und müssen nun nur noch überlegen, ob wir gleich die Rückfahrt antreten oder uns erst noch eine Erfrischung auf der Terrasse des 6 **Erbgerichts** gönnen.

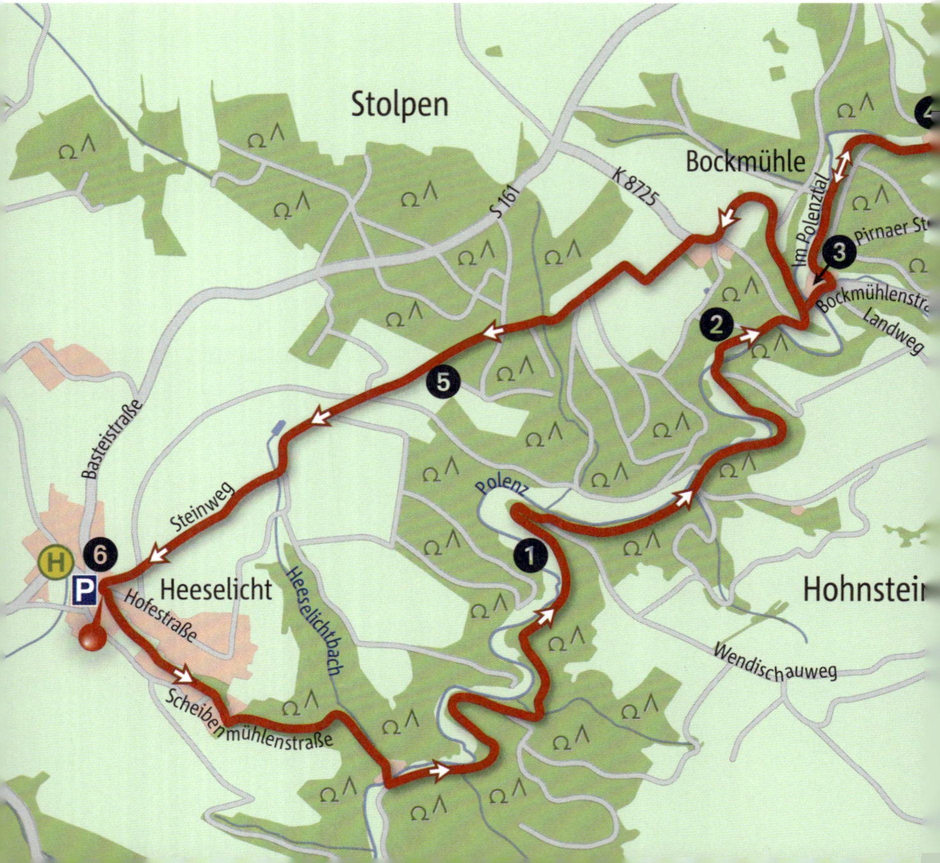

ALLES AUF EINEN BLICK

Entspannung ●●●●○
Abenteuer ●●○○○
Vielfalt ●●●●○

WIE & WANN

Einfache Wald- und Feldwege, ein kurzes Stück Landstraße; die Blütezeit der Märzenbecher ist die beste Zeit, wenngleich gegebenenfalls sehr voll, ansonsten von April bis Oktober

HIN & WEG

Auto: Marktplatz in Heeselicht. In der Märzenbecherzeit am Dorfrand zusätzliche Parkplätze
ÖPNV: Busbahnhof Heeselicht-Markt

ESSEN & ENTSPANNEN

3 **Bockmühle,** Im Polenztal 2, 01848 Hohnstein/OT Cunnersdorf, Tel. (03 59 73) 64 83 77, www.bockmuehle-hohnstein.de
4 **Knochenmühle,** Im Polenztal 3, 01833 Stolpen/OT Langenwolmsdorf, Tel. (03 59 73) 2 65 21, www.knochenmuehle-polenztal.de
6 **Landhotel Zum Erbgericht Heeselicht,** Heeselicht 6 Am Markt 8, 01833 Stolpen/OT Heeselicht, Tel. (03 59 73) 22 90, www.erbgericht.de

ENTDECKEN & ERLEBEN

1 **Polenztal**
2 **Märzenbecherwiesen**
5 **Wildgehege**

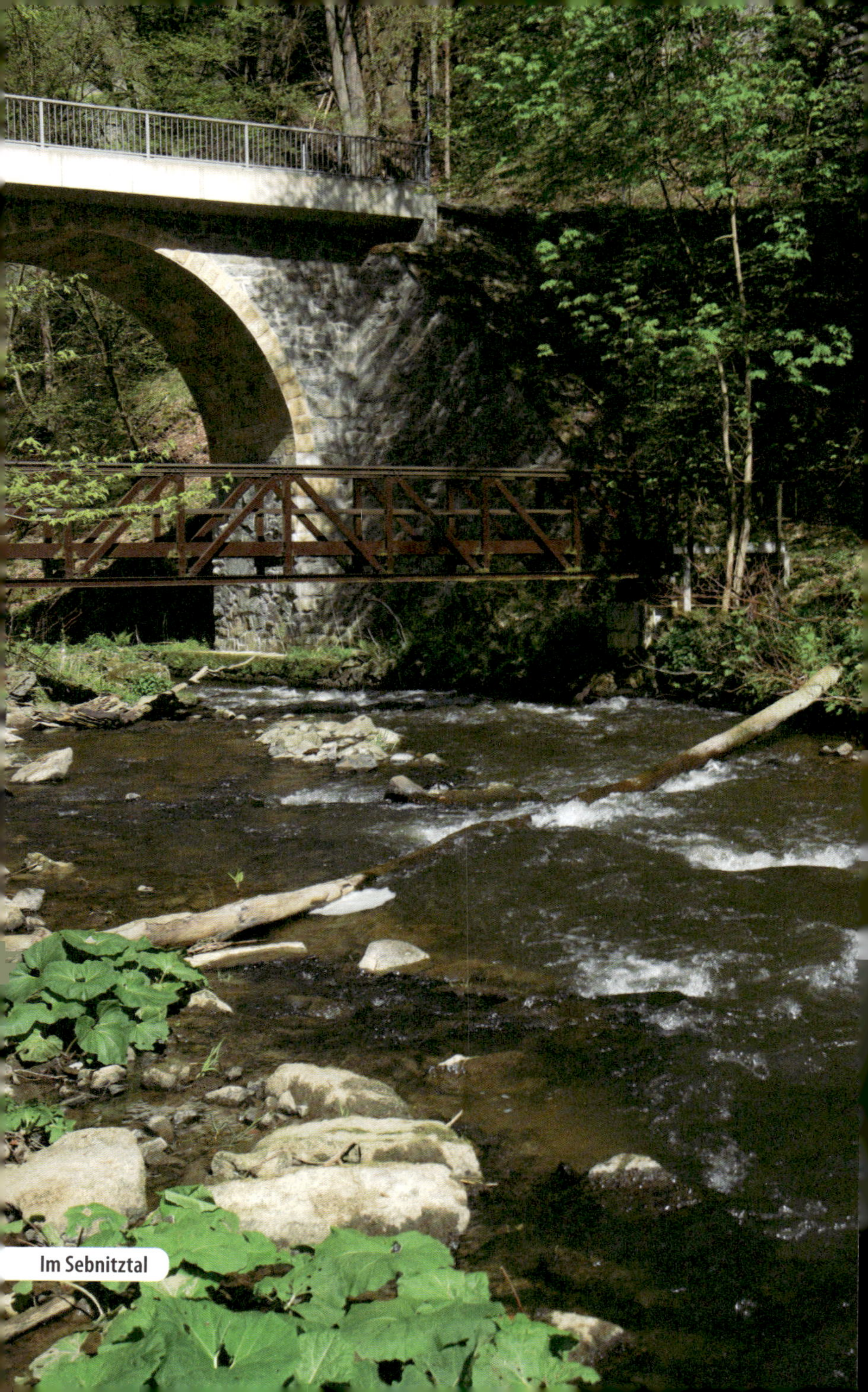

Im Sebnitztal

Glitzerrauschen

Entlang der Sebnitz

Wer zunächst mit der Bahn durch das Sebnitztal zum Ausgangspunkt fährt, bekommt bereits einen schönen Vorgeschmack auf die Wanderung. Die Tour entlang der quirligen Sebnitz beginnt am **Bahnhof Amtshainersdorf,** von dem wir zunächst zur Hohnsteinerstraße hinuntergehen und dieser dann nach rechts folgen. Leider lassen sich diese ersten gut 600 Meter Straße nicht vermeiden. In einer Linkskurve zweigt hinter einem kleinen Tümpel ein Forstweg rechts aufwärts ab, der mit einem roten Punkt markierte **Sebnitztalweg,** dem wir fast die ganze Tour über folgen. Wenig später werden wir nach links abwärts auf einen zusehends schmaler werdenden Pfad geleitet, der uns zum ersten Mal nah an die Sebnitz heranbringt. Rechts türmen sich Felsen auf, und es wird eng zwischen Felswand und Fluss.

Dann stoßen wir auf ein paar Treppen, queren die Landstraße und setzen unseren Weg durch Mischwald aus jungen Buchen und Birken sowie alten, oft borkenkäfergeschädigten Fichten fort, aus dem wir bald auf beweidetes Grünland hinaustreten und kurz darauf die **1 Aussicht an der Steinbank** erreichen. Sie liegt am oberen Ende eines breiten Einschnitts und bietet einen Blick über liebliche Weiden. Sollte sich nach der Bahnfahrt und den ersten Metern der Stress des Alltags noch nicht gelegt haben: Ein paar Minuten in diesem Idyll gewähren den erholsamen Abstand.

Wenig später taucht hinter einer Welle im Gelände ein umzäuntes Schreberhäuschen

Kilometer: 9,6/6,7
Höhenmeter: 130/100
Stunden: 3,5/2,5
STRECKE

auf, um das wir links herumgeleitet werden, um dann auf einer Sandpiste durch Felder auf Ulbersdorf zuzulaufen. An einer Landstraße wenden wir uns nach links und haben nun noch ein letztes Mal ein asphaltiertes Stück vor uns, das in einer Schleife hinab zum **Bahnhof Ulbersdorf** führt. Unten queren wir die Schienen und passieren den Haltepunkt der Bahn. Wer eine kürzere Wanderung bevorzugt, kann hier starten und hat dann nur 6,7 Kilometer vor sich – und den schöneren Abschnitt.

Auf der Rückseite des Bahnhofs führt eine Treppe abwärts. Ab hier verläuft fast der gesamte Weg in ständiger Nähe zu Sebnitz und Bahnlinie. Wir passieren die Schutzhütte **Im Dorfgrund** und werden über eine Brücke über den Ulbersdorfer Bach geführt. Dahinter zieht sich der Pfad an ein paar Felsformationen vorbei und wird so schmal, dass wir ein Stahlseil zur Sicherung finden.

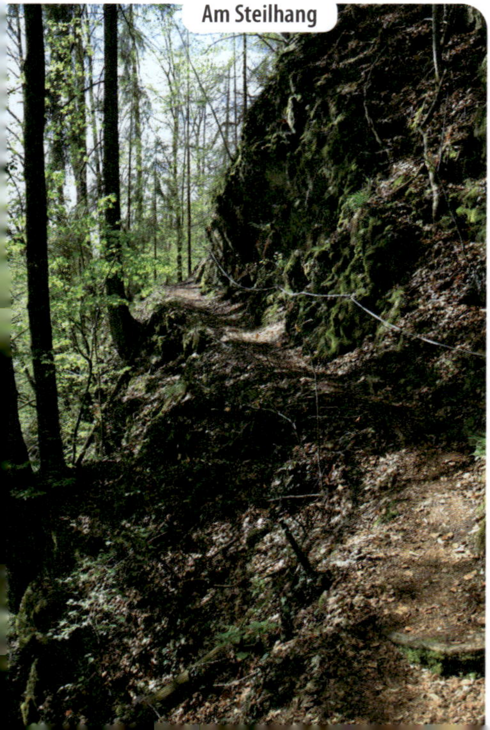

Am Steilhang

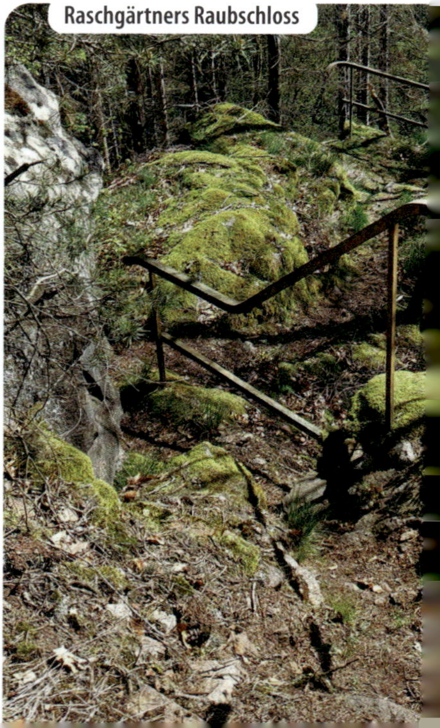

Raschgärtners Raubschloss

Wir wandern vorbei an Bachschnellen, die wir oft nur aus einigem Abstand erblicken, gehen hoch über dem Wasser oder fast eben in einer Bachschleife. Ständig glitzert und rauscht es. Je nach Saison betören uns Wiesenblumen und Strauchblüten. Nachdem wir die Bahnlinie noch zweimal unterquert haben, steigt der Pfad deutlich an und überwindet vor einem **2 Steilhang** eine Engstelle. Links gurgelt in der Tiefe die Sebnitz, rechts steigt der Felsen steil empor. Erneut sichert uns ein Stahlseil.

Für die Seele

Wasser tanzt durch Bachschnellen. Schmetterlinge mäandern ihres Wegs zu legendenhaften Raubburgen.

Ein Stück weiter stoßen wir auf einen mit Weiß-Blau-Weiß markierten Abzweig nach rechts, für uns ein Abstecher, der in 30 steilen Metern zu **3 Raschgärtners Raubschloss** hinaufführt, einer Höhenburg, die im 13. Jahrhundert gebaut wurde, über deren Schicksal aber so gut wie nichts bekannt ist. Oben finden wir ein paar, nur für geübte Augen erkennbare Steinreste und eine Bank, auf der wir genau über einem der Bahntunnel sitzen und auf beiden Seiten die eingleisige Bahnstrecke und mit Glück die Bahn selbst sehen können. Auch für eine erste Pause eignet sich die Bank, vor allem bei Sonne und dem Duft nach warmem Moos.

Verflochtene Wege: Siebzehn Mal queren wir die Bahn, vierzehn Mal unter ihr, drei Mal über die Gleise. Zudem queren wir acht Mal die Sebnitz, zwei Mal andere Bäche, während die Sebnitz auf der Tourstrecke die Bahn zwanzig Mal unterquert.

Zurück vom Abstecher werden wir zügig über ein paar Serpentinen zur Sebnitz hinabgeführt, die wir nun ein erstes Mal selbst überqueren. Die Brücke kommt uns bekannt vor; irgendjemand hat hier ein ganzes Set gleicher Brücken geliefert. Dann geht es nach rechts unter der Bahn entlang. Es scheint, als habe jemand Bahnlinie, Flusslauf und Wegstrecke zu einem **Zopf geflochten,** in ständigen Windungen über- und untereinander.

So wandeln wir dahin, mal rechts, mal links, mal zwischen Fluss und Bahn. Zunehmend mischen sich kleine Auen in die Szenerie, begrenzt von Waldsaum, senkrecht abfallenden Felsen oder dem Bahndamm. Eidechsen sonnen sich und huschen davon. Dann erreichen wir eine weitere Schutzhütte, die mal Am Talhang, mal Im Tal heißt und hinter der wir auf einem geringfügig breiteren Weg nach links abwärts geführt werden und in die Lieblichkeit des Tals zwischen Auen und Bachschnellen eintauchen.

*Die **Sputhmühle** belieferte ab 1882 umliegende Papierfabriken mit Holzschliff. 1892 erhielt Robert Sputh ein Patent für Bierglasuntersetzer. Die zunächst handgeschöpften Bierdeckel wurden ab 1904 mechanisch produziert und in alle Welt exportiert.*

Nachdem wir ein weiteres Mal den Fluss über- und die Bahn unterquert haben, stoßen wir auf ein **4 Schleusentor** und daneben eine Flussschnelle, fast schon ein kleiner Wasserfall, an dem sich einige Zeit mit einem entrückenden Blick ins rauschende Wasser verbringen lässt. Kurz dahinter erreichen wir die kärglichen **5 Ruinen der ehemaligen Sputhmühle.**

Zwei Bahnunterquerungen weiter verlasen wir an einer Kreuzung den roten Punkt für eine Zeit, folgen der Ausschilderung nach Krumhermsdorf nach rechts unter der Bahn hindurch und zweigen an der Gabelung direkt dahinter auf den unmarkierten linken Weg ab. Etwa 100 Meter geht es den Hang hinauf;

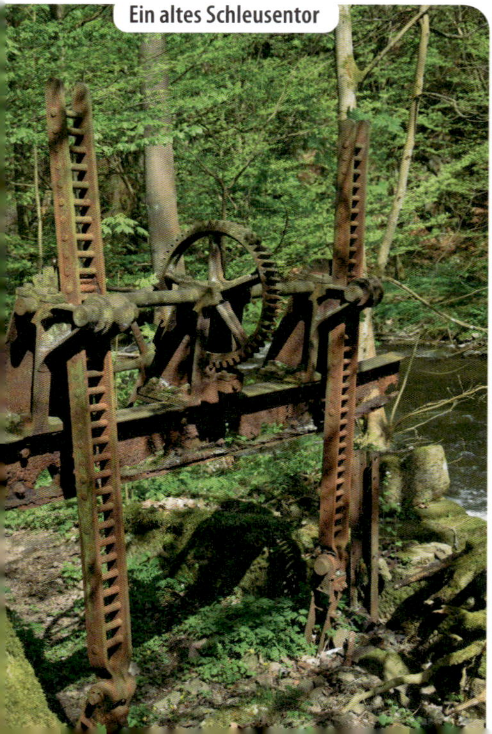

Ein altes Schleusentor

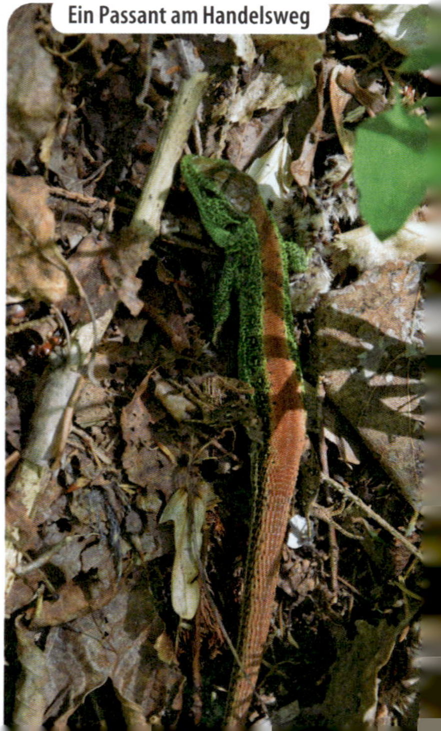

Ein Passant am Handelsweg

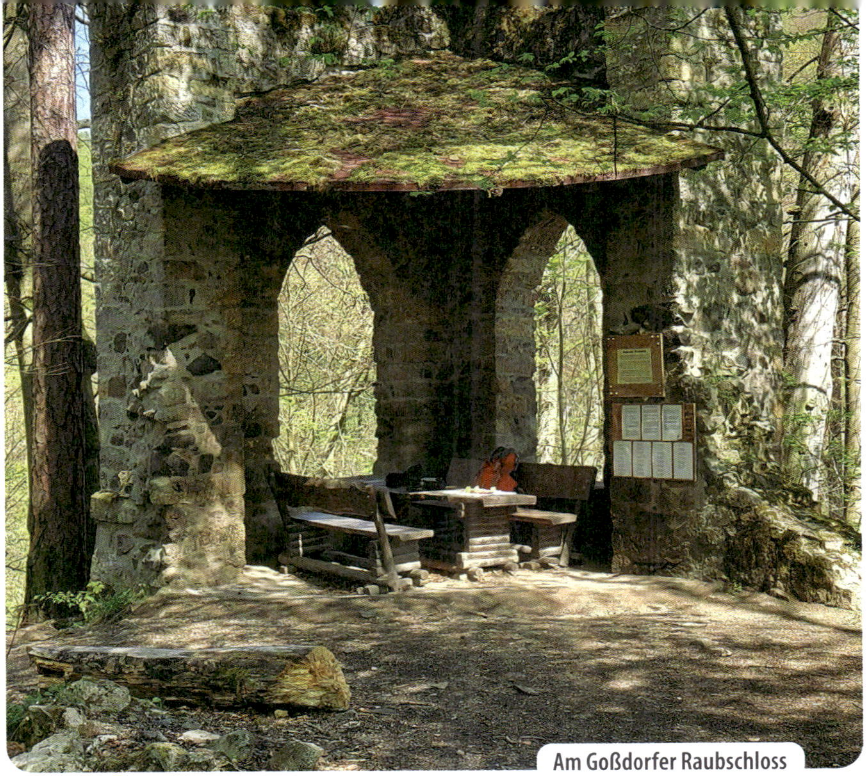

Am Goßdorfer Raubschloss

dann wenden wir uns an einer T-Kreuzung nach links auf einen zunächst unscheinbaren Weg, der aber bald deutlicher wird und sich bequem am Hang durch den Mischwald zieht. Er macht den Eindruck eines ehemaligen Handelswegs mit Mauern und Hohlwegen. Schließlich erreichen wir das **Schwarzbachtal** und folgen dem Bach nach rechts aufwärts zu einem Abstecher zum 6 **Goßdorfer Raubschloss,** zu dem uns ein Schild 50 Metern weiter nach links steil den Hang hinaufweist. Oben angekommen, finden wir eine prächtige Raststelle mit einigen echten – sowie mehreren ab 1858 künstlich errichteten – Ruinen samt Infotafeln.

Gut erholt und unterhalten steigen wir wieder ab, folgen nun dem Schwarzbach abwärts, flechten wieder unter Bahn und über Fluss entlang und treffen hinter der Brücke auf die 7 **ehemalige Buttermilchmühle,** an die nur noch eine Infotafel erinnert. Kurz dahinter passieren wir das **Rad am Kohlbach,** ein sich heftig dre-

*Die im Volksmund **Goßdorfer Raubschloss** genannte Burg Schwarzberg wurde 1372 erstmals erwähnt und diente dem Schutz des Handelswegs von Bad Schandau in die Lausitz. Im 15. Jahrhundert verlor sie an Bedeutung und bot vor allem Raubrittern Unterschlupf.*

hendes Miniaturwasserrad. Wir folgen nun wieder dem roten Punkt und finden schon unser Ziel, den Bahnhof Kohlmühle, ausgeschildert. An einigen Wiesen und Weiden können wir uns noch ergötzen, queren einmal die Gleise ebenerdig und stoßen dann abermals auf eine Rundbrücke über die Sebnitz. Dahinter öffnet sich eine anmutige 8 **Flussaue,** an der wir den festen Weg verlassen und den Bogen der Aue auf einem Graspfad in Sebnitznähe gemütlich auskosten können. Hummelbrummen, Wasserrauschen und Zughupen bilden die Klangkulisse. Wieder an der Bahnstrecke angekommen, führt uns der Pfad nach links und bringt uns die letzten 600 Meter direkt an den Gleisen entlang zum Bahnhof Kohlmühle.

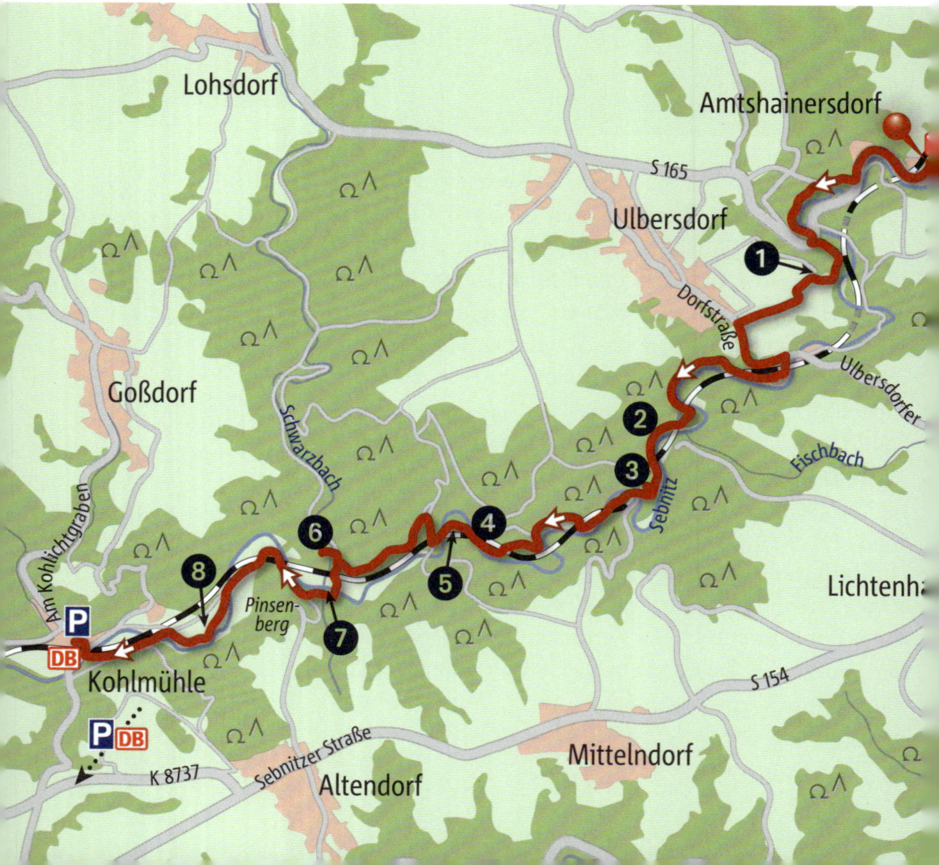

ALLES AUF EINEN BLICK

Entspannung 4/5
Abenteuer 4/5
Vielfalt 2/5

WIE & WANN

Meist schmale Pfade, teils Forstwege, ca. 1 Kilometer Straße; ganzjährig möglich, am besten April bis Oktober

HIN & WEG

Auto: Parkplatz Bahnhof Goßdorf-Kohlmühle, Am Kohlichtgraben, 01848 Hohnstein (nur wenige Plätze) oder Parkplatz Nationalparkbahnhof Bad Schandau, jeweils Bahnfahrt bis Startpunkt
ÖPNV: Bahnhof Amtshainersdorf (Bedarfshalthaltestelle!); Rückkehr nach Bad Schandau: ab Bahnhof Goßdorf-Kohlmühle

ESSEN & ENTSPANNEN

Bitte an Rucksackverpflegung denken!

ENTDECKEN & ERLEBEN

1. **Aussicht an der Steinbank**
2. **Steilhang**
3. **Raschgärtners Raubschloss**
4. **Schleusentor und Flussschnelle**
5. **Ruine der Sputhmühle**
6. **Goßdorfer Raubschloss**
7. **Ehem. Buttermilchmühle und Rad am Kohlbach**
8. **Flussaue**

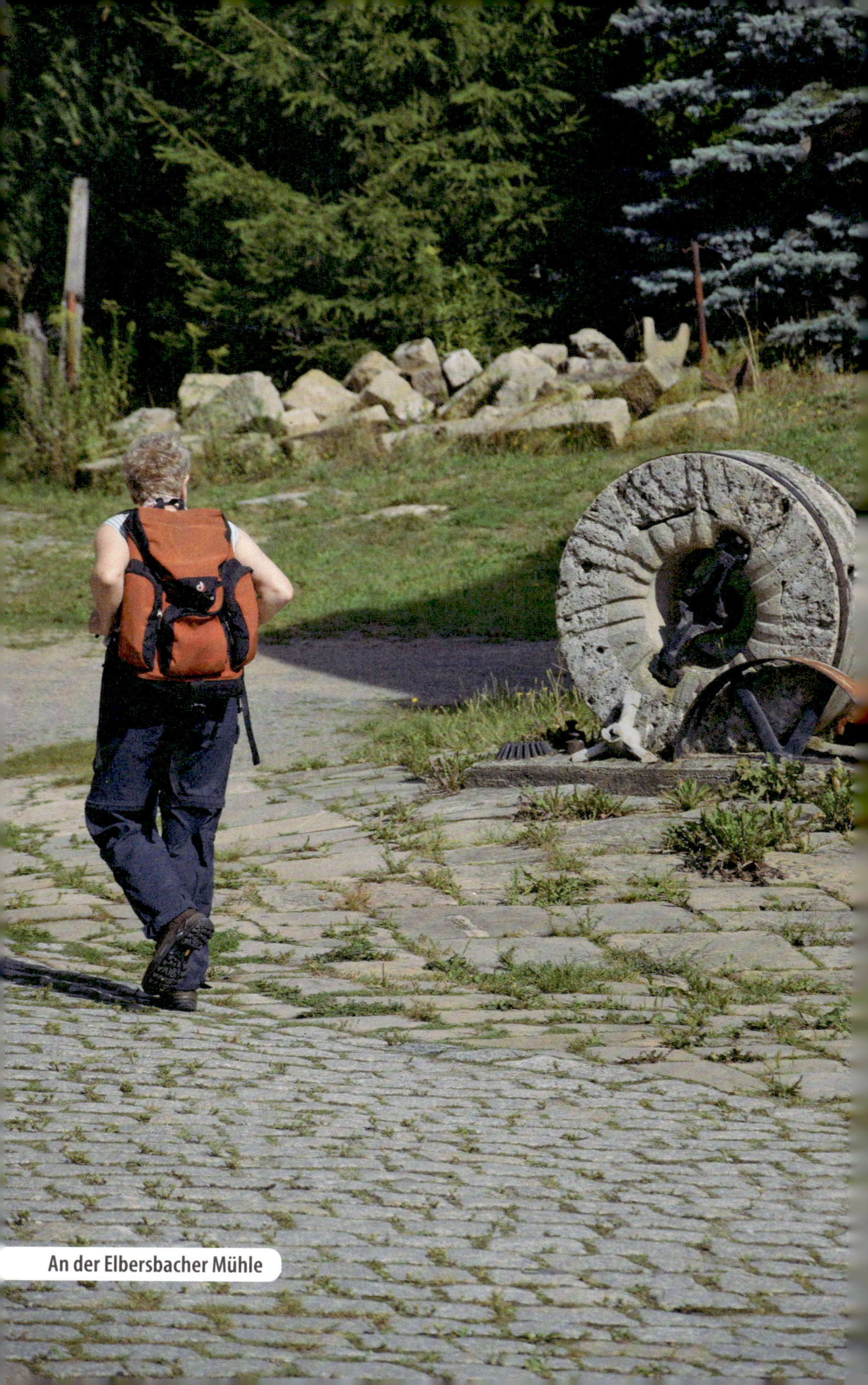

An der Elbersbacher Mühle

Lustwandeln

Zum Dittersbacher Belvedere

Der Weg führt vom Parkplatz gleich mit dem blauen Punkt Richtung Elbersdorf am **Flüsschen Wesenitz** in den Waldstreifen hinein. Rechts schimmert die Silhouette des Schlosses Dittersbach durch die Bäume, das – in privatem Besitz – derzeit renoviert wird und selbst nicht zugänglich ist. Der **Schlosspark** allerdings ist ein kleines Juwel, das wir am Ende der Tour in Augenschein nehmen werden.

Uns immer an der Wesenitz haltend, passieren wir die Brücke zum Park, über die wir auf unserem Rückweg kommen werden. Zunächst geht es aber weiter auf unserer Flussseite die mal still dahinfließende, oft aber laut rauschende Wesenitz entlang, die ein Brutgebiet der Wasseramsel ist. Bald sehen wir am gegenüberliegenden Ufer einen eindrucksvollen Felsvorsprung mit einer Bank, die Teufelskanzel. Wenige Meter weiter erreichen wir den **Bruch** und sehen zunächst ein Wehr sowie ein renoviertes Haus. Links dahinter erhebt sich eine steile Felswand, die glatt senkrecht abgebrochen zu sein scheint und direkt in den klaren und ruhigen

*Der Kunstmäzen Johann Gottlob von Quandt (1787–1859) erwarb 1829 die Herrschaft Dittersbach und gestaltete den **Schlosspark** sowie das weitere Umfeld im Stil englischer Landschaftsgärten um. Gartenkunst, Natur und Empfindsamkeit bilden dabei einen Dreiklang.*

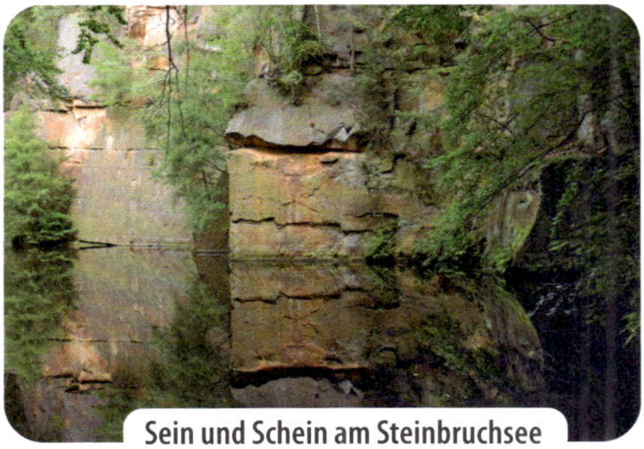

Sein und Schein am Steinbruchsee

Kilometer: 8,6
Höhenmeter: 120
Stunden: 2,5
RUNDWEG

1 **Steinbruchsee** hineinfällt; ein Spiegelsee, der einen mit seinen Vorspiegelungen in seinen Bann zieht.

Kurz darauf erreicht der Weg die seit 1564 beurkundete 2 **Elbersdorfer Mühle,** die mit immerhin fünf Wasserrädern als Mahl-, Schneide- und Ölmühle diente. Von 1909 bis 1974 und wieder seit 2006 erzeugte sie mit einer Doppelturbine auch Strom. Unser Weg führt uns über die Brücke, nach rechts zwischen den Mühlengebäuden und alten Mühlsteinen hindurch und schnurstracks auf nun nicht markiertem Weg wieder am Fluss entlang zurück. Hier, in etwas offenerem Gelände, stoßen wir auf allerlei blühende Gewächse und sonnenverwöhnte Brombeeren, ehe uns erneut der Schatten des Waldes umfängt. Wir ignorieren einen Abzweiger zur Schönen Höhe und erreichen kurz danach die 3 **Teufelskanzel,** die, über der Wesenitz thronend, zum Verweilen verführt. Was genau an ihr „teuflisch" sein soll, bleibt ein Geheimnis. Weiter geht es den Fluss aufwärts, bis sich der Weg gabelt. Rechts geht es zum Fluss hinunter, und man sieht schon weiter hinten eine Bank. Wir folgen jedoch dem oberen, breiteren Weg, der uns an die Straße bringt, die wir vielleicht 20 Meter nach links aufwärts laufen, um dann rechts zwischen Waldrand und Zaun mit Weiß-Rot-Weiß zur Schönen Höhe einzubiegen. Rund 200 Meter weiter werden wir nach links geleitet und steigen jetzt den Großteil der Höhenmeter dieser Wanderung zur Schönen Höhe auf. Fast oben passieren wir die **Zwergenhöhle** und gegenüber den 4 **Kaiserstuhl.** Beide hat Johann Gottlieb von Quandt im zeitgenössischen Stil der Landschaftsgestaltung herrichten lassen. Der Romantik verpflichtet,

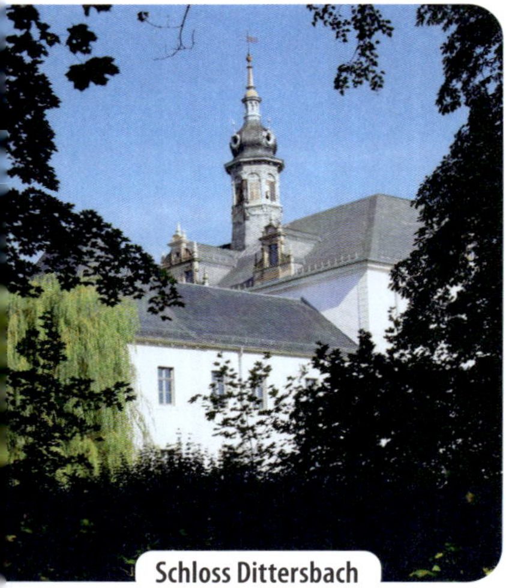

Schloss Dittersbach

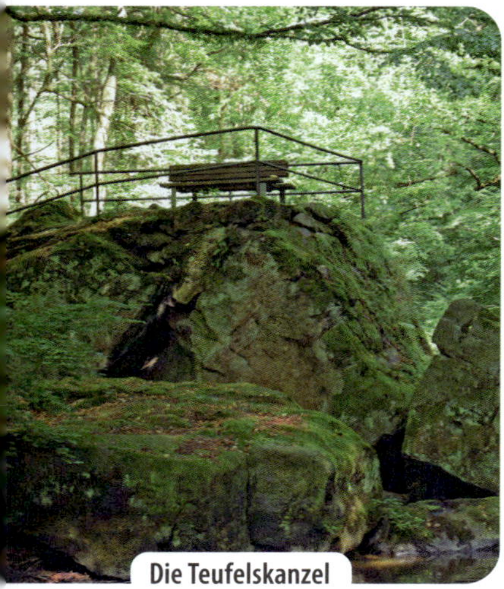

Die Teufelskanzel

nimmt die Zwergenhöhle Bezug auf eine lokale Sage, während der „Kaiserstuhl“ gegenüber als Rastplatz auf dem Weg zur Schönen Höhe diente. Wenig später verheißt ein Schild geradeaus in 150 Metern das neben der 5 **Berggaststätte** liegende **Belvedere auf der Schönen Höhe.**

Direkt neben dem Belvedere können wir uns, fast auf der Hälfte der Wanderung, eine Rast in der Gaststätte gönnen, von deren Terrasse man den Blick auf das Belvedere bei einem kühlen Getränk genießen kann. Frisch gestärkt besteigen wir noch den Turm, dessen Schlüssel – und das ist noch ein richtiger Schlüssel im alten Stil – wir zu den Öffnungszeiten in der Gaststätte bekommen. Oben haben wir einen fulminanten Blick in die Böhmische und Sächsische Schweiz – mal aus einem ganz anderen Winkel. Weiter schweift das Auge über die Niederlausitz, Dresden und Pirna bis zum Osterzgebirge.

Für die Seele

Auf den Spuren der Romantiker wandeln wir durch gestaltete Flusstäler und hinauf zum Belvedere.

*Das **Belvedere** ließ Johann Gottlob von Quandt als Ausdruck seiner Goetheverehrung 1831–33 errichten. Ein Brief Goethes wurde bei der Grundsteinlegung eingemauert. Das Innere wurde von Carl G. Peschel mit Fresken ausgeschmückt; der Turm bietet einen herrlichen Ausblick.*

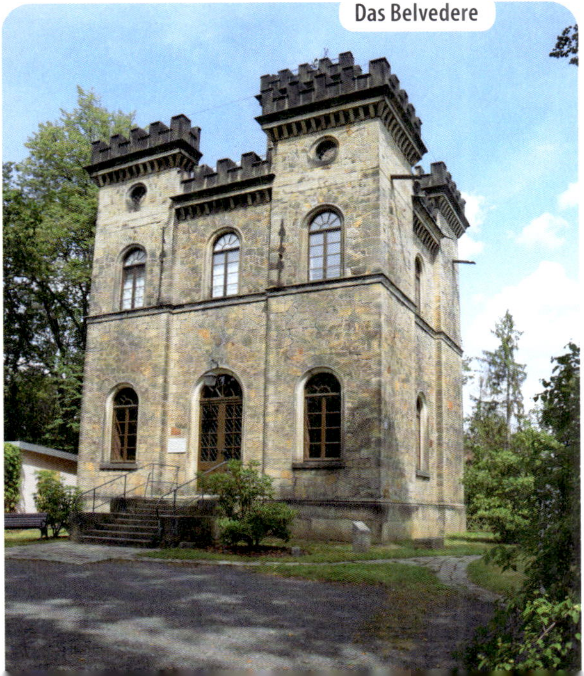

Das Belvedere

Im Anschluss gehen wir zunächst zurück zu dem Schild, das uns die 150 Meter bis zum Belvedere verhieß, biegen dort nach links ab und folgen zunächst Weiß-Grün-Weiß Richtung **Wünschendorf.** Bald führt der Weg zwischen Wald und Feld dahin und bietet einen lieblichen Blick über die Sächsische Schweiz. Dann weist uns ein gelber Punkt nach rechts zum Lieblingstal, das unser nächstes Ziel ist. Wieder im Wald geht es langsam bergab. Rechts türmen sich geschäftige Ameisenhaufen, die man gar nicht mehr so häufig sieht. Der Weg stößt auf eine Straße und geht leicht nach rechts versetzt auf der anderen Seite weiter. Nach einem guten halben Kilometer erreichen wir die **Teufelsbrücke** über den Schulwitzbach. Die Teufelsbrücke markiert das hintere Ende des **6 Lieblingstals,** das ein weiterer Betätigungsort der Landschaftsgestaltung durch Johann Gottlieb von Quandt ist und neben dem Aspekt der romantischen Kunst- und Literaturvereh-

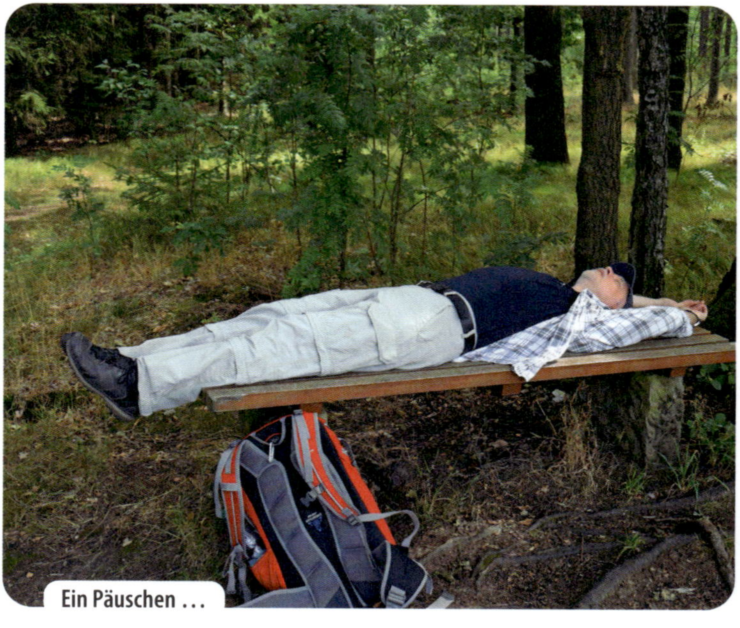

Ein Päuschen …

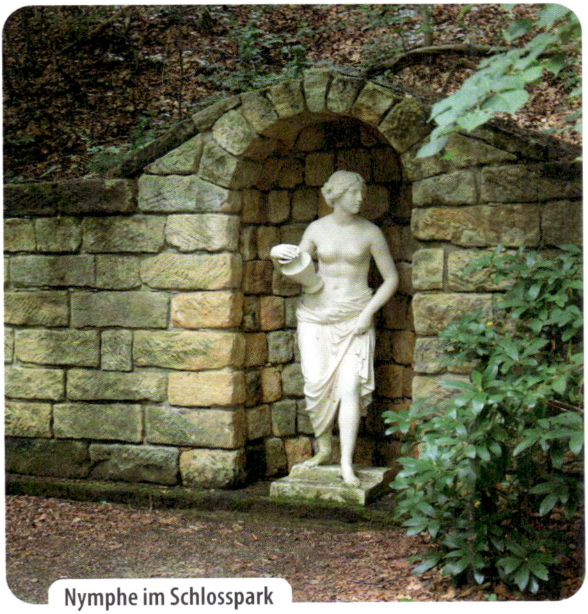

Nymphe im Schlosspark

rung auch auf politische Aspekte der Zeit verweist. Kurz hinter der Brücke gelangt der Pfad an den Waldrand. Hier halten wir uns rechts unterhalb der Steigung, gelangen zügig an den Bach und in den Wald zurück. Dort stoßen wir hinter einer Brücke zunächst auf die **Konstitutionssäule.**

Kurz danach queren wir den Bach erneut und treffen auf das Denkmal des Königs, das seine Büste zeigt. Eine der Seiteninschriften verweist darauf, dass der König dem Volk verpflichtet ist. Fast schon am vorderen Ende des Lieblingstals wandeln wir noch an der restaurierten Hubertuskapelle vorbei. Das Innere zeigt heute ein modernes Fresko der Hubertusszene. Nun führt der Weg aus dem Tal heraus über einen größeren Platz (alternativer Parkplatz) zur Straße. Wir gehen ein Stück die vor der Kurve abzweigende **Elbersdorfer Straße** hoch und gelangen bald an die rückwärtige Mauer des **7 Schlossparks.** Das Tor wirkt mit der War-

*Die **Konstitutionssäule** feiert die Stiftung der ersten Sächsischen Verfassung durch König Anton (1755–1836) am 4. September 1831, durch die der Ständeversammlung weitreichende Kontrollmöglichkeiten über die vom König eingesetzte Regierung eingeräumt wurde.*

nung vor dem Hund etwas abschreckend; der Park ist aber zugänglich und unser letztes Highlight des Weges. Wir schlendern im Uhrzeigersinn durch den Garten und passieren drei **Stafetten:** den jugendlichen Apollon beziehungsweise den Apollino, dann die Diana und in der hinteren Ecke eine wassertragende Nymphe. In der Nähe der Nymphe befindet sich auch die Brücke über die Wesenitz, die uns auf den Weg, mit dem unsere Wanderung begann, führt und uns nach links zum Parkplatz zurückbringt. Im Anschluss empfiehlt sich an Wochenenden noch der Besuch der **8 Evangelischen Kirche** neben dem Schloss. In der nach einem Brand 1662 wieder geweihten Kirche befindet sich eine Silbermannorgel.

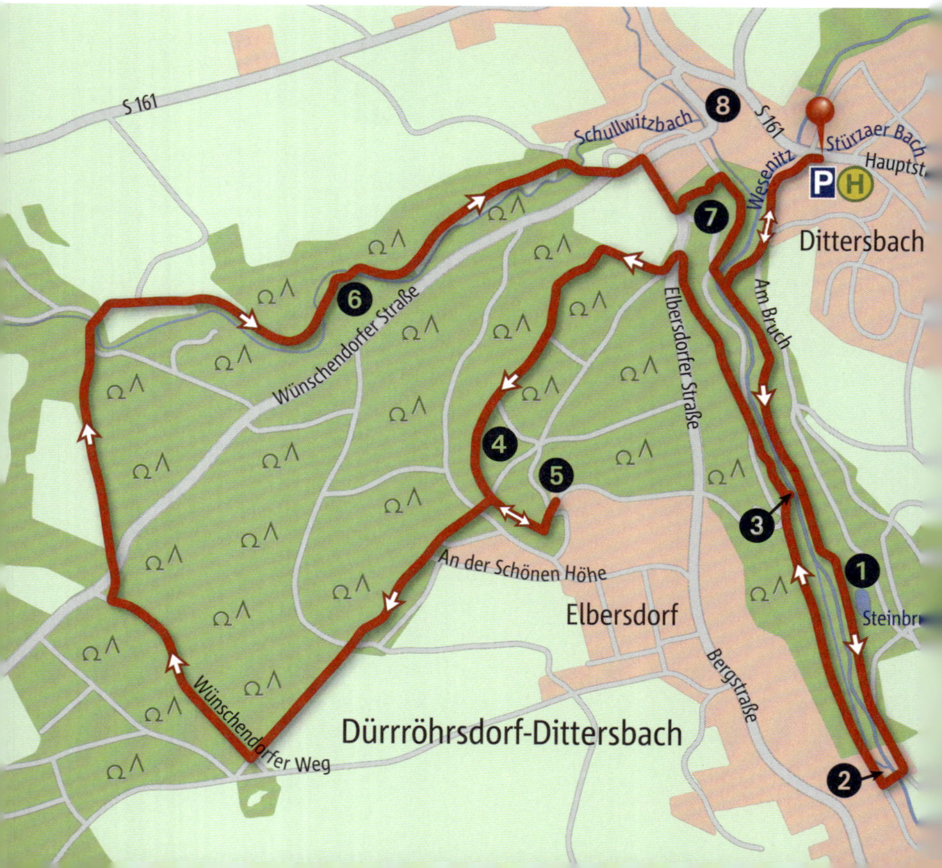

ALLES AUF EINEN BLICK

Entspannung ●●●●○
Abenteuer ●●●○○
Vielfalt ●●●●○

WIE & WANN
Leichte, meist ebene und schattige Waldwege; ganzjährig möglich

HIN & WEG
Auto: Parkplatz an der Hauptstraße, 01833 Dürrröhrsdorf-Dittersbach
ÖPNV: Bushaltstelle Dürrröhrsdorf Wendeplatz

ESSEN & ENTSPANNEN
5 **Berggaststätte Belvedere Schöne Höhe,** An der Schönen Höhe 14, 01833 Dürrröhrsdorf-Dittersbach, Tel. (03 50 26) 9 13 05, www.schoenehoehe.de

ENTDECKEN & ERLEBEN
1 **Steinbruchsee,** Am Bruch, 01833 Dürrröhrsdorf-Dittersbach
2 **Elbersdorfer Mühle,** Elbersdorfer Gasse 24, 01833 Dürrröhrsdorf-Dittersbach
3 **Teufelskanzel**
4 **Zwergenhöhle und Kaiserstuhl**
6 **Lieblingstal**
7 **Schlosspark,** 01833 Dürrröhrsdorf-Dittersbach
8 **Evangelische Kirche,** Hauptstraße 111, 01833 Dürrröhrsdorf-Dittersbach

Die GPS-Daten zu jeder Tour gibt es auf
www.droste-verlag.de

2., aktualisierte Auflage 2024
Konzeption/Satz: Droste Verlag, Düsseldorf
Einbandgestaltung: Britta Rungwerth, Düsseldorf, unter Verwendung von Bildern von © Fotolia.com: Andrey Kuzmin, undrey, dabost, niroworld; www.stock.adobe.com: © Maria_Savenko
Fotos: Carsten Storm
Karten: Thorsten David, Bochum
Druck und Bindung: LUC GmbH, Greven

Alle Angaben in diesem Buch wurden sorgfältig recherchiert und geprüft. Für die Richtigkeit der Angaben, für etwaige Unfälle und Schäden jeglicher Art kann keine Haftung übernommen werden; die Nutzung erfolgt auf eigenes Risiko. Abweichungen, die nach Redaktionsschluss erfolgten, konnten im Buch nicht mehr berücksichtigt werden. Hinweise und Änderungen nehmen wir gern entgegen.

ISBN 978-3-7700-2651-7
droste-verlag.de

FSC
www.fsc.org
MIX
Papier | Fördert gute Waldnutzung
FSC® C011279